MUJERES DE HOY

Textos, voces e imágenes

MUJERES DE HOY
Textos, voces e imágenes

Miryam Criado
Hanover College

José Manuel Reyes
Hanover College

PEARSON
Prentice Hall

Upper Saddle River, New Jersey 07458

Library of Congress Cataloging-in-Publication Data

Criado, Miryam.
    Mujeres de hoy : textos, voces e imágenes / Miryam Criado, José Manuel Reyes.
        p. cm.
    Includes bibliographical references and index.
    ISBN 0-13-183822-9
    1. Spanish language—Readers. 2. Spanish literature—Women authors. 3. Spanish American literature—Women authors. 4. Spanish literature—20th century. 5. Spanish American literature—20th century. I. Reyes, José Manuel, 1961- II. Title.
PC4117.C817 2004
468.6'421—dc22
            200404422

Sr. Acquisitions Editor: Bob Hemmer
Editorial Assistant: Pete Ramsey
Sr. Director of Market Development: Kristine Suárez
Director of Editorial Development: Julia Caballero
Production Supervision: Nancy Stevenson
Project Manager: GGS Book Services, Atlantic Highlands
Asst. Director of Production: Mary Rottino
Media Editor: Samantha Alducin
Media Production Manager: Roberto Fernandez
Prepress & Manufacturing Buyer: Brian Mackey
Prepress & Manufacturing Asst. Manager: Mary Ann Gloriande
Interior Design: GGS Book Services, Atlantic Highlands
Director, Image Resource Center: Melinda Reo
Manager, Rights & Permissions IRC: Zina Arabia
Manager, Visual Research: Beth Brenzel
Manager, Cover Visual Research & Permissions: Karen Sanatar
Image Permission Coordinator: Cynthia Vincenti
Photo Researcher: Diana Gongora
Executive Marketing Manager: Eileen Bernadette Moran
Publisher: Phil Miller

This book was set in 10/12 Century Book typeface by GGS Book Services, Atlantic Highlands, and was printed and bound by Phoenix Book Tech. The cover was printed by Phoenix Color.

 © 2005 by Pearson Education
Upper Saddle River, New Jersey, 07458

Printed in the United States of America

10 9 8 7 6 5 4 3 2 1

ISBN 0-13-183822-9

Pearson Education LTD., *London*
Pearson Education Australia PTY, Limited, *Sydney*
Pearson Education Singapore, Pte. Ltd.
Pearson Education North Asia Ltd., *Hong Kong*
Pearson Education Canada, Ltd., *Toronto*
Pearson Educación de Mexico, S.A. de C.V.
Pearson Education—Japan, *Tokyo*
Pearson Education Malaysia, Pte. Ltd.
Pearson Education, *Upper Saddle River*, New Jersey

CONTENIDO

PREFACIO

Mujeres de hoy: textos, voces e imágenes is a content-based collection of works by Spanish, Spanish American, and Latina women designed for upper-level courses. Each chapter includes two literary selections that show different sides of the topic under exploration. Other materials complementing these readings are: newspaper articles, testimonies, art, interviews, films, songs, and Web activities. By exposing students to all sorts of texts (from literature to different manifestations of popular culture) and media, they will have the opportunity to examine the diversity and complexity of the Hispanic world and the richness of its culture.

The topics selected deal either with contemporary issues that challenge today's society—immigration, minority groups, ecology—or human experience such as procreation or the construction of a gendered identity. The approach to every issue, as well as the activities in every chapter, has been designed to make sure that they are completely inclusive of male and female experience. Every topic is presented through a non-biased approach; therefore, male students will not feel alienated in the classroom. All students will definitely benefit from each other's diverse or similar perspectives. Furthermore, through the readings and exploration of the topics, they will soon learn how gender construction, race, religion, social status, and many other factors affect our understanding of the world.

The Spanish-speaking world has been blessed with excellent women authors and artists who not only have created striking works of art, but also have deepened the exploration and understanding of the Hispanic identity and culture. Nowadays, more colleges and universities are responding effectively to the demands of students (male and female) to learn about the silenced voices in society. Women's presence and participation in the Hispanic world have changed dramatically and have become more visible over the past decades. However, most literature surveys only include a small female representation, and some content-based textbooks have a chapter to account for them, as if women were an appendix, not an intrinsic part of the culture under study. Women account for 52% of the Hispanic population around the world. Excluding them from the study of the Hispanic culture reinforces stereotypes and perpetuates their invisibility.

TEXT FEATURES

Introducción al tema

The objective of this section is to encourage students to express their concerns, prejudices, preconceptions, or misconceptions about the topic of the chapter. It includes a brief text with general information about the topic of the chapter and questions to encourage brainstorming of ideas.

Primera lectura

Información biográfica. Brief biographical information about the author, her major works, and literary significance are presented in this section.

Actividades de prelectura. Pre-reading activities help students focus on the themes that they will later encounter in the reading.

Mientras leemos. While-reading activities ensure that students learn new vocabulary and grasp the main ideas of the reading.

Lectura

Análisis del contenido. This section is designed to make sure students have understood not only the plot, but also the subtle information that confirms the final meaning of the reading. This section prepares students to deal with more advanced analysis.

Situaciones. By thinking about a specific problem in the reading and creating a role-play, students immerse themselves in the character's conflict, which provides insight to motives and behaviors otherwise meaningless or obscure to them.

Análisis literario. The written and communicative activities included in this section are designed to promote an in-depth analysis of the reading. Literary strategies, structure, theme, and characters are under scrutiny in order to go beyond a superficial reading toward a more profound understanding of the meaning of the text.

El mundo en que vivimos

This section introduces other types of narratives. The first reading is an essay that explores the topic at hand in depth and offers students the necessary vocabulary to express their opinion on the issues. The second text is a testimony. The purpose of this section is to advance the exploration of the topic by means of contrasting different voices and points of view. All texts are integrated with one another.

Segunda Lectura

The second reading is used as a counterpoint to the first reading. It offers a different view and/or approach to the topic of the chapter and follows the same internal structure as the first reading.

Establece vínculos

After examining the issue at hand through various texts, students are now ready to go one step further and contrast the inferences they have reached from the readings with their own points of view, their lives, and their values.

Actividades complementarias

Supplementary activities, based mainly in media—songs, movies, poems, Web pages, etc.— enable students to go a step further in their analysis of the topic of the chapter.

Bibliografía

A list of literary works, as well as other books that deal with the chapter topic, is included at the end of each chapter.

Ancillaries

www.prenhall.com/mujeresdehoy: There are links with interesting information to help students complete the Web-based activities located in different sections of every chapter. Their purpose is to encourage students to further investigate the issues by reading Spanish newspapers, getting acquainted with international organizations, and finding other approaches to the topic under exploration.

ACKNOWLEDGMENTS

We would like to express our deep gratitude and appreciation to Bob Hemmer, of Prentice Hall, for many months of encouragement and support. It was his guidance and assistance that allowed our project to become a reality. We would also like to thank Heidi Allgair, of GGS Book Services, Atlantic Highlands, located in New Jersey, for her tremendous work coordinating the final editing and proofreading of the manuscript. Madela Ezcurra did an outstanding job as the copyeditor of *Mujeres de Hoy*. Natalie Giboney helped us in the hard task of obtaining all the permissions for the book.

Special thanks to Manel Lacorte from the University of Maryland. His feedback and recommendations helped us to maintain consistency throughout the book and inspired us to create new sections that have improved the overall quality of every chapter. Thanks to all the reviewers who saw the first chapter and encouraged us with their comments and suggestions.

Graciela N.V. Corvalan	*Webster University, St. Louis*
Edward Friedman	*Vanderbilt University*
Mary K. Long	*University of Colorado, Boulder*
Eufemia Sánchez de la Calle	*Marquette University*
Carmen Tisnado	*Franklin and Marshall College*

We are very grateful to our students at Hanover College. They were the inspiration for developing this textbook in the first place. Many of the materials in this book were field-tested in our classes, and our students' insights, their feedback, and their enthusiasm helped shape the content of this book. We are also grateful for the Spring Term leave, granted by the Faculty Development Committee at Hanover College, which gave us some very needed extra time to advance this project.

We would also like to recognize the support of our colleagues in the Modern Language Department at Hanover College, especially Celia Dollmeyer and Eduardo Santa Cruz. Their constant support and good sense of humor played an important role in giving us enough peace of mind to invest so much time and energy in this project.

Finally, we would like to express our gratitude and love to all the women in our families. Our mothers: Menchu and María Luisa; our sisters: Marta, Laura, Susana, María Luisa, Ricarda, and Toñi; our nieces: María, Verónica, Raquel, and Laura. Thank you for your constant love, support, and faith in us.

Miryam Criado

José Manuel Reyes

MUJERES DE HOY
Textos, voces e imágenes

UNIDAD 1

Identidad y construcción de género

Introducción al tema

Desde antes de nacer el sexo del bebé es motivo de preocupación para los padres puesto que de esta información depende desde la decoración de la habitación hasta el color de la ropa del recién nacido. Pero, ¿qué diferencia a hombres y mujeres? Genéticamente la única diferencia es un cromosoma. Biológicamente también existen diferencias entre los sexos, algunas más obvias que otras. El aparato reproductor es distinto y, por lo general, los hombres son más fuertes y grandes que las mujeres. Además, las mujeres tienen una visión periférica, lo que les permite controlar el espacio que las rodea, mientras que los hombres tienen una visión de túnel, lo que les facilita ver a grandes distancias. Finalmente, los hombres tienen mayor facilidad para detectar el origen de un sonido mientras que el oído de las mujeres es mucho más sensible para analizar variaciones de tono y percibir sonidos agudos. En cuanto a la apariencia exterior, las modas de cada época son las que determinan qué es considerado masculino o femenino. Hay que recordar, por ejemplo, que los zapatos de tacón eran característicos de los hombres de la aristocracia francesa hace cuatro siglos, y que las mujeres de las clases acomodadas empezaron a usar faldas, uñas largas y maquillaje para mostrar el estatus económico de su marido.

Sin embargo, ¿es eso todo? ¿Son nuestra sicología y nuestra percepción del mundo diferentes? Se han escrito numerosos libros sobre este tema, y todos parecen estar de acuerdo en que somos tan diferentes y entendemos el mundo que nos rodea de una manera tan diversa que hacen falta libros para poder comprendernos. Todos estos textos intentan solucionar un aparente problema de incomprensión y de falta de comunicación entre los sexos.

Es obvio que no sólo la biología sino el lenguaje, la educación y los valores de la sociedad ayudan a formar nuestra identidad de género. Masculinidad y feminidad son construcciones ideológicas que varían según las épocas, los países y las culturas. Por eso, hay que diferenciar entre sexo (macho/hembra) como resultado de una condición biológica y género (masculino/femenino), es decir, el conjunto de normas y comportamientos sociales y psicológicos que una sociedad atribuye a cada sexo en una época determinada dependiendo de factores sociales, históricos y económicos. Por ejemplo, las expectativas de género son diferentes para una mujer campesina de Bolivia que para una empresaria de Barcelona.

Para comenzar

1. En grupo hagan una lista de palabras que se asocian con la masculinidad y la feminidad. Por ejemplo: débil/fuerte; frágil/duro.

2. En grupo compartan sus resultados y comenten sobre la temporalidad de estas asociaciones ¿Habrían escrito sus padres o sus abuelos la misma lista? ¿Qué diferencias habría? ¿Qué características de género les parecen permanentes y cuáles cambiantes?

PRIMERA LECTURA

Cada generación de mujeres ha vivido bajo diferentes construcciones ideológicas sobre la feminidad. Las autoras de los poemas a continuación se plantean esta cuestión y nos ofrecen su punto de vista sobre este tema.

INFORMACIÓN BIOGRÁFICA

Juana de Ibarbourou (1895–1979) ha sido la poeta más famosa y popular de Uruguay. Puede considerarse autodidacta porque sólo estudió unos pocos años en un colegio de monjas. Desde su primer libro de poemas titulado *Lenguas de diamante* (1918) alcanzó gran éxito como poeta. En 1947 fue elegida miembro de la Academia uruguaya y en 1959 le fue concedido el premio nacional de literatura. Debido a su inmensa popularidad se la llegó a conocer como «Juana de América». Juana de Ibarbourou siguió la estética modernista y gran parte de su poesía, de tono sentimental, se centra en las relaciones amorosas, la maternidad y la naturaleza. Escribió también cuentos y obras de teatro para niños.

Alfonsina Storni (1892–1938), hija de padres italianos, llegó a la Argentina antes de los tres años. Desde los diez años trabajó como camarera y costurera para ayudar a su familia. A los trece años se fue de gira con una compañía de actores. Finalmente obtuvo el título de maestra y comenzó a ejercer su profesión en la ciudad de Rosario. A los 19 años, al tener un hijo soltera, tuvo que abandonar esa ciudad debido al rechazo de la sociedad provinciana de la época. Se mudó a Buenos Aires con su hijo y allí, después de pasar años de penalidades económicas, empezó a publicar y ser reconocida como poeta. Tras descubrírsele un cáncer de pecho, Storni se suicidó en Mar del Plata. Algunos de sus libros más importantes son *Ocre* (1925), *Mundo de siete pozos* (1934) y *Mascarilla y trébol* (1938) publicado pocos meses antes de su muerte. Su poesía se caracteriza por su continuo desafío a las convenciones de la sociedad patriarcal.

Rosario Castellanos (1925–1974) es de la región de Chiapas en México. Durante su niñez vivió en Comitán, cerca de la frontera con Guatemala, una zona mayoritariamente indígena. El contacto con la cultura, lengua y tradiciones indígenas marcó sus obras literarias, especialmente las novelas *Balún Canán* (1957) y *Oficio de tinieblas* (1962) y su libro de cuentos *Ciudad Real* (1960). Trabajó en el Instituto Indigenista San Cristóbal de las Casas, fue profesora de literatura comparada en la UNAM (Universidad Nacional Autónoma de México) y profesora invitada de varias universidades norteamericanas. Ocupó también el puesto de embajadora de su país en Israel, país en el que murió antes de cumplir los cincuenta años. Rosario Castellanos cultivó todos los géneros, especialmente la poesía, la narrativa y el ensayo. Su obra poética se encuentra reunida en el volumen titulado *Poesía no eres tú*.

 Para obtener más información sobre este tema visita www.prenhall.com/mujeresdehoy.

Actividades de pre-lectura

A. Para contestar

1. ¿Conoces canciones, películas, novelas o poemas que traten sobre los conflictos de identidad de las mujeres?
2. ¿Qué problemas plantean?
3. ¿Ofrecen soluciones?

B. Para comentar

Comparte y comenta tus respuestas anteriores con un/a compañero/a.

Mientras leemos

1. Subraya los versos que consideres más importantes para comprender la idea central de cada poema.
2. Ampliación de vocabulario. Escribe en tu cuaderno las palabras nuevas que hayas aprendido al leer estos poemas. ¿Has podido adivinar su significado por el contexto o lo has buscado en el diccionario?

¡Mujer!

Juana de Ibarbourou

Si yo fuera hombre, ¡qué hartazgo de luna,
de sombra y silencio me había de dar!
¡Cómo, noche a noche, solo ambularía
por los campos quietos y por frente al mar!

Si yo fuera hombre, ¡qué extraño, qué loco,
tenaz vagabundo que había de ser!
¡Amigo de todos los largos caminos
que invitan a ir lejos para no volver!

Cuando así me acosan ansias andariegas
¡qué pena tan honda me da ser mujer!

Tú me quieres blanca

Alfonsina Storni

Tú me quieres alba;
me quieres de espumas;
me quieres de nácar.
Que sea azucena,
sobre todas, casta.
De perfume tenue.
Corola cerrada.
Ni un rayo de luna

filtrado me haya
ni una margarita
se diga mi hermana;
tú me quieres blanca;
tú me quieres nívea;
tú me quieres casta.

Tú, que hubiste todas
las copas a mano,
de frutos y mieles
los labios morados.
Tú, que en el banquete,
cubierto de pámpanos,
dejaste las carnes
festejando a Baco.
Tú, que en los jardines
negros del engaño,
vestido de rojo,
corriste al Estrago.

Tú, que el esqueleto
conservas intacto,
no sé todavía
por cuáles milagros
(Dios te lo perdone),
me pretendes casta
(Dios te lo perdone),
me pretendes alba.
Huye hacia los bosques;
vete a la montaña;
límpiate la boca;
vive en las cabañas;
toca con las manos
la tierra mojada;
alimenta el cuerpo
con raíz amarga;
bebe de las rocas;
duerme sobre escarcha;
renueva tejidos
con salitre y agua;
habla con los pájaros
y lévate al alba.

Y cuando las carnes
te sean tornadas,
y cuando hayas puesto
en ellas el alma,

que por las alcobas
se quedó enredada,
entonces, buen hombre,
preténdeme blanca,
preténdeme nívea,
preténdeme casta.

Meditación en el umbral

Rosario Castellanos

No, no es la solución
tirarse bajo un tren como la Ana de Tolstoi
ni apurar el arsénico de Madame Bovary
ni aguardar en los páramos de Ávila la visita
del ángel con venablo
antes de liarse el manto a la cabeza
y comenzar a actuar.
Ni concluir las leyes geométricas, contando
las vigas de la celda de castigo
como lo hizo sor Juana. No es la solución
escribir, mientras llegan las visitas,
en la sala de estar de la familia Austen
ni encerrarse en el ático
de alguna residencia de la Nueva Inglaterra
y soñar, con la Biblia de los Dickinson,
debajo de una almohada de soltera.

Debe haber otro modo que no se llame Safo
ni Messalina ni María Egipcíaca
ni Magdalena ni Clemencia Isaura.

Otro modo de ser humano y libre.

Otro modo de ser.

Análisis del contenido

A. Para contestar

1. La voz lírica o poética es el nombre que se le da a la persona real o ficticia que enuncia o narra un poema. En el poema «¡Mujer!», ¿qué es lo que le gustaría hacer a la voz poética si fuera hombre?

2. ¿Por qué no puede hacerlo?

3. ¿Por qué le entristece a la voz poética el ser mujer? ¿Qué implica ser mujer en contraposición con lo que ella desea?

4. En el poema de Storni, ¿qué tienen en común los términos: «alba», «espumas», «nácar», «azucena», «nívea»? ¿Qué elementos de la naturaleza aparecen en el poema? ¿Cuál es su función?

5. ¿Qué colores aparecen en la descripción de «el hombre»? ¿Qué partes de su cuerpo se mencionan?

6. ¿Cómo concluye el poema?

7. Castellanos cita muchos nombres de mujer en su poema. ¿Cuáles puedes identificar? ¿Son todas estas mujeres reales o hay personajes literarios?

8. ¿Con qué acciones se asocia a estas mujeres?

9. ¿Qué tienen estas mujeres en común?

10. Piensa en una pregunta para cada uno de estos poemas y en sus respuestas. Plantea a la clase tus preguntas para comprobar si tus compañeros/as te ofrecen una respuesta semejante o diferente a la que esperabas.

B. Para escribir

Elige uno de estos poemas y analízalo en detalle siguiendo la siguiente estructura.

1. ¿Qué información nos comunica este texto literario? Resume en un máximo de dos líneas la idea principal del poema.

2. ¿Qué medios ha utilizado la poeta para hacer que su poema sea una obra de arte? Analiza la estructura, los elementos de la versificación y las figuras literarias.

3. ¿Qué otras manifestaciones artísticas se podrían relacionar con este poema? ¿Cuáles son las semejanzas? ¿Y las diferencias? ¿De qué modo este poema nos hace reflexionar acerca de las relaciones entre este texto literario y la vida?

C. Para comentar

En grupo comenten los puntos siguientes.

1. ¿Qué tienen en común estos tres poemas? ¿En qué se diferencian?

2. ¿Cómo se puede interpretar el cuadro de Frida Kahlo titulado «Las dos Fridas»?

3. ¿Cómo se podría relacionar el cuadro con los temas que plantean los poemas?

Situaciones _____

¿Plantean estos tres poemas retos a los que las mujeres de hoy han de enfrentarse? Hagan una lista de los problemas que estos textos denuncian (falta de libertades, sexismo, etc.) y decidan si su protesta aún tiene vigencia.

Análisis literario

A. Para reflexionar

1. En el poema «Mujer» se emplean muchos verbos relacionados con el movimiento. Haz una lista. Explica la connotación que tienen estas acciones.

2. El contenido literal de un texto literario se refiere a lo que expresa de modo explícito, mientras que el contenido implícito hace referencia a lo que el texto indirectamente quiere expresar. ¿Cuál sería, entonces, el contenido literal y el implícito del primer poema?

Frida Kahlo
«Las dos Fridas»

3. Explica el título del primer poema con respecto a su tema central.

4. En el poema de Storni se dice que un hombre quiere que una mujer sea «blanca» ¿A qué se refiere? ¿Qué representa la blancura? ¿Qué simbología tiene?

5. ¿Qué es lo que quiere la voz poética que haga el hombre literalmente? ¿Y figuradamente?

6. ¿En qué versos se perciben los sentimientos de la voz poética? ¿Qué tipo de emoción refleja?

7. ¿A qué problema se busca solución en el poema de Rosario Castellanos?

8. ¿Por qué los modelos de mujer que se mencionan no representan una solución satisfactoria para la voz poética?

9. Explica el título de este poema en relación con su contenido.

B. Para comentar

En grupo comenten el significado de los siguientes fragmentos de los poemas anteriores.

1. «¡Amigo de todos los largos caminos
que invitan a ir lejos para no volver!»

2. «Corola cerrada.
Ni un rayo de luna
filtrado me haya
ni una margarita
se diga mi hermana;»

3. «Otro modo de ser humano y libre.
Otro modo de ser.»

C. Para escribir

En parejas completen el poema de Rosario Castellanos con modelos de mujeres contemporáneas. Después compartan su texto en grupo.

No, no es la solución

_____ como la _____ de _____

ni _____

ni _____

_____

antes de liarse el manto a la cabeza

y comenzar a actuar.

Ni _____

_____

como lo hizo _____. No es la solución

_____, mientras _____

_____

ni _____.

Debe haber otro modo que no se llame _____

ni _____ ni _____

ni _____ ni _____.

Otro modo de ser humano y libre.

Otro modo de ser.

El mundo en que vivimos

«tú me quieres nivea»

Alfonsina Storni

Las tres poetas que hemos leído usan el lenguaje literario para denunciar desigualdades en nuestra sociedad. Según la siguiente lectura es precisamente en el lenguaje donde se encuentra la raíz de este problema.

Mientras leemos

1. Haz una lista con las ideas principales de la lectura que afirman que el lenguaje contribuye a mantener la desigualdad entre los sexos.

2. Ampliación de vocabulario. Escribe en tu cuaderno una lista con los quince términos que consideres más importantes y necesarios para poder comprender y explicar el contenido de este texto.

Las estructuras dicotómicas del lenguaje

El sexo, es decir, ser hombre o mujer, es una condición biológica que viene determinada por las hormonas y el aparato reproductor con que cada individuo nace. Sin embargo, el género, o sea, cómo definimos nuestra identidad sexual, masculina o femenina, es el conjunto de normas y comportamientos sociales y psicológicos atribuidos a cada sexo. El género pertenece al ámbito de lo simbólico: la religión, los valores, el pensamiento y las imágenes de cada cultura.

Hélène Cixous[1] considera que este ámbito de lo simbólico se articula a través del lenguaje. A su vez, el lenguaje está formado por oposiciones binarias que dividen nuestra comprensión del mundo en dicotomías. Es decir, para que pueda existir un término o idea debe, a su vez, existir su opuesto; por ejemplo, para comprender la idea de «luz» es necesario que exista la de «oscuridad». Así pues, el pensamiento se divide en categorías binarias. Sin embargo, las culturas no valoran equitativamente los dos elementos de la dicotomía. Siempre hay un elemento que se considera superior y otro inferior: uno de los elementos se considera primordial o esencial y el otro se percibe simplemente como su opuesto, y representa la otredad, la carencia o ausencia. La luz se acepta como concepto primordial mientras que la oscuridad se percibe como la ausencia de luz. Por lo tanto, la luz adquiere una connotación positiva mientras que la oscuridad se valora negativamente.

Según Cixous todos aquellos conceptos que se asocian con lo primordial, son los que en nuestra sociedad caracterizan lo masculino, mientras que aquellos que representan el lado inferior de la oposición son los que se atribuyen a lo femenino. De este modo, el lenguaje con el que se articula nuestro pensamiento está basado en una construcción arbitraria que refuerza el desequilibrio y la desigualdad.

Por lo tanto, cuando los hombres construyen su identidad de género lo hacen asumiendo la superioridad intrínseca que les atribuyen las connotaciones del lenguaje. Sin embargo, las mujeres deben aceptar una inferioridad invisible que se encuentra en la estructura misma del lenguaje que conforma su pensamiento. Esto tiene varias consecuencias. En primer lugar, el silenciamiento de la expresión de las mujeres (en el arte, en la literatura, o simplemente en la vida diaria) por considerárse poco importante o secundaria con respecto a la del hombre. En segundo

---

[1]Hélène Cixous (1938), educada en Argelia de padres de origen judío alemán y francés, es la directora del Centro de Investigación de Estudios de la Mujer en París. Sus escritos sobre la «écriture féminine», donde se promueve la ruptura de las estructuras dicotómicas del lenguaje para alcanzar una expresión libre de la identidad de género, son claves para entender el pensamiento feminista de este siglo. Sus teorías aparecen formuladas no sólo en sus libros de ensayos (*La Jeune Née*, *Le Rire de la Médusa*) sino también en sus obras de teatro y novelas.

lugar, la implicación de que el uso que hacen las mujeres del lenguaje no es el adecuado o es inferior al de los hombres, lo cual se refleja en que los cánones literarios contienen una mayoría absoluta de autores masculinos y muy pocas mujeres escritoras. Por último, esta degradación sutil de la mujer, que es parte intrínseca del lenguaje, consigue que muchas mujeres se subestimen, no se aprecien a ellas mismas ni a otras mujeres y, por lo tanto, desarrollen lo que se conoce como hostilidad horizontal (sentimientos de competencia con desprecio hacia otras mujeres) y se conviertan en adictas a la aprobación masculina a través de la búsqueda de una pareja que les permita completar el vacío, la carencia que ellas mismas representan a través de la construcción binaria del lenguaje.

Cixous propone como solución la destrucción de las oposiciones binarias a través de la reapropiación del lenguaje y la reasignación de valores a los elementos de la dicotomía. Es decir, reconocer la construcción dicotómica en la que está basada nuestro pensamiento y dar expresión a la voz femenina negando que ésta sea sinónima de inferioridad o vacío. Un ejemplo de este tipo de escritura femenina se encuentra en *Los monólogos de la vagina*. En esta obra Eve Ensler utiliza constantemente la palabra «vagina» en los diferentes monólogos. Según las oposiciones binarias el sexo masculino, el pene, es símbolo de poder mientras que el sexo femenino, la vagina, representa por lo contrario un espacio vacío. Al principio de la obra el público se siente incómodo al escuchar esta palabra, sin embargo, tras escuchar numerosos monólogos, la vagina deja de representar el vacío para convertirse en un espacio de poder y orgullo femenino.

A. Para reflexionar

Lee la siguiente lista de oposiciones binarias y decide cuáles de estos términos son generalmente considerados como superiores por la sociedad.

grande	pequeño
frívolo	serio
callado	hablador
frágil	fuerte
ciencia	religión
pasivo	activo
sumiso	agresivo
pacífico	violento
sensible	sensato
ambicioso	generoso

Superior		Inferior
_____	*vs.*	_____
_____	*vs.*	_____
_____	*vs.*	_____
_____	*vs.*	_____
_____	*vs.*	_____
_____	*vs.*	_____
_____	*vs.*	_____
_____	*vs.*	_____
_____	*vs.*	_____
_____	*vs.*	_____

B. Para comentar

En grupo intercambien su opinión sobre los puntos siguientes.

1. ¿Están de acuerdo con la teoría de Cixous sobre las oposiciones binarias?

2. Revisen la lista de la actividad anterior. ¿Qué términos valoran ustedes de manera diferente? ¿Por qué?

3. ¿Creen que el modo diferente en que perciben estos conceptos sirve para destruir las dicotomías?

4. Analicen el verso de Storni que encabeza este texto según la teoría de las oposiciones binarias del lenguaje.

5. ¿Qué les sugiere la fotografía de la fotógrafa argentina Edith Rodríguez? ¿Qué intenta expresar esta imagen? ¿Cómo se puede relacionar con los temas tratados en esta unidad?

 Para obtener más información sobre este tema visita www.prenhall.com/mujeresdehoy.

Edith Rodríguez

Testimonio

«Debe haber otro modo...»

Rosario Castellanos

Mientras leemos

En las lecturas anteriores hemos comprobado la relación que existe entre el lenguaje y la construcción de la identidad sexual. La próxima lectura es parte de una conferencia presentada por Laura Asturias en el foro «Mujeres en lucha por la igualdad de derechos y la justicia social» en Guatemala. En esta conferencia se enfatiza la importancia de la educación en el mantenimiento o eliminación de comportamientos sexistas en toda sociedad.

1. Identifica las secciones de esta conferencia que contengan, en tu opinión, las ideas principales.
2. Divide esta ponencia en varias partes y da a cada una de ellas un título apropiado a su contenido.

Construcción de la masculinidad y relaciones de género

Nuestra sociedad acepta intelectualmente los valores de igualdad, libertad y autonomía, que explícita o tácitamente están plasmados en la Constitución Política de la República. Estos valores, sin embargo, no se han traducido aún en comportamientos y políticas congruentes con tales conceptos. Y la más viva prueba de ello la encontramos en nuestra propia casa, en la manera en que seguimos formando a niñas y niños.

Aunque se reconoce que las cosas están cambiando, un alto porcentaje de niñas y niños continúa aprendiendo, desde muy temprana edad, que «el mundo de la mujer es la casa y la casa del hombre es el mundo». De acuerdo con este guión socialmente determinado, los varones juegan a ver quién es el más fuerte y audaz en ese mundo que es su casa; quién es el más hábil y valiente, el más capaz de desafiar las normas establecidas y salirse con la suya. Es decir, aprenden a jugar a «ser hombres» y se supone que todo ello afianza la masculinidad tal como nuestra sociedad la percibe.

A las niñas, por su lado, se les induce no a jugar a «ser mujeres» sino a jugar a «ser madres», y se les proveen los implementos necesarios —muñecas, ollitas y planchas diminutas— que les permiten desempeñar el papel que se les asigna para beneficio de la comunidad en su conjunto: el de amas de casa, esposas y madres.

Como sociedad, no hemos aún analizado y apreciado, en toda su magnitud, el daño que causamos a niños y niñas a través del rígido acondicionamiento que les imponemos. Y es esa falta de análisis y apreciación lo que nos mantiene en un modelo de formación nocivo y potencialmente destructivo, pues es el producto de acciones y actitudes que, paradójicamente, niegan y contravienen otros valores vitales para la convivencia, como lo son la ética, la solidaridad, el reconocimiento mutuo y el respeto a la vida, a la individualidad y a la diversidad humana.

Llegada cierta edad, a los varones les impedimos expresar ternura, cariño, tristeza o dolor, todas expresiones de humanidad, y les permitimos solamente la ira, la agresividad, la audacia, y también el placer, como muestras de la masculinidad ideal. Es así como construimos el «macho» castrado de su sensibilidad y en buena parte de su amor y con un comportamiento caricaturesco en su agresividad.

En las niñas, por el contrario, reprimimos las manifestaciones de agresividad, de ira, y también de placer, y exaltamos las de ternura, dolor y sufrimiento. Es así como construimos la mujer «víctima», sufrida, abnegada, desprovista de audacia y caricaturizada en las expresiones de tristeza y dolor.

Los hombres sienten tanto como las mujeres, pero aprenden a ocultar sus sentimientos, a través de un acondicionamiento potente y a menudo violento, desde los años formativos que determinan la conducta humana (...).

El niño aprende rápidamente acerca de su género, y con ello se percata de que se convertirá en hombre. Y la forma en que los niños construyen sus ideas acerca de la masculinidad se ve complicada por un factor clave en la sociedad actual: la falta de padres. Aunque el papel activo del padre es de crucial importancia para la formación del niño, muchos hogares carecen de una presencia paterna y, cuando sí la tienen, es común que ésta sea deficiente por diversas razones.

Hoy en día, padre e hijo comparten períodos de tiempo muy cortos, usualmente después de un arduo día de trabajo y con el padre en estado de agotamiento (...).

Ante la separación física y emocional entre hombres y jóvenes, entre padre e hijo, es más difícil aprender el significado de la masculinidad. Sin embargo, todos los niños deben crecer y convertirse en hombres, porque no tienen otra opción, y lo aprenderán de una u otra forma. En nuestra sociedad son evidentes tres métodos de aprendizaje de la masculinidad, y los tres son peligrosos.

En primer lugar, los niños comúnmente aprenden acerca de la masculinidad a través de los medios de comunicación. Un niño típico mira más televisión que a su padre. Dejando a un lado el potencial educativo positivo de la televisión, ésta usualmente presenta tres tipos de hombre: el deportista ultra competitivo, el hombre violento o criminal y el alcohólico o drogadicto.

Las imágenes percibidas por el niño son, entonces, de hombres agresivos, invulnerables, insensibles, emocionalmente cerrados y muy negligentes respecto a su bienestar personal. Y, como bien lo saben las maestras y los maestros, son éstas las conductas más evidentes en la escuela. Simplemente no hay mucho de dónde los niños y los adolescentes puedan escoger, y tampoco ayuda el que estos modelos sean reforzados cotidianamente en los hogares y las comunidades.

La segunda fuente de modelos de masculinidad viene del grupo de amigos. Los jóvenes pasan mucho más tiempo con muchachos de su edad que con hombres adultos. En estos grupos gana siempre el más agresivo y violento, el que más desafía la autoridad. Y es él quien termina dando el ejemplo de una masculinidad «exitosa», porque al final su conducta consigue lo que pretende.

La tercera forma en que los niños y los jóvenes aprenden acerca de la masculinidad es por reacción. Si los modelos de la televisión y del grupo de amigos son negativos, éste es potencialmente más dañino para la convivencia humana, ya que al no poder aprender sobre la masculinidad pues en la casa y la escuela está rodeado de mujeres, el niño llega a interpretar el concepto de «masculino» como «no femenino».

El peligro particular en esta forma de aprendizaje de la masculinidad es que usualmente se acompaña del desarrollo de una actitud antagónica hacia las mujeres, de una cultura anti-mujer en la cual se degrada todo lo percibido como «femenino» y se evitan a cualquier costa cuestiones tales como mostrar emociones, cuidar de otras personas y del propio cuerpo, hablar sobre sentimientos, y también algo crucial para la educación de los varones: ser buenos en la escuela.

Lo que tienen en común estas tres formas de aprendizaje es que transmiten cotidianamente, a niños y jóvenes, una imagen altamente estereotipada, distorsionada y limitada de la masculinidad.

La identidad sexual que asume la mayoría de hombres responde a un guión socialmente determinado que exagera las conductas más asociadas con la masculinidad, entre las cuales destacan la indiferencia, la prepotencia, el falocentrismo, la obsesión por el orgasmo y también la multiplicidad de parejas. La construcción de la masculinidad hegemónica está directamente vinculada con la adopción de prácticas temerarias y de graves riesgos (como en el caso de la actividad sexual, al rechazar el uso del preservativo para prevenir el SIDA[2] y otras enfermedades de transmisión sexual) y también el consumo de alcohol, que suele facilitar la conducta sexual insegura. Y, por lo general, los campos de experimentación, los escenarios donde se actúa el guión masculino, son el cuerpo y la vida de las mujeres.

Aunque es cierto que tanto las mujeres como los hombres pierden por la asignación de rígidos papeles sociales basados en razones puramente biológicas, también lo es que siempre serán ellas quienes lleven la peor parte, pues son las mujeres a quienes se despoja de poder en la práctica sexista que mantiene el poderío masculino.

A. Para contestar

1. ¿Por qué los valores aceptados intelectualmente no se traducen en comportamientos?

2. ¿Cómo se construyen la masculinidad y la feminidad?

3. ¿Qué emociones se fomentan y cuáles se prohíben en los niños? ¿Y en las niñas?

4. ¿Qué modelos de masculinidad tienen los niños?

5. ¿De qué manera el texto que acabas de leer ayuda a explicar el verso de Rosario Castellanos que encabeza esta sección?

B. Para comentar

En grupo expliquen las siguientes citas sacadas del texto:

1. «El mundo de la mujer es la casa y la casa del hombre es el mundo».

2. «A las niñas se les induce no a jugar a «ser mujeres» sino a jugar a «ser madres».

3. «La identidad sexual que asumen la mayoría de los hombres responde a un guión socialmente determinado».

 Para obtener más información sobre este tema visita www.prenhall.com/mujeresdehoy.

[2]Síndrome de Inmunodeficiencia Adquirida

SEGUNDA LECTURA

El lenguaje y la educación son elementos claves en la construcción de la identidad sexual. Sin embargo, cabría preguntarse si nuestro comportamiento se encuentra determinado o simplemente condicionado por esta construcción. En la próxima lectura Rosario Ferré nos ofrece una posible respuesta.

INFORMACIÓN BIOGRÁFICA

Rosario Ferré nació en Ponce, Puerto Rico, en 1938. Esta escritora ha vivido intermitentemente en la isla y en los Estados Unidos. Esta alternancia entre culturas y lenguas se demuestra en sus propios estudios (se especializó en literatura inglesa en la universidad y después obtuvo una maestría en literatura hispanoamericana) y, sobre todo, en su actividad creativa pues alterna la escritura en español con la redacción de obras en inglés. El cuento que sigue pertenece a la colección *Papeles de Pandora* (1976), su primer libro. Entre sus obras más reconocidas se encuentran su novela *Maldito amor* (1986) y *The House on the Lagoon* (1995).

 Para obtener más información sobre este tema visita www.prenhall.com/mujeresdehoy.

Actividades de pre-lectura

A. Para contestar

1. ¿Qué significa el título «La muñeca menor»? ¿Cuál crees que puede ser el argumento de este cuento basándote en este título?
2. En tu opinión, ¿por qué la palabra «muñeca» se utiliza afectuosamente para referirse a una mujer? ¿Qué implicaciones tiene?
3. ¿Existe algún término similar que sirva para elogiar a un varón?

B. Para comentar

En parejas comenten la fotografía de la fotógrafa peruana Susana Pastor que aparece en la página siguiente. ¿Qué tipo de ambiente presenta? ¿Qué les sugiere la imagen de la muchacha: su ropa, su postura, su actitud? ¿Qué sentimientos se reflejan en la cara de los jóvenes? ¿Cómo se relaciona esta fotografía con los temas que estamos analizando en esta unidad?

Mientras leemos

1. Escribe dos listas: una con toda la información que el texto te ofrezca sobre las «chágaras»[3] y las heridas que producen y otra con la descripción de las muñecas, especial-

---

[3]Crustáceo, también conocido como gamba de río.

Susana Pastor
«Con chambelán»

mente la que recibe la sobrina menor como regalo de boda. Anota toda la información posible en cada una de las listas.

2. Ampliación de vocabulario: Anota en tu cuaderno veinte palabras nuevas que hayas aprendido en la lectura. Escribe un párrafo en el que uses al menos diez de esas palabras.

La muñeca menor

Rosario Ferré

La tía vieja había sacado desde muy temprano el sillón al balcón que daba al cañaveral como hacía siempre que se despertaba con ganas de hacer una muñeca. De joven se bañaba a menudo en el río, pero un día en que la lluvia había recrecido la corriente en cola de dragón había sentido en el tuétano de los huesos una mullida sensación de nieve. La cabeza metida en el reverbero negro de las rocas, había creído escuchar, revolcados con el sonido del agua, los estallidos del salitre sobre la playa y pensó que sus cabellos habían llegado por fin a desembocar en el mar. En ese preciso momento sintió una mordida terrible en la pantorrilla. La sacaron del agua gritando y se la llevaron a la casa en parihuelas retorciéndose de dolor.

El médico que la examinó aseguró que no era nada, probablemente había sido mordida por una chágara viciosa. Sin embargo pasaron los días y la llaga no cerraba. Al cabo de un mes el médico había llegado a la conclusión de que la chágara se había introducido dentro de la carne blanda de la pantorrilla, donde había evidentemente comenzado a engordar. Indicó que le aplicaran un sinapismo para que el calor la obligara a salir. La tía estuvo una semana con la pierna rígida, cubierta de mostaza desde el tobillo hasta el muslo, pero al finalizar el tratamiento se descubrió que la llaga se había abultado aún más, recubriéndose de una sustancia pétrea y limosa que era imposible tratar de remover sin que peligrara toda la pierna. Entonces se resignó a vivir para siempre con la chágara enroscada dentro de la gruta de su pantorrilla.

Había sido hermosa, pero la chágara que escondía bajo los largos pliegues de gasa de sus faldas la había despojado de toda vanidad. Se había encerrado en la casa rehusando a todos sus pretendientes. Al principio se había dedicado a la crianza de las hijas de su hermana, arrastrando por toda la casa la pierna monstruosa con bastante agilidad. Por aquella época la familia vivía rodeada de un pasado que dejaba desintegrar a su alrededor con la misma impasible musicalidad con que la lámpara de cristal del comedor se desgranaba a pedazos sobre el mantel raído de la mesa. Las niñas adoraban a la tía. Ella las peinaba, las bañaba y les daba de comer. Cuando les leía cuentos se sentaban a su alrededor y levantaban con disimulo el volante almidonado de su falda para oler el perfume de guanábana madura que supuraba la pierna en estado de quietud.

Cuando las niñas fueron creciendo la tía se dedicó a hacerles muñecas para jugar. Al principio eran sólo muñecas comunes, con carne de guata de higüera y ojos de botones perdidos. Pero con el pasar del tiempo fue refinando su arte hasta ganarse el respeto y la reverencia de toda la familia. El nacimiento de una muñeca era siempre motivo de regocijo sagrado, lo cual explicaba el que jamás se les hubiese ocurrido vender una de ellas, ni siquiera cuando las niñas eran ya grandes y la familia comenzaba a pasar necesidad. La tía había ido agrandando el tamaño de las muñecas de manera que correspondieran a la estatura y a las medidas de cada una de las niñas. Como eran nueve y la tía hacía una muñeca de cada niña por año, hubo que separar una pieza de la casa para que la habitasen exclusivamente las muñecas. Cuando la mayor cumplió diez y ocho años había ciento veintiséis muñecas de todas las edades en la habitación. Al abrir la puerta, daba la sensación de entrar en un palomar, o en el cuarto de muñecas del palacio de las zarinas, o en un almacén donde alguien había puesto a madurar una larga hilera de hojas de tabaco. Sin embargo, la tía no entraba en la habitación por ninguno de estos placeres, sino que echaba el pestillo a la puerta e iba levantando amorosamente cada una de las muñecas canturreándoles mientras las mecía. «Así eras cuando tenías un año, así cuando tenías dos, así cuando tenías tres», reviviendo la vida de cada una de ellas por la dimensión del hueco que le dejaba entre los brazos.

El día que la mayor de las niñas cumplió diez años, la tía se sentó en el sillón frente al cañaveral y no se volvió a levantar jamás. Se balconeaba días enteros observando los cambios de agua de las cañas y sólo salía de su sopor cuando la venía a visitar el doctor o cuando se despertaba con ganas de hacer una muñeca. Comenzaba entonces a clamar para que todos los habitantes de la casa viniesen a ayudarla. Podía verse ese día a los peones de la hacienda haciendo constantes relevos al pueblo como alegres mensajeros incas, a comprar cera, a comprar barro de porcelana, encajes, agujas, carretes de hilos de todos los colores. Mientras se llevaban a cabo estas diligencias, la tía llamaba a su habitación a la niña con la que había soñado esa noche y le tomaba las medidas. Luego le hacía una mascarilla de cera que cubría de yeso por ambos lados como una cara viva dentro de dos caras muertas; luego hacía salir un hilillo rubio, de cera derretida, por un hoyito en la barbilla. La porcelana de las manos era siempre translúcida; tenía un ligero tinte marfileño que contrastaba con la blancura granulada de las caras de biscuit. Para hacer el cuerpo, la tía enviaba al jardín por veinte higüeras relucientes. Las cogía con una mano y con un movimiento experto de la cuchilla las iba rebanando una a una en cráneos relucientes de cuero verde. Luego las inclinaba en hilera contra la pared del balcón, para que el sol y el aire secaran los cerebros algodonosos de guano gris. Al cabo de algunos días raspaba el contenido con una cuchara y lo iba introduciendo con infinita paciencia por la boca de la muñeca.

Lo único que la tía transigía en utilizar en la creación de las muñecas sin que estuviese hecho por ella, eran las bolas de los ojos. Se los enviaban por correo desde Europa en todos los colores, pero la tía los consideraba inservibles hasta no haberlos dejado sumergidos durante un número de días en el fondo de la quebrada para que aprendiesen a reconocer el más leve movimiento de las antenas de las chágaras. Sólo entonces los lavaba con agua de amoniaco y los guardaba, relucientes como gemas, colocados sobre camas de algodón, en el fondo de una lata de galletas holandesas. El vestido de las muñecas no variaba nunca, a pesar de que las niñas iban creciendo. Vestía siempre a las más pequeñas de tira bordada y a las mayores de broderí, colocando en la cabeza de cada una el mismo lazo abullonado y trémulo de pecho de paloma.

Las niñas empezaron a casarse y a abandonar la casa. El día de la boda la tía les regalaba a cada una la última muñeca dándoles un beso en la frente y diciéndoles con una sonrisa: «Aquí tienes tu Pascua de Resurrección». A los novios los tranquilizaba asegurándoles que la muñeca era sólo una decoración sentimental que solía colocarse sentada, en las casas de antes, sobre la cola del piano. Desde lo alto del balcón la tía observaba a las niñas bajar por última vez las escaleras de la casa sosteniendo en una mano la modesta maleta a cuadros de cartón y pasando el otro brazo alrededor de la cintura de aquella exuberante muñeca hecha a su imagen y semejanza, calzada con zapatillas de ante, faldas de bordados nevados y pantaletas de Valenciennes. Las manos y la cara de estas muñecas, sin embargo, se notaban menos transparentes, tenían la consistencia de la leche cortada. Esta diferencia encubría otra más sutil: la muñeca de boda no estaba jamás rellena de guata, sino de miel.

Ya se habían casado todas las niñas y en la casa quedaba sólo la más joven cuando el doctor le hizo a la tía la visita mensual acompañado de su hijo, que acababa de regresar de sus estudios de medicina en el norte. El joven levantó el volante de la falda almidonada y se quedó mirando aquella inmensa vejiga abotagada que manaba una esperma perfumada por la punta de sus escamas verdes. Sacó su estetoscopio y la auscultó cuidadosamente. La tía pensó que auscultaba la respiración de la chágara para verificar si todavía estaba viva, y cogiéndole la mano con cariño se la puso sobre un lugar determinado para que palpara el movimiento constante de las antenas. El joven dejó caer la falda y miró fijamente al padre. «Usted hubiese podido haber curado esto en sus comienzos», le dijo. «Es cierto», contestó el padre, «pero yo sólo quería que vinieras a ver la chágara que te había pagado los estudios durante veinte años».

En adelante fue el joven médico quien visitó mensualmente a la tía vieja. Era evidente su interés por la menor y la tía pudo comenzar su última muñeca con amplia premeditación. Se presentaba siempre con el cuello almidonado, los zapatos brillantes y el ostentoso alfiler de corbata oriental del que no tiene donde caerse muerto. Luego de examinar a la tía se sentaba en la sala recostando su silueta de papel dentro de un marco ovalado, a la vez que le entregaba a la menor el mismo ramo de siemprevivas moradas. Ella le ofrecía galletitas de jengibre y cogía el ramo quisquillosamente con la punta de los dedos, como quien coge el estómago de un erizo vuelto al revés. Decidió casarse con él porque le intrigaba su perfil dormido, y porque tenía ganas de saber cómo era por dentro la carne de delfín.

El día de la boda la menor se sorprendió al coger la muñeca por la cintura y encontrarla tibia, pero lo olvidó en seguida, asombrada ante su excelencia artística. Las manos y la cara estaban confeccionadas con delicadísima porcelana de Mikado. Reconoció en la sonrisa entreabierta y un poco triste la colección completa de sus dientes de leche. Había, además, otro detalle particular: la tía había incrustado en el fondo de las pupilas de los ojos sus dormilonas de brillantes.

El joven médico se la llevó a vivir al pueblo, a una casa encuadrada dentro de un bloque de cemento. La obligaba todos los días a sentarse en el balcón, para que los que pasaban por la calle supiesen que él se había casado en sociedad. Inmóvil dentro de su cubo de calor, la menor comenzó a sospechar que su marido no sólo tenía el perfil de silueta de papel sino también el alma. Confirmó sus sospechas al poco tiempo. Un día él le sacó los ojos a la muñeca con la punta del bisturí y los empeñó por un lujoso reloj de cebolla con una larga leontina. Desde entonces la muñeca siguió sentada sobre la cola del piano, pero con los ojos bajos.

A los pocos meses el joven médico notó la ausencia de la muñeca y le preguntó a la menor qué había hecho con ella. Una confradia de señoras piadosas le había ofrecido una buena suma por la cara y las manos de porcelana para hacerle un retablo a la Verónica en la próxima procesión de Cuaresma. La menor le contestó que las hormigas habían descubierto por fin que la muñeca estaba rellena de miel y en una sola noche la habían devorado. «Como las manos y la cara eran de porcelana de Mikado», dijo, «seguramente las hormigas las creyeron hechas de azúcar, y en este preciso momento deben de estar quebrándose los dientes, royendo con furia dedos y párpados en alguna cueva subterránea». Esa noche el médico cavó toda la tierra alrededor de la casa sin encontrar nada.

Pasaron los años y el médico se hizo millonario. Se había quedado con toda la clientela del pueblo, a quienes no les importaba pagar honorarios exorbitantes para poder ver de cerca a un miembro legítimo de la extinta aristocracia cañera. La menor seguía sentada en el balcón, inmóvil dentro de sus gasas y encajes, siempre con los ojos bajos. Cuando los pacientes de su marido, colgados de collares, plumachos y bastones, se acomodaban cerca de ella removiendo los rollos de sus carnes satisfechas con un alboroto de monedas, percibían a su alrededor un perfume particular que les hacía recordar involuntariamente la lenta supuración de una guanábana. Entonces les entraban a todos unas ganas irresistibles de restregarse las manos como si fueran patas.

Una sola cosa perturbaba la felicidad del médico. Notaba que mientras él se iba poniendo viejo, la menor guardaba la misma piel aporcelanada y dura que tenía cuando la iba a visitar a la casa del cañaveral. Una noche decidió entrar en su habitación para observarla durmiendo. Notó que su pecho no se movía. Colocó delicadamente el estetoscopio sobre su corazón y oyó un lejano rumor de agua. Entonces la muñeca levantó los párpados y por las cuencas vacías de los ojos comenzaron a salir las antenas furibundas de las chágaras.

Análisis del contenido

A. Para contestar

1. ¿Cuáles son los dos acontecimientos que marcan la vida de la tía? ¿Por qué?

2. Relee tu lista para explicar cómo fabricaba la tía las muñecas. ¿Qué materiales utilizaba? ¿Cuál crees que era el objeto de hacer todas esas muñecas?

3. ¿Están los personajes del médico y su hijo caracterizados positivamente?

4. ¿Qué tipo de vida lleva la sobrina menor desde el momento en que se casa? ¿Cómo la trata su marido?

5. ¿Muestra el médico, esposo de la sobrina menor, respeto por el regalo de la tía? ¿Qué le hizo a la muñeca? ¿Por qué? ¿Cómo quedó la expresión de la cara de la muñeca?

6. ¿Qué le preocupa al médico con el paso de los años?

7. ¿Qué descubre el médico en la última escena?

B. Para escribir

En parejas resuman el *argumento* de esta historia en menos de cinco líneas e inventen un nuevo título que refleje la *idea central* del texto.

C. Para comentar

En grupo decidan en qué lugares del cuento aparecen indicios que sugieren que la sobrina menor ha sido suplantada por la muñeca.

Situaciones ⎯⎯⎯⎯⎯⎯⎯⎯⎯⎯⎯⎯⎯⎯⎯⎯⎯⎯⎯⎯⎯⎯⎯⎯⎯⎯⎯⎯

En parejas elaboren un diálogo imaginario entre la tía y su sobrina menor la noche antes del día de su boda. Piensen en cuáles serían las preocupaciones de cada una, qué se dirían, qué se aconsejarían, si compartirían algún secreto. Redacten el diálogo, practíquenlo en voz alta y represéntenlo frente a la clase.

Análisis literario

A. Para reflexionar

1. ¿Qué flores suelen regalar los enamorados? ¿Qué flores le regala el médico a la menor? ¿Qué simbolizan estas flores? ¿Las acepta la joven de buen grado?

2. ¿Qué nos indica el hecho de que el médico no se dé cuenta de que su esposa ha sido suplantada por la muñeca?

3. ¿Qué indicios aparecen en la lectura que nos señalan que la muñeca está rellena de chágaras y no de miel?

4. En el texto se sugiere la decadencia de una clase social y la aparición de otra. ¿Cuáles son esas dos clases sociales diferentes y cómo aparecen caracterizadas? ¿Qué personajes del cuento las representarían? ¿Cómo se alude en el texto al prestigio social que suponía pertenecer a una de esas clases?

5. Puede decirse que la venganza constituye el tema más importante de este cuento. ¿En qué consiste la venganza? ¿Qué problemas plantea esa venganza? ¿Perjudica esa venganza a alguna de las mujeres del cuento?

6. El cuento está narrado en tercera persona y predomina la descripción de ambientes, situaciones y personajes. Hay, sin embargo, un momento en la narración en el que se reproduce en estilo directo el breve diálogo de dos personajes. ¿Por qué crees que la autora incluye ese único dialogo? ¿Qué efecto tiene en el conjunto de la narración?

7. Las muñecas pueden simbolizar el papel de la mujer como objeto. Sin embargo, al final del cuento es precisamente una muñeca la que sirve de instrumento de venganza. ¿Qué puedes comentar al respecto? ¿Crees que puede hablarse de un final irónico? ¿Por qué?

8. Explica nuevamente el título del cuento ahora que ya conoces su argumento.

9. ¿Tienen algo en común este cuento y los poemas que leíste en la Primera lectura? ¿Te han servido los textos de las secciones «El mundo en que vivimos» y «Testimonio» para comprender mejor este cuento? Explica tu respuesta.

B. Para comentar

En grupo discutan el significado de los siguientes fragmentos del texto. ¿Por qué son importantes para comprender la idea central?

1. «Por aquella época la familia vivía rodeada de un pasado que dejaba desintegrar a su alrededor con la misma impasible musicalidad con que la lámpara de cristal del comedor se desgranaba a pedazos sobre el mantel raído de la mesa».

2. «Aquí tienes tu Pascua de Resurrección».

3. «La menor seguía sentada en el balcón, inmóvil dentro de sus gasas y encajes, siempre con los ojos bajos».

4. «Cuando los pacientes de su marido... se acomodaban cerca de ella... percibían a su alrededor un perfume particular que les hacía recordar involuntariamente la lenta supuración de una guanábana. Entonces les entraban a todos unas ganas irresistibles de restregarse las manos como si fueran patas».

C. Para escribir

En parejas rescriban esta historia desde la perspectiva de la tía o de la sobrina menor. Pueden seguir los siguientes pasos.

1. Escojan uno de los personajes. Lean otra vez el texto de Ferré fijándose sobre todo en la información que el cuento ofrece sobre el personaje elegido.

2. Inventen la información que la autora no proporciona; por ejemplo, ¿por qué decide la tía hacer una muñeca tan peligrosa? ¿En qué momento decide la sobrina menor abandonar a su marido?

3. Redacten su propio cuento.

Establece vínculos

Los diferentes textos que hemos leído en las secciones anteriores (poemas, ensayo, cuento y conferencia) han mostrado diferentes puntos de vista sobre la construcción de género. A continuación vamos a establecer vínculos entre las lecturas, los conceptos aprendidos y nuestra experiencia personal.

A. Tu opinión

En grupos de tres o cuatro estudiantes compartan sus ideas con respecto a lo siguiente.

1. ¿Qué influye más en nuestra percepción de lo masculino o femenino: la biología o la educación?

2. ¿Qué tiene mayor efecto en la construcción de nuestra identidad de género: la educación que da la familia o los medios de comunicación?

3. ¿Qué tipo de educación recibieron en cuanto a la división de roles y sexos? ¿Tradicional o moderna?

4. ¿Creen que las ambiciones o las expectativas en la vida están determinadas por la construcción de género?

5. ¿Es la agresividad una característica intrínseca de la masculinidad o pertenece a los dos sexos? ¿Y la empatía, es una característica femenina o de ambos sexos?

6. La personalidad del individuo se forma a través de las experiencias vitales. ¿Es el género importante o sólo un elemento más en la formación de nuestra personalidad?

7. ¿Qué modelos de comportamiento femenino ofrecen los medios de comunicación? ¿Y masculinos? ¿Crees que estos modelos van a ayudar a crear individuos que construyan un futuro mejor para nuestra sociedad?

8. ¿Recibiste una educación diferente debido a tu sexo? ¿Educarás a tus hijos/as de la misma manera o harás algo diferente?

B. En perspectiva

Lee con atención y analiza el siguiente esquema sobre la construcción de género. En grupo comenten y escriban las tres ideas fundamentales por las que, según este esquema, el rol de madre condiciona la identidad de la mujer. Decidan si están de acuerdo o no con estas afirmaciones.

El rol construye la feminidad: la maternidad como base de la feminidad		
Rol materno	**Identidad**	**Sexualidad**
Responsabilidad de cuidar a los demás.	Basada en las relaciones con los otros. (Rol de madre, hija, esposa...)	Utilizada para legitimar las relaciones y garantizar su seguridad y permanencia.
Responsabilidad de dar amor.	Basada en la empatía, en ayudar al desarrollo emocional de los demás, no al propio.	Ser objeto de deseo en lugar de ser sujeto.
Consecuencia: Asume como responsabilidad la duración de las relaciones y se atribuye el fracaso cuando éstas no funcionan.	Consecuencia: Autoestima basada en la abnegación y el sacrificio. Inhibición de ambiciones que pongan en peligro las relaciones. Inhibición y represión de la rabia que lo anterior provoca.	Consecuencia: Inhibición de deseos y represión sexual.

C. En la prensa

En grupo lean y comenten el siguiente artículo de Juan José Fernández publicado en el periódico español *El País*.

Entre el machismo y el negocio

La permisividad en la atrevida ropa deportiva femenina, con polémicas tecnológicas, contrasta con la rigidez masculina.

Entre el machismo y el negocio. Las líneas básicas en el diseño de la ropa deportiva siguen moviéndose alrededor de estos dos parámetros, aunque han surgido matices curiosos en los últimos tiempos. La permisividad en la atrevida indumentaria femenina en determinados deportes contrasta todavía con la rigidez en los hombres, como si en las mujeres aún no bastaran sus rendimientos puramente deportivos. E incluso cuando los modelos son teóricamente más tapados, por razones tecnológicas, también desatan polémicas.

La diputada del PSOE[4] María José López, llegó a presentar en septiembre una pregunta al gobierno por el body[5] que usó la selección española de baloncesto en el pasado mundial de China. Se habló más de ello que de su quinto puesto, el mismo que habían logrado los chicos. Las propias jugadoras hicieron un comunicado defendiendo la mayor comodidad de un atuendo que puede ser apretado, pero enseña menos piel que los anteriores y

---

[4]Partido Socialista Obrero Español
[5]*Body* es un término inglés que se usa en español para referirse a una prenda de ropa femenina muy ajustada en forma de bañador.

va en la línea de los trajes de triatlón y los de natación, mejores para calentar los músculos y el deslizamiento, pero sobre todo para el negocio de las marcas que los comercializan. Es la variante promocional en que la tecnología puede ganar a piel mostrada.

El voleibol tomó a finales de octubre de 1998 una de sus muchas decisiones encaminadas a conseguir la mayor atracción para su deporte: obligar a sus jugadoras a llevar las indumentarias más ajustadas. Estableció incluso premios y multas. La medida, tachada de sexista, no fue nada sibilina, se tomó con luz y taquígrafos, cuando la modalidad de voley playa, por razones obvias, ofrecía ya a la vista de los espectadores mínimos bikinis, y en atletismo, mucho antes, las velocistas,

sobre todo, llevaban modelos sugerentes como algo natural. Ahora, cuatro años después, los trajes siguen ajustados, pero los pantalones han sustituido a los slip en el voleibol bajo techo.

Precisamente en el tenis, en el pasado Open de Estados Unidos, se comprobó el distinto rasero entre hombres y mujeres. Al alemán Tommy Haas no le dejaron jugar con una camiseta sin mangas, como la que usó Camerún en el anterior mundial de fútbol. El tenista se quejó porque en las mismas pistas, la número uno mundial, Serena Williams, lucía sus bien apretados bodies de lycra o dos piezas que mostraban incluso un piercing con colgante en el ombligo. Y no las necesitaba para arrasar.

JUAN JOSÉ FERNÁNDEZ

D. Debate

¿Es libertad o discriminación que las mujeres tengan más opciones o menos regulaciones en cuanto a su apariencia en algunos deportes? ¿Sucede lo mismo en el vestuario profesional? ¿Tienen las mujeres menos limitaciones o más que los hombres? Dividan la clase en dos grupos y preparen una defensa/una acusación sobre este tema. Presenten a la clase sus conclusiones. Finalmente, decidan por votación cuál de los dos planteamientos es el más completo y convincente.

E. ¿Estás de acuerdo?

Indica si estás a favor o en contra de las siguientes afirmaciones. Después, en grupo, discute las razones de tu punto de vista.

	A favor	En contra
1. Las hormonas determinan nuestro comportamiento masculino o femenino.	☐	☐
2. Aunque la familia intente enseñar igualdad, otros factores culturales son los que forman la identidad de género en el/la niño/a.	☐	☐
3. Sexo y género están unidos desde el nacimiento.	☐	☐
4. Los niños nacen «neutros», es la educación la que los convierte en masculinos o femeninos.	☐	☐
5. Los medios de comunicación perpetúan los estereotipos sexuales.	☐	☐

	A favor	*En contra*
6. Pese a recibir una educación sexista, las personas pueden cambiar.	☐	☐
7. Nuestro aparato reproductor determina nuestra identidad y destino.	☐	☐
8. Hoy en día las fronteras entre lo masculino y lo femenino ya no son claras.	☐	☐

F. Temas para hablar y escribir

1. La construcción de género en las escuelas. Entrevista a un/a maestro/a de escuela elemental en tu área para investigar cómo se reproducen o cuestionan los prejuicios en la construcción de género. Prepara una lista de preguntas sobre la educación con la que llegan los niños al colegio y averigua cómo los profesores se enfrentan a esta problemática. No olvides incluir anécdotas relacionadas con este tema. Elabora tus notas y redacta tus conclusiones.

2. Las oposiciones binarias. Prepara un cuestionario donde incluyas una lista de palabras que expresen la visión dicotómica del mundo occidental. Pide a personas ajenas a la clase que decidan cuáles de estos términos pueden aplicarse a sus ideales y personalidad. Analiza los resultados para determinar si corroboran la teoría de Cixous de la sección «El mundo en que vivimos», según la cual los hombres se atribuyen las características primordiales y positivas mientras que las mujeres quedan relegadas al lado inferior de la ecuación. Comprueba, además, si existen diferencias generacionales entre hombres y mujeres. Elabora tus notas y redacta tus conclusiones.

Otras voces

> *«Qué pena tan honda me da ser mujer».*
>
> *Juana de Ibarbourou*

INFORMACIÓN BIOGRÁFICA

Mercedes Sosa es una de las intérpretes más famosas del movimiento musical que se conoce como «Nuevo Canto Americano». Nació en Tucumán, Argentina, en 1935. Desde su juventud se dedicó a popularizar la canción y los bailes tradicionales de su tierra. Hoy en día es conocida universalmente por su voz profunda y peculiar.

La siguiente composición, sobre el suicidio de Alfonsina Storni, es una de las canciones más conocidas de Mercedes Sosa.

Alfonsina y el mar
(Ariel Ramírez y Félix Luna)

Por la blanda arena que lame el mar,
su pequeña huella no vuelve más.

Un sendero solo de pena y silencio llegó
hasta el agua profunda.
Un sendero solo de penas mudas llegó
hasta la espuma.

Sabe Dios qué angustia te acompañó
qué dolores viejos calló tu voz,
para recostarte arrullada en el canto
de las caracolas marinas.
La canción que canta en el fondo oscuro del mar,
la caracola.

Te vas Alfonsina con tu soledad,
¿qué poemas nuevos, fuiste a buscar?
Una voz antigua de viento y de mar
te requiebra el alma
y la está llamando.
Y te vas hacia allá como en sueños,
dormida Alfonsina, vestida de mar.

Cinco sirenitas te llevarán
por caminos de algas y de coral.
Y fosforescentes caballos marinos harán
una ronda a tu lado;
y los habitantes del agua
van a nadar pronto a tu lado.

Bájame la lámpara un poco más
déjame que duerma, nodriza en paz
y si llama él no le digas que estoy,
dile que Alfonsina no vuelve.

Te vas Alfonsina con tu soledad,
¿qué poemas nuevos, fuiste a buscar?
Una voz antigua de viento y de mar
te requiebra el alma
y la está llamando.
Y te vas hacia allá como en sueños,
dormida Alfonsina, vestida de mar.

A. Para contestar

Escucha la canción un par de veces para familiarizarte con su letra y responde las siguientes
preguntas.

1. ¿Qué imágenes aparecen en esta canción? ¿Qué representan?
2. ¿Hay alusiones directas al suicidio de la poeta?

3. ¿Cuál es la sección que más te gusta de esta canción?

4. ¿Conoces otras canciones que describan situaciones reales como ésta? ¿Cuáles? ¿De qué tratan?

B. Para comentar

¿Cómo se relaciona el verso de Ibarbourou que encabeza esta sección con la vida de Alfonsina Storni? En grupo comenten su punto de vista.

 Para obtener más información sobre este tema visita www.prenhall.com/mujeresdehoy.

Bibliografía

Castellanos, Rosario. *Balún Canán*. México D.F.: Fondo de Cultura Económica, 1968.

———. *Ciudad Real*. México D.F.: Alfaguara, 1997.

———. *Meditación en el umbral: antología poética*. México D.F: Fondo de Cultura Económica, 1985.

———. *Mujer que sabe latín*. México D.F.: Fondo de Cultura Económica, 1984.

Cixous, Hélène. *The Hélène Cixous Reader*. New York: Routledge, 1994.

Ferré, Rosario. *The House on the Lagoon*: New York, Farrar, Straus and Giroux, 1995.

———. *Papeles de Pandora*. New York: Vintage, 2000.

Freixas, Laura, ed. *Ser mujer*. Madrid: Temas de hoy, 2000.

———. *Literatura y mujeres*. Barcelona: Destino, 2000.

Ibarbourou, Juana de. *Obras escogidas*. Santiago de Chile: Editorial Andrés Bello, 1998.

Navarro, Marisa, ed. *Sexualidad, género y roles sexuales*. México D.F.: Fondo de Cultura Económica, 1999.

Storni, Alfonsina. *Nosotras y la piel: selección de ensayos de Alfonsina Storni*. Buenos Aires: Alfaguara, 1998.

———. *Antología mayor*. Madrid: Hiperión, 1994.

Las esferas pública y privada: los roles sociales y el trabajo

Introducción al tema

—¿Y tu mamá qué hace?
—Nada, está en casa.

Las mujeres han trabajado duramente en todas las épocas de la historia de la humanidad. Sin embargo, desde mediados del siglo XX se ha producido una devaluación y desprestigio en la consideración social del trabajo del ama de casa, sobre todo, en los países industrializados. Para explicar el porque de esta situación habría que recordar que en el pasado existía una auténtica economía doméstica. El dinero, que era resultado del trabajo de los hombres, sólo proveía la materia prima, pero eran las mujeres las que elaboraban esos productos para poder convertírlos en utilizables para la familia: las mujeres cosían ropa, fabricaban velas, jabón, pan, comida, preservaban y cocinaban alimentos, etc. Muchas de estas actividades se realizaban en grupo, lo que creaba un sentimiento de comunidad entre las mujeres. Toda esta economía doméstica exigía, además, un conocimiento o sabiduría que se transmitían las mujeres de generación a generación.

El trabajo doméstico comenzó a desprestigiarse a partir del desarrollo de la tecnología con la aparición de máquinas que en parte lo agilizaron y facilitaron. Para promover la adquisición de estas máquinas, las campañas publicitarias enfatizan no sólo que estos electrodomésticos pueden ser utilizados hasta por niños, es decir, que no es necesario saber nada ni ser muy inteligente para desempeñar esta labor, sino también que estas máquinas realizan por sí mismas las labores del hogar. El número de miembros de la familia se reduce, comienza la vida en urbanizaciones situadas en las afueras de las ciudades, también el aislamiento de las mujeres dentro de los muros de la casa. De este modo el trabajo doméstico se convierte en pasivo e invisible y, paradójicamente, sólo se ve cuando no está hecho.

La filósofa y feminista francesa Simone de Beauvoir[1] explicaba en *El segundo sexo* que el trabajo doméstico podía compararse a la maldición de Sísifo. Sísifo era un personaje mítico a quien los dioses le dieron como castigo empujar una piedra hasta lo alto de una montaña. Una vez arriba la piedra volvía a caer inevitablemente, por lo que Sísifo debía comenzar su trabajo otra vez, y seguir haciéndolo durante toda la eternidad. Del mismo

---

[1]Simone de Beauvoir (1908–86), escritora y pensadora francesa adscrita a la corriente existencialista. Su aportación más importante al campo del estudio de las mujeres es su obra clásica *El segundo sexo* donde analiza la historia de las mujeres y explora el desarrollo de la identidad femenina desde su niñez hasta la vejez.

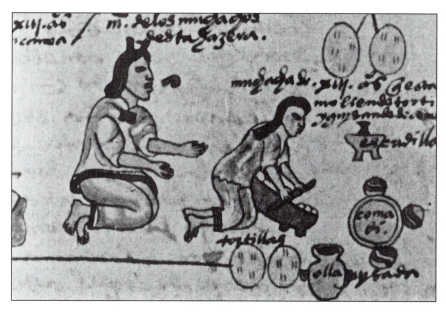

Códice Azteca

modo, las amas de casa repiten las mismas acciones día tras día: recoger la casa, lavar la ropa, preparar la comida, fregar los cacharros, planchar, etc. Todo el trabajo realizado durante el día debe repetirse al día siguiente y así durante años. Es la repetición continua del presente. No hay sensación de progresión o evolución. Por eso, Simone de Beauvoir considera el trabajo doméstico como uno de los factores que más alienan y deprimen a las mujeres.

Para comenzar

1. ¿Qué opinas del comentario de Simone de Beauvoir? ¿Estás de acuerdo con su descripción del trabajo doméstico? Explica tu respuesta.

2. Observa con detenimiento el códice azteca que aparece arriba. Descríbelo. Analiza la expresión, la posición y las acciones de la mujer. ¿Qué trabajo está realizando? ¿Qué otra figura aparece? ¿Qué hace? ¿Qué representa?

PRIMERA LECTURA

Las estadísticas demuestran que la mujer sigue realizando hoy en día la mayor parte de las tareas domésticas en todo el mundo. El personaje principal de la primera lectura de esta unidad es un ama de casa obsesionada por realizar su trabajo a la perfección.

INFORMACIÓN BIOGRÁFICA

La argentina **Liliana Heker** (1943) es cuentista, novelista y directora de revistas literarias. La literatura de Heker se caracteriza por la creación de ambientes fantásticos donde lo aparentemente normal se transforma en irreal. Sus personajes son seres que padecen desequilibrios mentales y se enfrentan con situaciones comunes de modo poco usual. Se ha dicho que esta autora cultiva la literatura fantástica y en especial una rama dentro de esta categoría que se define como «el grotesco». Las situaciones, los espacios y los personajes al borde de la locura ayudan a crear un mundo grotesco, que es caricatura del que nos rodea. Todos sus cuentos están recogidos en la antología *Los bordes de lo real* (1991). Su libro de ensayos feministas *Las hermanas de Shakespeare* (1999), hace alusión al ensayo de Virginia Woolf donde se planteaba qué hubiera sido de una posible hermana de Shakespeare con sus mismas dotes creativas pero teniendo que enfrentarse a la vida como mujer.

 Para obtener más información sobre este tema visita www.prenhall.com/mujeresdehoy.

Actividades de pre-lectura

A. Para contestar

1. La colección de cuentos a la que pertenece «Cuando todo brille», el cuento que vamos a leer, se titula *Los bordes de lo real.* ¿Podrías explicar con tus propias palabras qué implica este título?

2. «Cuando todo brille» es una oración incompleta. Escribe tres posibles finales para esta oración. Una vez leído el cuento comprueba si alguna de tus oraciones tiene relación con el argumento de la narración.

B. Para comentar

Comparte y comenta tus respuestas anteriores con un/a compañero/a.

Mientras leemos

1. Subraya los nombres de todos los objetos y habitaciones que la protagonista limpia durante la narración.

2. Ampliación de vocabulario: escribe en tu cuaderno una lista de los términos relacionados con la limpieza que aparecen en el cuento.

Cuando todo brille

Liliana Heker

Todo empezó con el viento. Cuando Margarita le dijo a su marido aquello del viento. Él ni atinó a cerrar la puerta de su casa. Se quedó como congelado en la actitud de empujar, el brazo extendido hacia el picaporte, los ojos clavados en los ojos de su mujer. Pareció que iba a perpetuarse en esta situación pero al fin aulló. Fue sorprendente. Durante varios segundos los dos permanecieron estáticos, estudiándose, como si trataran de confirmar en la presencia del otro lo que acababa de suceder. Hasta que Margarita rompió el sortilegio. Con familiaridad, casi con ternura, como si en cierto modo nada hubiera pasado, apoyó una mano en el brazo de su marido para mantener el equilibrio mientras con la otra mano daba un suave empujón a la puerta y, con el pie derecho y un patín de fieltro, eliminaba del piso el polvo que había entrado.

—¿Cómo te fue hoy, querido? —preguntó.

Y lo preguntó menos por curiosidad (dadas las circunstancias no esperaba una respuesta, y tampoco la obtuvo) que por restablecer un rito. Necesitaba comunicarse cifradamente con él, transmitirle un mensaje mediante su pregunta habitual de todos los atardeceres. *Todo está en orden sin embargo. Nada ha pasado. Nada nuevo puede pasar.*

Acabó de limpiar la entrada y soltó el brazo de su marido. Él se alejó muy rápido camino del dormitorio y le dejó la impresión que deja en los dedos una mariposa a la que se ha tenido sujeta por las alas y a la que de pronto se libera. No había usado los patines para desplazarse; así pudo verificar Margarita que su marido estaba furioso. Sin duda exageraba: ella no le había pedido que se arrojara desnudo desde lo alto del obelisco al fin y al cabo. Pero no le dijo nada. Con sus propios patines fue limpiando las marcas de los zapatos que él había dejado. Sin embargo al dormitorio no entró: sabía que mejor es no echarle leña al fuego. Justo en la puerta desvió su trayectoria hacia la cocina; más tarde encontraría el momento oportuno para hablarle del viento.

Ya había terminado de preparar la cena (al principio, sólo por complacerlo y a pesar de que era miércoles había pensado en unos bifes con papas fritas, pero enseguida desistió: la grasa vaporizada impregna las alacenas, impregna las paredes, impregna hasta las ganas de vivir; si una la deja desde un miércoles hasta un lunes, que es el día de la limpieza profunda, la grasitud tiene tiempo de penetrar hasta el fondo de los poros de las cosas y se queda para siempre; de modo que al fin Margarita sacó una tarta de la heladera y la puso en el horno) y estaba tendiendo la mesa cuando oyó que su marido entraba al baño. Un minuto después, como un buen agüero, el alegre zumbido de la ducha resonaba en la casa.

Era el momento de ir al dormitorio. Apenas entró, Margarita pudo comprobar que él había dejado todo en desorden. Cepilló el saco, cepilló el pantalón, los colgó, hizo un montoncito con la camisa y las medias, y fue a golpear la puerta del baño.

—Voy a entrar, querido —dijo con dulzura.

Él no contestó, pero canturreaba. Margarita se llevó la camiseta y los calzoncillos y los agregó al montoncito. Lavó todo con entusiasmo. Cuando cerró la canilla lo oyó a él, en el living, tarareando el vals *Sobre las olas.* La tormenta había pasado.

Sin embargo recién a la mañana siguiente, mientras tomaban el desayuno, medio riéndose como para restarle importancia a la escena del día anterior, Margarita mencionó lo del viento. Una bobada, ella estaba dispuesta a admitirlo, pero costaba tan poco, ¿sí? Él no tenía que pensar que eso le iba a complicar la vida de algún modo. Simplemente, ella le pedía que cuando el viento soplaba del norte él entrara por la puerta del fondo que daba al sur; y cuando soplaba del sur, entrara por la puerta del frente, que daba al norte. Un caprichito, si a él le gustaba llamarlo así, pero la ayudaría tanto, él ni se imaginaba. Ella había notado que, por más que barriera y lustrara, el piso de la entrada siempre se llenaba de tierra cuando había viento norte. Por supuesto, él podía entrar por donde se le antojase cuando el viento soplara del este o del oeste. Y ni que hablar de cuando no había viento.

—Vio mi salvaje, vio mi protestón que no era para hacer tanto escándalo —dijo.

Rió traviesamente.

Él se puso de pie como quien va a pronunciar un discurso, gargajeó con sonoridad, casi con delectación. Después inclinó levemente el torso, escupió en el suelo, recuperó su posición erguida y, con pasos mesurados, salió de la cocina.

Margarita se quedó mirando el redondel, refulgente a la luz del sol matinal, como se debe mirar a un diminuto ser de otro planeta sentado muy orondo sobre el piso de nuestra cocina. Una puerta se cerró y se abrió, unas paredes retumbaron, pasos cruzaron la casa, otra puerta se cerró con estrépito. El cerebro de Margarita apenas detectó estos acontecimientos. Toda su persona parecía converger hacia el pequeño foco del suelo. *Foco infeccioso.* La expresión aleteó livianamente en su cabeza, se expandió como una onda, la inundó. En los colectivos, cuando la gente tose desparrama invisibles gotitas de saliva, cada gotita es portadora de millares de gérmenes, cuántos gérmenes hay en... Millares de millones de gérmenes se agitaron, se refocilaron y brincaron sobre el mosaico rojo. Mecánicamente Margarita tomó lo primero que tuvo a mano: una servilleta. De rodillas en el piso se puso a frotar con energía el mosaico. Fue inútil: por más que frotaba la zona pegajosa resaltaba como un estigma. *Gérmenes achatados arrastrándose como amebas.* Margarita dejó la servilleta sobre la mesa y fue a embeber una esponjita en detergente. Friccionó el mosaico con la esponjita y echó un balde de agua. Iba a secar el piso cuando se quedó paralizada. ¿Había estado loca ella? ¿No había usado una servilleta para? Dios mío, con lo fácil que es llevarse una servilleta a los labios. La tomó por una punta y la contempló con pavura. ¿Qué haría ahora? Lavarla le pareció poco prudente de modo que llenó una cacerola con agua, la puso al fuego, y echó la servilleta adentro.

Estaba friccionando la mesa con desinfectante (la servilleta había estado largo tiempo en contacto con la mesa) cuando sonó el teléfono. Fue a atender y apenas traspuso la puerta del dormitorio captó algo inusual, algo que se le manifestó bajo la forma de una opresión en el pecho y cuya realidad no pudo constatar hasta que colgó el teléfono y abrió la puerta del placard. Entonces sí lo supo con certeza, la ropa de él no estaba, muy bien, se había ido, maravillosamente bien, ¿iba a llorar ella por eso? No iba a llorar. ¿Iba a arrancarse los pelos y tirarse de cabeza contra las paredes? No iba a arrancarse los pelos y mucho menos iba a tirarse de cabeza contra las paredes. ¿Acaso un hombre es algo cuya pérdida hay que lamentar? Tan desprolijos como son, tan sucios, cortan el pan sobre la mesa, dejan las marcas de sus zapatos embarrados, abren las puertas contra el viento, escupen en el suelo y una nunca puede tener su casa limpia, el cuerpo, una nunca puede tener su cuerpo limpio, de noche son como bestias babosas, oh su aliento y su sudor, oh su semen, la asquerosa humedad del amor, por qué, Dios mío, tú que todo lo podías, por qué hiciste tan sucio el amor, el cuerpo de tus hijos tan lleno de inmundicia, el mundo que creaste tan colmado de basura. Pero nunca más. En *su* casa nunca más. Margarita arrancó las sábanas de la cama, sacó las cortinas de sus rieles, levantó las alfombras, removió almohadones, apiló carpetas. Margarita fregó y sacudió y cepilló hasta que se le enrojecieron los nudillos y se le acalambraron los brazos. Lavó paredes, enceró pisos, bruñó metales, arrancó resplandores solares de las cacerolas, otorgó un centelleo diamantino a los caireles, bañó como a hijos adorados a bucólicas pastoras de porcelana, pulió maderas, perfumó armarios, blanqueó opalinas, abrillantó alabastros. Y a las siete de la tarde, como un pintor que le pone la firma al cuadro con que había soñado toda su vida, empuñó el escobillón y lo sacudió en el tacho de basura.

Después respiró profundamente el aire embalsamado de cera. Echó una lenta mirada de satisfacción a su alrededor. Captó fulgores, paladeó blancuras, degustó transparencias, advirtió que un poco de polvo había caído fuera del tacho al sacudir el escobillón. Lo barrió; lo recogió con la pala, vació la pala en el tacho. De nuevo sacudió el escobillón, pero esta vez con extrema delicadeza, para que ni una mota de polvo cayera afuera del tacho. Lo guardó en el armario e iba a guardar también la pala cuando un pensamiento la acosó: la gente suele ser ingrata con las palas; las usa para recoger cualquier basura pero nunca se le ocurre que un poco de esa basura ha de quedar por fuerza adherida a su superficie. Decidió lavar la pala. Le puso detergente y le pasó el cepillo, un líquido oscuro se desparramó sobre la pileta. Margarita hizo correr el agua pero quedaba como una especie de encaje negro en el fondo. Lo limpió con un trapo enjabonado, enjuagó la pileta y lavó el trapo. Entonces se acordó del cepillo. Lo lavó y se volvió a ensuciar la pileta. Fregó la pileta con el trapo y se dio cuenta de que si ahora lavaba el trapo en la pileta esto iba a ser un cuento de nunca acabar. Lo más razonable era quemar el trapo. Primero lo secó con el secador del pelo y después lo sacó a la calle y le prendió fuego. Justo cuando entraba a la casa vino un golpe de viento norte y Margarita no pudo evitar que algo de ceniza entrara en el living.

Era mejor no usar el escobillón, ahora que ya estaba limpio. Utilizó un trapito con un poco de cera (con los trapitos siempre queda la posibilidad de prenderles fuego). Pero fue un error. El color quedaba disparejo. Lustró, extendió la cera a una zona más amplia: todo fue inútil.

Aproximadamente a las cinco de la mañana los pisos de toda la casa estaban rasqueteados pero un polvo rojo flotaba en el aire, cubría los muebles, se había adherido a los zócalos. Margarita abrió las ventanas, barrió (ya encontraría el momento de limpiar el escobillón y en el peor de los casos podía tirarlo), estaba terminando de lavar los zócalos cuando advirtió que un poco de agua se había derramado. Miró con desaliento las manchas de humedad en el suelo, le faltaban fuerzas, por el color del cielo debían ser casi las siete de la mañana. Decidió dejar eso para más tarde, con buena suerte no iba a tener que rasquetear todos los pisos otra vez. Se tiró en la cama vestida (no olvidarse, después, de cambiar nuevamente las sábanas) y se durmió de inmediato pero las manchas húmedas se expandieron, se ablandaron, extendían sus seudópodos. La atraparon. Eran una ciénaga donde Margarita se hundía, se hundía. Se despertó sobresaltada. No había dormido ni media hora. Se levantó y fue a ver las manchas: ya estaban bastante secas pero no habían desaparecido. Rasqueteó la zona pero nunca quedaba del mismo color. Un ligero desvanecimiento la hizo caer; abrió soñadoramente los ojos, vislumbró las vetas blancuzcas y dio un suspiro; calculó que no había comido nada en las últimas veinticuatro horas.

Se levantó y fue a la cocina. Una comida caliente tal vez la haría sentirse mejor pero no: después hay que lavar las ollas. Abrió la heladera e iba a sacar una manzana cuando la invadió una ola de terror: no había barrido el polvo del rasqueteo y las ventanas estaban abiertas. Retiró con brusquedad la mano de la heladera y tiró una canastita con huevos. Observó el charco amarillo que se dilataba lenta y viscosamente. Creyó que iba a llorar. De ninguna manera: cada cosa a su tiempo. Ahora, a barrer el polvo del rasqueteo; ya le llegaría su turno al piso de la cocina, no hay como el orden. Buscó el escobillón y la pala, fue hasta el living y cuando estaba por ponerse a barrer, reparó en las suelas de sus zapatos; sin duda no estaban limpias: había trazado sobre el parquet un discontinuo senderito de huevo. A Margarita casi le dio risa verse con el escobillón y la pala. *Polvo del rasqueteo*, murmuró, *polvo del rasqueteo*. Recordó que todavía no había comido nada, dejó el escobillón y la pala y se fue para la cocina.

La manzana estaba en el centro del charco amarillo. Margarita la alzó, ávidamente le dio unos mordiscos, y de golpe descubrió que era absurdo no prepararse una comida caliente, ahora que todo estaba un poco sucio. Puso la plancha sobre el fuego, peló papas (era agradable dejar que las largas tiras en espiral se hundieran esponjosamente en las yemas y las claras ahora que las cosas habían empezado a ensuciarse y de cualquier manera habría que limpiar todo más tarde). Puso un bife sobre la plancha y aceite en la sartén. La grasa se achicharró alegremente, las papas chisporrotearon, Margarita se dio cuenta de que se había olvidado de abrir la ventana de la cocina pero de cualquier modo era demasiado tarde: la grasa vaporizada ya había penetrado en los poros de las cosas, y en sus propios poros, había impregnado su ropa y su pelo, espesaba el aire. Margarita aspiró profundamente. El olor de la carne y de lo frito entró por su nariz, la anegó, la hizo enloquecer de deleite.

La impaciencia puede volver a la gente un poco torpe. Algo de aceite se le volcó a Margarita al sacar las papas; ella disimuladamente lo desparramó con el pie, sacó el bife, se le cayó al suelo, al levantarlo la cercanía, el contacto, el maravilloso aroma de la carne asada la embriagaron; no pudo resistir darle algunas dentelladas antes de colocarlo en el plato.

Comió con ferocidad. Puso las cosas sucias en la pileta pero no las lavó: tenía mucho sueño, ya llegaría el momento de lavar todo. Abrió la canilla para que el agua corriera y se fue para el dormitorio. No llegó. Antes de salir de la cocina el aceite de las suelas la hizo patinar y cayó al suelo. De cualquier manera se sentía muy cómoda en el suelo. Apoyó la cabeza en los mosaicos y se quedó dormida. La despertó el agua. Ligeramente aceitosa, el agua serpenteaba por la cocina, se ramificaba en sutiles hilos por las junturas de los mosaicos y, adelgazándose pero persistente, avanzaba hacia el comedor. A Margarita le dolía un poco la cabeza. Hundió su mano en el agua y se refrescó las sienes. Torció el cuello, sacó la lengua todo lo que le fue posible, y consiguió beber: ahora ya se sentía mejor. Un poco descompuesta, nomás, pero le faltaban fuerzas para levantarse e ir al baño. Todo estaba ya bastante sucio de todos modos. *No debía ensuciarse el vestidito.* Margarita tenía seis años y no debía ensuciarse el vestidito. Ni las rodillas. Debía tener mucho cuidado de no ensuciarse las rodillas. Hasta que al caer la noche una voz gritaba: ¡A bañarse!, entonces ella corría frenéticamente al fondo de la casa, se revolcaba en la tierra, se llenaba el pelo y las uñas y las orejas de tierra, ella debía sentir que estaba sucia, que cada recoveco de su cuerpo estaba sucio para poder hundirse después en el baño purificador, el baño que arrastrará toda la mugre del cuerpo de Margarita y la dejará blanca y radiante como un pimpollo. ¿Hay pimpollos de margarita, mamá? Sintió una inefable sensación de bienestar. Se corrió un poco del lugar donde estaba tendida y tuvo ganas de reírse. Su dedo señaló un lugar, próximo a ella, sobre el suelo. Caca, dijo. Su dedo se hundió voluptuosamente y después escribió su nombre sobre el suelo. Margarita. Pero sobre el mosaico rojo no se notaba bien. Se levantó, ahora sin esfuerzo, y escribió sobre la pared. Mierda. Firmó: Margarita. Después envolvió toda la leyenda en un gran corazón. Una corriente en la espalda la hizo estremecer. El viento. Entraba por las ventanas abiertas, arrastraba el polvo de la calle, arrastraba la basura del mundo que se adhería a las paredes y a su nombre escrito en las paredes y a su corazón, se mezclaba con el agua que corría en el comedor, entraba por su nariz y por sus orejas y por sus ojos, le ensuciaba el vestidito.

Cinco días después, un luminoso día de sol con el cielo gloriosamente azul y pájaros cantando, el marido de Margarita se detuvo ante un puesto de flores.

—Margaritas —le dijo al puestero—. Las más blancas. Muchas margaritas.

Y con el ramo enorme caminó hasta su casa. Antes de introducir la llave hizo una travesura, un gesto pícaro y colmado de amor, digno de ser contemplado por una esposa amante que estuviera espiando detrás de los visillos: se chupó el dedo índice y, levantándolo como un estandarte, analizó la dirección del viento. Venía del norte. De modo que el hombre, dócilmente, alegremente, paladeando de antemano el inigualable sabor de la reconciliación, dio la vuelta a su casa. Silbando una canción festiva abrió la puerta. Un chapoteo blando, gorgoteante, le llegó desde la cocina.

Análisis del contenido

A. Para contestar

1. ¿Quién es la protagonista de este cuento? ¿Cómo es su personalidad?

2. ¿Cuál es el problema que desencadena el enfrentamiento entre la protagonista y su marido?

3. ¿Crees que la reacción del marido es desmesurada? ¿Qué nos indica su actitud acerca de la relación entre ambos?

4. El marido no se caracteriza por lo que dice o piensa sino por sus acciones. ¿Puedes mencionar algunas de ellas y cómo pueden interpretarse?

5. ¿Cómo reacciona Margarita cuando se da cuenta de que su marido la ha abandonado? ¿Por qué?

6. Margarita tiene una pesadilla durante los pocos minutos en que se permite descansar. ¿De qué trata su sueño? ¿Tiene algún significado?

7. ¿Qué recuerdos tiene la protagonista de su infancia?

8. Cuando toda la casa brilla, ¿qué desencadena otra vez la suciedad?

9. ¿Qué le ocurre a Margarita cuando cae al suelo?

10. ¿Qué sucede al final de la narración?

B. Para escribir

En parejas resuman el *argumento* de esta historia en menos de cinco líneas e inventen un nuevo título que refleje la *idea central* del texto.

C. Para comentar

En grupo comenten sus opiniones sobre la comparación que hacía Simone de Beauvoir entre el trabajo doméstico y la maldición de Sísifo. ¿Creen que el cuento de Heker ejemplifica lo que la filósofa francesa intentaba explicar?

Situaciones _____

El Departamento de Trabajo de los Estados Unidos ha establecido una escala para determinar el nivel de dificultad de los diferentes trabajos que se pueden realizar. De una escala de 1 (el más difícil) a 878 (el más fácil), ser ama de casa o maestra de una guardería infantil está clasificado como el número 876. Ser entrenador de perros se sitúa en el puesto 228. En grupo elaboren una ponencia en la que expliquen al Departamento de Trabajo su punto de vista sobre esta clasificación, elaboren las razones que apoyan sus argumentos y, finalmente, ofrezcan sugerencias. Presenten sus ponencias a sus compañeros/as y decidan qué ponencia logra mostrar más claramente y con mayor efectividad su punto de vista.

Análisis literario

A. Para reflexionar

1. Ahora que ya leíste el cuento, ¿cómo explicarías su título? ¿Por qué es una oración incompleta?

2. Este cuento pertenece a la colección *Los bordes de lo real*. ¿Cómo se relaciona con este cuento?

3. ¿Para qué se utiliza la letra cursiva en el texto?

4. Mientras el estilo directo reproduce literalmente las palabras de un interlocutor, el estilo indirecto ofrece una versión de esas palabras. ¿Cuál de estos estilos se utiliza en el cuento? ¿Cómo ayuda al desarrollo de la narración?

5. ¿Cuál es el objeto literario de la regresión a la infancia que sufre la protagonista?

6. El grotesco es un recurso literario mediante el cual se deforma la realidad para convertirla en una caricatura ridícula y cómica. ¿Representa este cuento un buen ejemplo de esta técnica? ¿Piensas que es un recurso efectivo para denunciar la alienación que les produce a muchas mujeres el trabajo doméstico? Explica tu respuesta.

7. ¿Existen uno o varios clímax en esta narración? ¿En qué momento/s tienen lugar?

8. ¿Qué tipo de final presenta «Cuando todo brille»: abierto o cerrado? ¿Por qué?

9. Desfamiliarización o extrañamiento son dos términos que indican el intento de romper la percepción automática de las cosas para que el lector se desfamiliarice, es decir, no reconozca como normales las situaciones que se describen. El objetivo de esta técnica es permitir ver las cosas desde otro punto de vista. ¿De qué manera Liliana Heker desfamiliariza la problemática del trabajo doméstico? ¿Qué efecto produce en el/la lector/a esta desfamiliarización?

B. Para comentar

En grupo discutan el significado de los siguientes fragmentos del texto.

1. *«Todo está en orden sin embargo. Nada ha pasado. Nada nuevo puede pasar».*

2. «...por qué, Dios mío, tú que todo lo podías, por qué hiciste tan sucio el amor, el cuerpo de tus hijos tan lleno de inmundicia, el mundo que creaste tan colmado de basura».

3. *«No debía ensuciarse el vestidito.* Margarita tenía seis años y no debía ensuciarse el vestidito. Ni las rodillas. Debía tener mucho cuidado de no ensuciarse las rodillas».

4. «El viento. Entraba por las ventanas abiertas, arrastraba el polvo de la calle, arrastraba toda la basura del mundo que se adhería a las paredes y a su corazón, se mezclaba con el agua que corría en el comedor, entraba por su nariz y por sus orejas y por sus ojos, le ensuciaba el vestidito».

El mundo en que vivimos

> *«Todo está en orden sin embargo. Nada ha pasado. Nada nuevo puede pasar».*
>
> *Liliana Heker*

En muchos países del mundo el trabajo doméstico se asocia con las mujeres mientras que el trabajo remunerado fuera de la casa se relaciona con los hombres. ¿Cuándo comenzó esta distribución del trabajo? ¿Qué ha contribuido a perpetuar esta situación? ¿Qué consecuencias tiene para las mujeres? El siguiente informe intenta dar respuesta a estas preguntas.

Mientras leemos

1. Encuentra en el texto las definiciones de los siguientes conceptos: trabajo, trabajo productivo, trabajo reproductivo.

2. Anota todas las inequidades o desigualdades que, según la lectura, surgen a partir de la división del trabajo.

Mujeres, trabajo y empleo: una visión de género

(Informe realizado por el Instituto Nacional de las Mujeres de Costa Rica.)

1. El trabajo generador de desarrollo humano

El trabajo constituye la actividad humana que permite invertir energía física e intelectual en la creación de los bienes y los servicios necesarios para la satisfacción de las necesidades de las personas que integran un determinado grupo social.

Dichas necesidades incluyen aspectos de la sobrevivencia y del desarrollo humano, tales como alimento, vestido, vivienda, salud y educación así como la satisfacción personal, la recreación, el perfeccionamiento de las capacidades personales, la espiritualidad, entre otras.

La historia de la humanidad muestra diversas formas de organización adoptadas por diferentes sociedades para producir los bienes y los servicios requeridos para la satisfacción de sus necesidades.

En la actualidad, el trabajo conserva la finalidad de satisfacer necesidades de las personas, pero la forma de organización social que se adopta para generarlo así como la forma en que se distribuyen sus productos y beneficios, muestran un conjunto de inequidades que afectan las posibilidades de desarrollo humano de las personas que participan en su producción.

2. La división sexual del trabajo: el trabajo productivo y reproductivo

Existe una amplia documentación histórica acerca de la aparición de modelos de organización social, bajo el dominio masculino, que establecen una diferenciación y una desigual valoración entre el denominado trabajo productivo y el trabajo reproductivo o doméstico.

El trabajo reproductivo o doméstico comprende todas las actividades dirigidas a generar las energías requeridas por las personas para su sobrevivencia y para la reproducción de la especie humana. Dichas actividades incluyen: la preparación de los alimentos, la limpieza y el mantenimiento de la vivienda y del vestido, el cuidado de las personas que requieren de atenciones especiales (...). Así como algunas actividades de producción de bienes que sirven para abastecer las necesidades de consumo de las familias, como son la crianza de gallinas, el cuidado de vacas, el cultivo de hortalizas, entre otros.

El trabajo productivo se asocia a las actividades que realizan las personas para producir bienes y servicios destinados a la venta y el consumo de otras personas. Habitualmente, el tiempo destinado a esa producción es retribuido mediante un salario o remuneración o a través de los ingresos que obtienen quienes trabajan por cuenta propia por la venta de lo que producen.

Las diferencias que se pueden apreciar entre el objeto del trabajo productivo y reproductivo, no deberían constituir en sí mismas un factor de desigualdad, ya que podría considerarse que ambos tipos de trabajos son complementarios y necesarios para el desarrollo humano.

Las inequidades se producen por las normas y valores que rigen la distribución de las esferas de producción, a partir del sexo de las personas y a cuya comprensión contribuye el género entendido como la asignación social de un conjunto de actividades, funciones y posiciones de poder que reciben las personas a partir del sexo. Se expresa de diferentes formas, según el momento histórico y la sociedad de la que se trate, pero siempre tiene como resultado una jerarquización, en la cual lo masculino tiene mayor valor sobre lo femenino.

De esta forma, las mujeres desde su nacimiento son forzadas a un aprendizaje social para asumir las actividades propias del trabajo reproductivo, sin recibir por ello ningún reconocimiento económico y social. En su condición de hijas, madres, esposas o compañeras, abuelas, siempre tienen responsabilidades directas por la atención y el cuidado de las demás personas que integran los grupos familiares de los que forman parte. Mientras los hombres de cualesquier edad reciben una exoneración social de realizar dichas actividades y son estimulados desde la infancia a demandar a las mujeres la responsabilidad por lo reproductivo y orientan sus actividades hacia la esfera productiva.

Esta inequidad que se reproduce en las relaciones cotidianas entre las mujeres y los hombres, se institucionaliza social, política y económicamente de muchas formas. Así por ejemplo los sistemas de Cuentas Nacionales de los países, no registran el volumen y menos aún el valor del trabajo reproductivo, sin el cual no sería posible la producción para el mercado. De este modo, las mujeres que se dedican al trabajo reproductivo, son clasificadas como «población inactiva» porque no están generando ingresos directos.

No obstante, en el seno de las Naciones Unidas se ha reconocido que ninguna economía nacional estaría en capacidad de remunerar el trabajo reproductivo que se consume diariamente.

3. Trabajo productivo y empleo

El trabajo productivo se relaciona habitualmente con el empleo, que se refiere a la «ocupación remunerada que la persona desempeña». Esta dimensión comprende a las personas que reciben un salario por su trabajo y a quienes laboran por cuenta propia.

La concepción de empleo marcada por la remuneración, hace que se excluya de las regulaciones sociales y de los beneficios económicos a quienes trabajan sin recibir remuneración, tal es el caso de las mujeres que realizan el trabajo reproductivo al interior de sus grupos familiares y quienes laboran en las empresas familiares según las necesidades del ciclo productivo, por ejemplo en la recolección de las cosechas, en la atención al público en negocios como la venta de abarrotes, entre otros.

Dado que son las mujeres quienes son mayoritariamente asignadas a la realización del trabajo no remunerado, resultan excluidas de los sistemas de seguridad social, a cuyos servicios sólo pueden acceder a través de los miembros de su grupo familiar que tienen empleo.

Un número creciente de mujeres se integra en la actualidad a ocupaciones remuneradas, no obstante, ello no las exime de sus responsabilidades en lo reproductivo. Para un sector significativo de mujeres, el trabajo remunerado significa una ampliación de la jornada diaria de trabajo, ya que deben ocuparse de la limpieza de sus viviendas, del lavado y planchado de la ropa y la preparación de los alimentos al regresar a sus casas.

A. Para contestar

1. ¿Cuál es la finalidad del trabajo?
2. ¿Por qué se produce la inequidad en la distribución de los dos tipos de trabajo?
3. ¿Cómo surge la devaluación del trabajo femenino?
4. ¿Cómo determina la educación la distribución del trabajo?
5. ¿Qué otras desventajas tienen las mujeres además de no tener un trabajo remunerado?
6. ¿Mejora la calidad de vida de las mujeres cuando obtienen un trabajo remunerado?
7. Explica la cita que encabeza el texto con relación a su contenido. ¿Cómo se puede relacionar el cuento de Liliana Heker con el texto que acabas de leer?
8. ¿Qué te sugiere la imagen de la foto al final de este página? ¿Qué tipo de trabajo tienen estas mujeres? ¿Cuál parece ser su actitud ante el trabajo que representan? ¿Qué trabajos se consideran tradicionalmente masculinos? ¿Con qué dificultades puede enfrentarse una mujer si quiere obtener este tipo de trabajo? ¿Cómo se relaciona con los temas que estamos analizando en esta unidad?

B. Para comentar

En grupo decidan si los aspectos que denuncia el texto que acaban de leer pueden aplicarse a ustedes mismos o a la realidad de algunas de las mujeres que conocen. Después comenten las causas de esta situación y sugieran posibles soluciones.

 Para obtener más información sobre este tema visita www.prenhall.com/mujeresdehoy.

Trabajadoras

Testimonio

> *«Él se puso en pie como quien va a pronunciar un discurso».*
>
> *Liliana Heker*

En los países más industrializados, un gran número de mujeres forma parte de lo que se considera «población activa», es decir, de los profesionales o trabajadores remunerados. Sin embargo, esto no quiere decir que se haya eliminado la desigualdad laboral entre los sexos. En el siguiente testimonio una prestigiosa periodista española explica la dificultad de las mujeres para acceder a puestos de mayor responsabilidad y categoría dentro de una empresa.

Mientras leemos

1. Anota cuáles son los objetivos de las mujeres para lograr la igualdad en el trabajo.
2. Subraya las secciones del testimonio donde se indiquen los sacrificios que requiere ocupar un alto cargo en una compañía.

Ser profesional, o cómo hacer encaje de bolillos[2]

De *Ser mujer*, Victoria Prego

Sucede que la igualdad tiene un límite y ese límite es el poder. No es lo mismo ser iguales en la medianía que ser iguales en el reducido círculo en el que unos pocos se disputan el poder. Éstas son palabras mayores, ya ahí no es sólo que el machismo resulte implacable, es que lo que se dirimen son cuestiones que nada tienen que ver con el reconocimiento democrático de la igualdad de derechos de hombres y mujeres que las leyes reconocen en España desde hace ya muchos años.

Ocurre también, sin embargo, que la presión femenina por alcanzar los puestos más altos en sus especialidades laborales-profesionales no es, ni de lejos, tan intensa como la que ejercen por obtener salarios iguales para igual trabajo, las mismas condiciones de acceso para un puesto o el reconocimiento de sus capacidades profesionales —y ninguna otra ajena a ellas— que les permita su ascenso.

Creo que hay una frontera invisible que muchas mujeres no cruzan y ante la cual muchas se retiran. Y creo saber la razón: llegados a un cierto nivel, las exigencias del mercado son infinitas, no hay límite para la dedicación profesional, todo el tiempo es poco. El ejecutivo, el líder, el director general, se deben a la empresa para la que trabajan, sea ésta un banco, un periódico, una fábrica de ordenadores o un partido político. Son exigencias que no se han modificado, al contrario, se han agravado con el paso de los años, ya que están hechas para el molde de un varón. En esos niveles se da por hecho que la familia no existe, que el trabajador o trabajadora de alto nivel no tiene hijos que estén enfermos, ni padres a los que haya que atender, ni hermanos que sufran un accidente, ni amigos con problemas. No hay nada fuera de los muros de la empresa que justifique o que haga tolerable que el directivo le niegue a ésta dos o tres horas de su tiempo para dedicarlas a sí mismo o a los suyos. No hay días ni

---

[2]*encaje de bolillos:* labor artesanal caracterizada por su enorme dificultad y lentitud a la que se dedicaban las mujeres en el pasado.

noches, las comidas son de empresa o de partido, las cenas también, incluso los fines de semana en la medida de lo que cada uno resiste. (...)

Las mujeres españolas, yo desde luego entre ellas, están dispuestas a trabajar, a ganar dinero, a asumir las responsabilidades que eso conlleva y a disfrutar de la independencia personal que supone, incluso a esforzarse por mantener en las manos las riendas de dos mundos: el del trabajo y el de la vida personal. Pero hay muy pocas que estén dispuestas, además, a renunciar a su vida y al mundo que la explica para ocupar un despacho con más metros cuadrados y sentarse detrás de una mesa con más teléfonos.

A. Para contestar

1. Según Victoria Prego, ¿dónde se encuentra el límite de la igualdad? ¿Por qué?
2. ¿Por qué las mujeres, en general, no están interesadas en ocupar los puestos de poder?
3. ¿A qué están dispuestas las mujeres españolas?
4. ¿A qué no están dispuestas? ¿Por qué?
5. ¿De qué manera la cita del cuento de Heker que encabeza este testimonio sirve de ejemplo de relaciones de poder y dominio entre hombres y mujeres? ¿Crees que esta relación de poder también se manifiesta en la esfera pública del trabajo?

B. Para comentar

En grupo comenten las siguientes cuestiones.

1. ¿Son semejantes en sus países las demandas de trabajo de los altos cargos?
2. ¿Están de acuerdo con que las mujeres no están interesadas en ocupar puestos elevados?

Encaje de bolillos

3. ¿Qué piensa cada uno de Uds. sobre este tema?

4. En la fotografía anterior aparece una mujer haciendo encaje de bolillos. ¿Por qué crees que usa Victoria Prego esta labor para explicar el reto de las mujeres profesionales?

 Para obtener más información sobre este tema visita www.prenhall.com/mujeresdehoy.

SEGUNDA LECTURA

Pese a que pocas mujeres consiguen alcanzar puestos de responsabilidad o ser altos cargos en las empresas en las que trabajan, algunas lo han conseguido después de mucho trabajo y sacrificios. La segunda lectura de esta unidad nos presenta un tipo de mujer completamente diferente al ama de casa obsesiva de Liliana Heker. La narradora del siguiente fragmento es una mujer en la cima de su carrera profesional.

INFORMACIÓN BIOGRÁFICA

Lucía Etxebarría se convirtió en una de las escritoras más populares, a la vez que controvertidas, de la escena literaria española actual tras la publicación de su primera novela *Amor, curiosidad, prozac y dudas* (1997). Su segunda novela *Beatriz y los cuerpos celestes* recibió el premio Nadal en 1998 y la siguiente, *De todo lo visible y lo invisible. Una novela sobre el amor y otras mentiras*, obtuvo el Premio Primavera de Novela del año 2001.

Amor, curiosidad, prozac y dudas, al igual que el resto de sus obras, está inmersa en la problemática de la España actual. Sus personajes reflejan la esquizofrenia nacional que ha supuesto la evolución acelerada de una sociedad que no ha tenido tiempo para asimilar el significado de esos cambios; la emergencia de una generación educada para el consumo enfrentada con la precaria situación laboral del país; la falta de ideales; el extendido uso de drogas legales e ilegales que sitúan a España muy por encima del resto de Europa. Las protagonistas de sus novelas reflejan en especial la dificultad que tienen las mujeres españolas en encontrar un papel adecuado en sociedad. Educadas para ser madres y amas de casa en su infancia y reeducadas durante su adolescencia para rechazar ese papel para poder desarrollarse profesionalmente, se encuentran en su juventud con un mercado laboral en crisis. En esta novela se narra la historia de tres hermanas: Rosa, ejecutiva, Cristina, licenciada en literatura y camarera, y Ana, ama de casa, y sus sentimientos hacia los roles que han elegido desempeñar en su vida.

 Para obtener más información sobre este tema visita www.prenhall.com/mujeresdehoy.

Actividades de pre-lectura

A. Para contestar

1. Haz una lista con diez dificultades que tiene una mujer a la hora de acceder al mundo profesional y compaginarlo con su vida personal.
2. ¿Se enfrentan los hombres ante las mismas dificultades? Explica tu respuesta.

B. Para comentar

Compara tus respuestas anteriores con las de un/a compañero/a. ¿Son similares o muy diferentes?

Mientras leemos

1. Haz una lista con los consejos que el libro de auto-ayuda (entre comillas en el texto) le ofrece a la protagonista.
2. Busca en el texto las razones por las cuales la narradora se siente descontenta.

De *Amor, curiosidad, prozac y dudas* (Capítulo T, de triunfadores)

Lucía Etxebarría

Podrías decir que cada año que cumples supone una nueva pincelada para añadir al que será tu retrato definitivo. Podrías decir también que cada nuevo año es una paletada de tierra sobre la tumba de tu juventud. Cada nuevo año supone más experiencia, y, por tanto, dicen, más sabiduría y serenidad. Cada cumpleaños supone el recordatorio puntual de tu conciencia: este año *tampoco* has hecho nada con tu vida.

Hace un mes cumplí treinta años. Llevo desperdiciado exactamente un tercio de mi existencia.

«Si desea tener éxito como mujer de negocios póngase de pie con tanta frecuencia como sus colegas masculinos y en las mismas situaciones que éstos. No permanezca sentada cuando alguien entre en su despacho o se reúna con usted ante su mesa. No importa lo que digan los manuales de urbanidad: si quiere usted igualdad de oportunidades e igualdad de trato, debe ponerse en pie como un hombre, literal y figurativamente hablando.»

Especialmente, si usted es tan alta, o más, que la mayoría de sus colegas masculinos.

«Compórtese como un hombre. Controle sus sentimientos. No llore en público. Que sus gestos siempre sean adecuados y aceptables con arreglo a la situación concreta. Sincronice las palabras con acciones.

«Prepárese para lo peor. Recuerde que, por lo general, cuando las mujeres se encuentran al frente de la dirección siempre son blanco de críticas que nada tienen que ver con su capacidad profesional. Incluso algunas de las cualidades que en los hombres empresarios son vistas con respeto e incluso admiración, en las mujeres se transforman en cualidades negativas. Si una mujer centra toda su energía en el trabajo, se la calificará de frustrada; si se rodea de un equipo y comparte responsabilidades, entonces será insegura; si dirige con firmeza, la llamarán amargada.»

Treinta años. Diez millones de pesetas al año. Un BMW. Un apartamento en propiedad. Ninguna perspectiva de casarme o tener hijos. Nadie que me quiera de manera especial. ¿Es esto tan deprimente? No lo sé. ¿Es esa pastillita blanca y verde que me tomo cada mañana la que me ayuda a no llorar? ¿Esa pastillita que el médico me recetó, ese concentrado milagroso de fluoxicetina, es la que hace que las preocupaciones me resbalen como el agua sobre una sartén engrasada?

¿Es la paz o el prozac? No lo sé.

Treinta años. El comienzo de la madurez. Una fecha significativa que había que celebrar.

Pero yo no quería organizar una fiesta de cumpleaños porque en realidad no tenía a nadie a quien invitar. Mis hermanas y mi madre, por supuesto, pero ¿las quiero realmente? Sí, hasta cierto punto. Son mi familia. Siempre lo han sido y siempre lo serán.

Mi madre y mis hermanas constituyen la única referencia permanente en mi vida. Mi madre siempre será para mí el Enigma del Mundo Exterior, tan glacial y distante, tan contenida, pero se ha portado bien conmigo, y, sobre todo, siempre ha estado ahí, inamovible como un mojón que marcara el principio del camino.

Mi hermana Ana es una santa, una buena chica con todas las letras, pero enormemente aburrida, como todas las buenas chicas, y no precisamente el tipo de persona a la que quieres ver en tu cumpleaños.

Y Cristina... Bueno, hay que reconocerlo. Sí, la odié con toda mi alma, pero puede que sea, precisamente, porque la he querido mucho. Aun así, no me apetecía celebrar mi cumpleaños con una cena íntima con Cristina. No nos llevamos tan bien como para eso.

Podría también organizar una fiesta por todo lo alto e invitar a colegas del trabajo y a sus señoras, a viejos conocidos de la universidad, a clientes y proveedores.

«Cuando se disponga a organizar una reunión debe tener siempre en la cabeza cuatro puntos fundamentales: ¿Qué clase de reunión quiero?, ¿a quién voy a invitar?, ¿cuándo debo programarla? Y ¿dónde la celebraré?

«Invite sólo a los que deben estar allí. Invite sólo a los que esté dispuesta a escuchar. No recurra a la lista de protocolo para seleccionar a los invitados. Reserve tiempo suficiente para los preparativos. Programe la reunión para una fecha en que todos los protagonistas necesarios puedan estar disponibles. No olvide la cortesía. Calcule los costes. Compruebe las condiciones del lugar.

«Si entra en la reunión sabiendo exactamente qué quiere, es muy posible que salga de ella habiéndolo conseguido.»

Eso me apetecía aún menos.

Horas de preparativos y quién sabe cuánto dinero empleado en los canapés y las bebidas para que un montón de gente invada la intimidad de mi casa, corte el aire con sus charlas intrascendentes y sus risitas fingidas. Y todo para que al día siguiente la cosa se quede en una resaca de las serias, en cenizas y grumos pegajosos en la mesa de metacrilato y en el suelo, en botellas derramadas por la cocina, en vasos de plástico volcados aquí y allá, en servilletas y platos sucios olvidados encima de las estanterías.

No, gracias. Nada de fiestas.

Decidí pedir un día libre en el trabajo, cogí mi BMW y emprendí camino al sur. Doce horas conduciendo, escuchando a todo volumen los lieder de Shubert. No paré hasta que llegué a Fuengirola. Serían las seis de la tarde. (...)

«Frente a una situación de crisis haga una lista de las alternativas de que dispone y clasifíquelas en opciones deseables y no deseables. Considere el asunto como si ya estuviera decidido y evalúe la decisión. Repita este proceso para todos los posibles resultados que logre imaginar. Elimine mentalmente los impedimentos. Invente analogías. Rompa los esquemas del pensamiento lógico a la hora de analizar la situación de crisis. Y sobre todo, tenga siempre a mano un plan B: en caso de apuro podrá utilizarlo. Su plan B le dará a usted una sensación de seguridad que le permitirá aventurarse y hacer lo necesario para triunfar.»

Ahí radicaba mi fallo. Yo no había previsto un plan B. Había jugado todas mis cartas a una sola mano, y ahora que la jugada me había fallado, ahora que caía en la cuenta de que la ganancia apenas me servía para cubrir pérdidas, no sabía cómo seguir adelante. Qué hacer cuando una descubre que ha vivido su vida según los deseos de otros, convencida de que perseguía sus propias ambiciones.

Y mientras conducía de regreso a Madrid, ante la perspectiva de tener que enfrentarme a una sucesión infinita de días iguales, grises, borrosos y anodinos, sola, esclavizada, condenada a jugar como peón en un tablero que no entendía, sin compañero ni amantes, sin hijos, sin amigos íntimos, pensé más de una vez en soltar las manos del volante y dejar que el coche se despeñara en una curva.

Pero no lo hice, porque en el fondo soy idéntica a mi ordenador, que dispone de una batería de emergencia que se conecta automáticamente en caso de un fallo en la corriente eléctrica.

Diseñada para durar. Programada para seguir adelante.

Análisis del contenido

A. Para contestar

1. ¿Cuántos años tiene la protagonista?
2. ¿Qué información nos da la narración sobre su vida profesional?
3. ¿Es satisfactoria su vida personal?
4. ¿Por qué la deprime su cumpleaños?
5. ¿Por qué no quiere celebrar su cumpleaños con su familia?
6. ¿Qué le hace rechazar la idea de una fiesta con sus compañeros de trabajo?
7. ¿Toma ella alguna resolución al final del capítulo?

B. Para escribir

En parejas resuman el *argumento* de esta historia en menos de cinco líneas e inventen un nuevo título que refleje la *idea central* del texto.

C. Para comentar

En grupo comparen las protagonistas de las narraciones de Liliana Heker y Lucía Etxebarría. ¿Qué tienen en común? ¿En qué se diferencian? Pongan en común sus respuestas.

Situaciones _____

En grupo piensen que tienen la oportunidad de entrevistarse con el presidente de su país sobre la situación de la mujer. ¿Qué le preguntarían? ¿Qué le propondrían para mejorar las condiciones de trabajo remunerado y no remunerado de las mujeres de su país? ¿Creen que su presidente pondría en práctica alguna de sus sugerencias? ¿Cuáles serían más factibles? ¿Cuáles serían las más difíciles de llevar a cabo?

Análisis literario

A. Para reflexionar

1. En este capítulo encontramos dos tipos de textos intercalados. ¿Cuáles son? ¿Pertenecen a la misma narradora?

2. ¿Qué se propone la autora al intercalar los textos?

3. ¿Cómo se diferencian los tonos de ambos textos?

4. Pese a que la narración es como un monólogo, parece existir un diálogo. ¿Por qué?

5. ¿Qué secciones de este fragmento nos indican que la protagonista vive un momento de crisis en su vida?

6. El personaje describe sus relaciones familiares y a sus amigos. ¿Qué podemos deducir de su personalidad a través de sus opiniones?

7. La protagonista, explica que ella no tiene un plan B. ¿A qué se refiere? ¿Puedes adivinar cuál era el plan A?

8. ¿Se plantea en el texto alguna solución para la situación de la protagonista?

B. Para comentar

En grupo comenten el significado de los siguientes fragmentos del texto. ¿Por qué son importantes para comprender la idea central del texto que acaban de leer?

1. «Cada cumpleaños supone el recordatorio puntual de tu conciencia: este año *tampoco* has hecho nada con tu vida».

2. «...si quiere usted igualdad de oportunidades e igualdad de trato, debe ponerse en pie como un hombre, literal y figurativamente hablando».

3. «Treinta años. Diez millones de pesetas al año. Un BMW. Un apartamento en propiedad. Ninguna perspectiva de casarme o tener hijos. Nadie que me quiera de manera especial. ¿Es esto tan deprimente? No lo sé».

4. «Diseñada para durar. Programada para seguir adelante».

C. Para escribir

En parejas, escriban un manual con quince consejos para una mujer que esté en la misma situación que la protagonista. Hagan una lista de posibles sugerencias y después organícenla por orden de importancia. Intenten imitar el estilo y vocabulario de la literatura de auto-ayuda.

Establece vínculos

Los textos literarios y no literarios que hemos leído en esta unidad nos han ayudado a comprender mejor la división sexual del trabajo y las consecuencias que esta división tiene en la población femenina. A continuación vamos a establecer vínculos entre las lecturas, los conceptos aprendidos y nuestras experiencias personales.

A. Tu opinión

En grupo de tres o cuatro estudiantes indiquen por orden de importancia de 1 a 6 (1: más importante → 6: menos importante) las siguientes sugerencias para mejorar las condiciones de trabajo de las mujeres. Añadan dos factores más a la lista. Compartan sus resultados con la clase.

___A mismo trabajo igualdad de salario.

___Creación de cuotas para favorecer la contratación de mujeres.

___Ampliación del permiso por maternidad.

___Eliminación de la segregación sexual en diferentes tipos de trabajo.

___Educación igualitaria de la población femenina.

___Reconstrucción de los roles sociales en la familia.

B. En perspectiva

Completa cada oración con el porcentaje que consideres más adecuado de la lista que sigue. Luego compara tus resultados con los de un/a compañero/a. Comenten por qué han escogido esos porcentajes. Comprueben sus respuestas con los porcentajes dados al pie de página[3], segun estadísticas de la Organización Internacional del Trabajo.

6%, 8%, 15%, 45%, 50%, 60%, 65%, 70%, 50–80%, 65–90%

1. El _____% de las mujeres del mundo vive en condiciones de pobreza.

2. El _____% de la población femenina mundial tiene un trabajo remunerada.

3. De los 10 millones de niños sin acceso a la enseñanza, un _____% son niñas.

4. Entre un _____% y un _____% de los trabajadores a tiempo parcial son mujeres.

5. Las mujeres ganan entre un _____% y un _____% menos de lo que gana un hombre.

6. Cada año de escolaridad incrementa los ingresos de las mujeres un _____%.

7. Cada año de escolaridad reduce la tasa de fertilidad en un _____%.

8. En los países industrializados tiene trabajos remuneradas más del _____% de las mujeres.

9. Más del _____% de las mujeres del mundo son analfabetas.

10. Las mujeres ocupan menos del _____% de los cargos de alta dirección en el mundo.

---

[3]1: 70%; 2: 45%; 3: 60%; 4: 65–90%; 5: 50–80%; 6: 15%; 7: 8%; 8: 50%; 9: 65%; 10: 6%.

C. En la prensa

En grupo lean y comenten la siguiente noticia aparecida el 17 de marzo de 2003 en el periódico *La Jornada* de México.

En México hay 4.5 millones de madres sin cónyuge o pareja

En México, de los más de 24.2 millones de mujeres que tienen hijos vivos, casi 4 millones y medio (la quinta parte) son madres solas, informó el Consejo Nacional de Población (Conapo). De acuerdo con un diagnóstico que realizó sobre las madres en México, detalló que de las mamás solas 8.5 por ciento son viudas, 6.2 por ciento separadas y 4 por ciento solteras.

A su vez, las madres solteras ascienden a cerca de 880 mil mujeres y alrededor de nueve de cada 10 tienen hijos menores de 18 años. Además, seis de cada 10 viven en el hogar de su padre o madre. 71.8 por ciento de ellas trabaja, y aunque tres de cada 10 viven en condiciones de pobreza, esta proporción es ligeramente menor al promedio nacional de madres con hijos en el hogar, que es de 35.4 por ciento.

Conapo precisó que las madres solas por separación o divorcio suman alrededor de 1.7 millones de mujeres, y seis de cada 10 han asumido la jefatura de su hogar, pero 27.6 por ciento de ellas vive con al menos uno de sus padres. Además de desempeñar el rol materno, cerca de siete de cada 10 realizan alguna actividad económica.

El organismo señaló que, al igual que las madres solteras, el porcentaje que vive en condiciones de pobreza (29.6 por ciento) es menor al de las madres viudas y las que se encuentran en pareja o casadas. Las viudas constituyen el grupo más numeroso de las madres solas (1.9 millones) y en la mayoría de los casos las mujeres asumen la jefatura del hogar por la muerte, separación o divorcio del cónyuge.

IIII▶◀IIII D. Debate

Se dice que la falta de educación es uno de los condicionantes que determinan la feminización de la pobreza en el mundo, es decir, del creciente número de mujeres que viven en la miseria. ¿Qué aspectos condicionan la situación económica de las mujeres? ¿Cuál es el condicionante más importante? En grupo elaboren una lista de las diferentes situaciones que se describen en el artículo que pueden afectar la situación económica de las mujeres y expliquen por qué. Expongan sus puntos de vista y propongan soluciones para cada uno de estos problemas.

E. ¿Estás de acuerdo?

Indica si estás a favor o en contra de las siguientes afirmaciones. Después, en grupo explica tu punto de vista.

	A favor	En contra
1. En mi país no se discrimina a las mujeres.	☐	☐
2. En los países industrializados las mujeres no tienen problemas para encontrar y mantener un trabajo.	☐	☐
3. En consideración de distintos factores como la maternidad, las leyes de trabajo no deberían ser las mismas para mujeres y hombres.	☐	☐
4. Los hombres son más ambiciosos que las mujeres.	☐	☐
5. La segregación sexual en el trabajo se concentra en los países del tercer mundo.	☐	☐
6. La división de roles entre los sexos nunca va a desaparecer.	☐	☐
7. Las mujeres deberían recibir un sueldo por su trabajo en la casa.	☐	☐
8. Las amas de casa son privilegiadas porque pueden quedarse en casa sin la preocupación ni el estrés de un trabajo remunerado.	☐	☐

F. Temas para hablar y escribir

1. Madre *vs.* Profesional, ¿roles incompatibles? ¿Cuáles son los temas que más les preocupan a las mujeres de tu generación en cuanto a compaginar el futuro profesional y la familia? ¿Y a ti? Habla con personas de tu edad y elabora una lista de las preocupaciones que tienen. ¿Son semejantes a las tuyas? Redacta un ensayo examinando esta problemática, sus orígenes y posibles soluciones.

2. Las mujeres de mi familia. Entrevista a mujeres de tu familia. Pregúntales sobre sus madres y abuelas: ¿De dónde eran? ¿Dónde vivían? ¿Qué nivel de estudios alcanzaron? ¿A qué edad se casaron? ¿Cuándo tuvieron su primer hijo? ¿Cuántos hijos tuvieron? ¿Desarrollaron algún tipo de trabajo remunerado? ¿Recuerdan rasgos de su personalidad? Ordena la información que obtengas y escribe un informe.

Otras voces

«*Compórtese como un hombre. Controle sus sentimientos*».

de *Amor, curiosidad, prozac y dudas*, Lucía Etxebarría

INFORMACIÓ BIOGRÁFICA

El poema que sigue es de **Gloria Fuertes**, conocida escritora española nacida en Madrid en 1917. Desde 1960 hasta 1963 Fuertes vivió en Estados Unidos donde enseñó en varias universidades. La autora publicó cuentos, historietas y poesía tanto para niños como para adultos. Obtuvo numerosos premios importantes de poesía y, a partir de 1972, cuando obtuvo la Beca March para literatura infantil, se dedicó por entero a la literatura. Murió en 1998. En este poema Fuertes expresa su conmiseración por la situación de una mujer casada.

Casida a una casada

Gloria Fuertes

Mujer casada,
cansada
por el «ponte, venga, vamos, quiero».
Mujer casada,
desenamorada
por el «ponte, venga, vamos, quiero».
Mujer casada,
desilusionada
por el «ponte, venga, vamos, quiero».
Mujer casada
cascada,
en cascada tu pelo
sobre el seno;
—Los sauces con ser sauces
no dan tal sensación de desconsuelo—.
Mujer casada,
sola
en cueros,
cual la mar en galerna
sedienta de ternura
golpeada por el oleaje
del «ponte, venga, vamos, quiero».

A. Para contestar

1. ¿Qué información nos comunica este texto literario? Resume en un máximo de dos líneas la idea principal que la autora quiere transmitir en su poema.

2. ¿Qué medios ha utilizado la poeta para hacer que su poema sea una obra de arte? Analiza la estructura, los elementos de la versificación y las figuras literarias.

3. ¿Qué otras manifestaciones artísticas se podrían relacionar con este poema? ¿Cuáles son las semejanzas? ¿Y las diferencias? ¿De qué modo este poema nos hace reflexionar acerca de las relaciones entre este texto literario y la vida?

B. Para comentar

En parejas comenten qué versos de este poema expresan algunos de los temas tratados en esta unidad.

C. El Día Internacional de la Mujer

Contesta las siguientes preguntas.

1. ¿Qué sucedió el 8 de marzo de 1857?
    a. Según el mito...
    b. En realidad...

2. ¿Cuáles eran los tres objetivos que tenía el Día Internacional de la Mujer en sus comienzos?

3. ¿Cuándo se instaura el Día Internacional de la Mujer por primera vez? ¿Qué eventos lo propiciaron? ¿Qué países empezaron a celebrarlo primero?

4. ¿Cuándo se establece mundialmente el 8 de marzo como Día Internacional de la Mujer?

5. Teniendo en cuenta los tres objetivos de esta celebración, ¿qué deberían denunciar las mujeres este año?

6. ¿Qué nos indica la cita de Lucía Etxebarría que encabeza esta sección sobre la integración de las mujeres al mundo del trabajo remunerado? ¿Estás de acuerdo? Explica tu respuesta.

 Para obtener más información sobre este tema visita www.prenhall.com/mujeresdehoy.

Bibliografía

Bansch, M. *Mujer y sociedad en América Latina.* Buenos Aires: Consejo Latinoamericano de Ciencias Sociales, 1991.

Birgin, Haydee. *Ley, mercado y discriminación: el género del trabajo.* Buenos Aires: Editorial Biblos, 2000.

de Beauvoir, Simone. *El segundo sexo.* Buenos Aires: Editorial Sudamericana, 1999.

Etxebarría, Lucía. *Amor, curiosidad, prozac y dudas.* Barcelona, Plaza y Janés, 2000.

Freixas, Laura, ed. *Ser mujer.* Madrid: Temas de hoy, 2000.

Heker, Liliana. *Los bordes de lo real.* Buenos Aires: Alfaguara, 2001.

Lobato, Mirta. *Mujer, trabajo y ciudadanía.* Buenos Aires: CLACSO, 1995.

Navarro, Marisa, ed. *Sexualidad, género y roles sexuales.* México D.F.: Fondo de Cultura Económica, 1999.

Relaciones interpersonales: amistad y amor

Introducción al tema

Desde su infancia niños y niñas son educados siguiendo modelos diferentes de socialización. Los modelos de comportamiento que se les ofrecen son, además de los familiares, los que aparecen en los cuentos y en las películas destinados a menores. En estas narraciones el héroe es un hombre solo, que no necesita de nadie, y que tiene enorme confianza en sí mismo, fortaleza interior y perseverancia que le ayudan a conseguir sus objetivos. Estos valores desarrollan la individualidad e independencia del niño y se refuerzan a través de juegos (deportes, vídeo juegos, juguetes bélicos) que fomentan una visión competitiva de la vida donde lo que importa es la victoria o el triunfo personal que sigue a una confrontación. Por el contrario, las películas y cuentos destinados a las niñas, así como sus juguetes, promueven las relaciones interpersonales. Los juguetes —muñecas, cocinitas, cacharritos, etc.— reproducen los roles de ama de casa y madre que constituyen la base de una familia tradicional. Por lo general, los relatos presentan a mujeres bellas, frágiles, sumisas, inocentes y trabajadoras que viven bajo la tiranía de algún miembro femenino de la familia: hermanas o madrastra. Esta problemática se resuelve con frecuencia mediante la aparición de un hombre, por lo general un príncipe, que salva a la protagonista, la libera de su familia y se casa con ella. La resolución se presenta, además, como el clímax, el final sublime de la historia, lo que hace que las niñas infieran que el comienzo de la relación con un hombre será el momento más importante de toda su vida.

Así pues los niños aprenden a ser independientes, aventureros y competitivos. Se les enseña también a luchar para conseguir sus ambiciones y sus objetivos mientras que las niñas son orientadas hacia los valores opuestos: la dependencia de las relaciones interpersonales y la consecución de sus deseos a través de la relación con otras personas. Así como la satisfacción y el bienestar del hombre se originan en él mismo, en su fortaleza interior y en su independencia, las mujeres aprenden que la felicidad sólo puede obtenere a través de su relación con los demás. En consecuencia, la obsesión por el mantenimiento de estas relaciones se convierte en una prioridad por encima de sus necesidades personales.

Los modelos de socialización aprendidos en la niñez contribuyen a la visión que hombres y mujeres se hacen de los conceptos de amor y amistad en su juventud y madurez. Esta unidad se va a centrar en los dos tipos de relaciones interpersonales —además de la familiar— más importantes en el desarrollo de la vida de una mujer: su amistad con otras mujeres y la relación de pareja.

**Edith
Rodríguez**

Para comenzar

1. ¿A qué jugabas cuando eras niño/a? ¿Con quién jugabas? ¿Cuál era tu juguete favorito?

2. ¿Había alguna película que te gustara especialmente y que vieras repetidas veces? ¿Por qué? ¿Qué cuentos te gustaban más?

3. ¿Quién fue la persona que más te influyó durante tu niñez? ¿Qué modelo de comportamiento aprendiste de ella?

4. En grupo describan la fotografía de la fotógrafa argentina Edith Rodríguez. Escriban una lista de diez palabras (adjetivos o nombres) que les sugiera esta imagen. Imaginen ahora que en vez de una niña apareciera (en la fotografía) un niño de la misma edad. ¿Cómo cambiaría su percepción de esta imagen? ¿Quién ofrece más sensación de fragilidad: un niño o una niña en soledad? ¿Mantendrían la misma lista de palabras si fuera un niño en lugar de una niña? Expliquen su punto de vista y compártanlo con la clase.

PRIMERA LECTURA

La amistad, especialmente durante la niñez y la juventud, es un elemento clave en el desarrollo social y psicológico de la persona. La primera lectura que vamos a leer pertenece a la novela *La mujer habitada* de Gioconda Belli. Esta novela intercala en contrapunto la historia de Itzá, una mujer indígena que murió luchando contra los españoles durante la época de la conquista, y la de Lavinia, una arquitecta de finales del siglo XX, que toma conciencia de las desigualdades de la sociedad en la que vive y se decide a participar activamente en la lucha guerrillera de su país. En el fragmento seleccionado presenciamos el inicio de la amistad entre Lavinia y una guerrillera clandestina que se llama Flor.

INFORMACIÓN BIOGRÁFICA

Gioconda Belli (Managua, Nicaragua, 1948) es, junto a Ernesto Cardenal, la voz poética más importante de Nicaragua en las últimas décadas. En 1978, cuando se encontraba en el exilio en México, ganó el prestigioso Premio Casa de las Américas con su libro *Línea de Fuego*. Desde el triunfo de la revolución sandinista en 1979, Gioconda Belli ha participado dentro y también desde el extranjero en la lucha política de liberación nacional de su pueblo. Sus obras se centran no sólo en la identidad femenina sino también en el papel de la mujer en la sociedad desde una perspectiva social activa y revolucionaria. Gioconda Belli es también la autora de la novela autobiográfica *El país bajo mi piel* (2001) y de las novelas, *Waslala* (1996), *Sofía de los presagios* (1990) y *La mujer habitada* (1988), relato en el que la identidad femenina se vincula a la lucha política actual y quizás el mejor ejemplo del lirismo que infunde esta poeta a su narrativa.

Para obtener más información sobre este tema visita www.prenhall.com/mujeresdehoy.

Actividades de pre-lectura

A. Para contestar

1. ¿Quién era tu mejor amigo/a cuando eras un/a adolescente? ¿Cómo era su relación? ¿Cómo se inició?

2. Cuando conoces a alguien nuevo, ¿te resulta fácil o difícil saber si te harás amiga/o de esa persona?

3. ¿Te lleva mucho tiempo desarrollar una amistad o es un proceso rápido?

4. ¿Son tus amistades similares o diferentes a las que tenías en el pasado? ¿Qué buscabas antes en tus amistades? ¿Y ahora?

B. Para comentar

Comparte y comenta tus respuestas anteriores con un/a compañero/a.

Mientras leemos

1. Subraya en el texto las dudas y preocupaciones que expresa Lavinia.

2. Señala todas aquellas secciones donde se describen de una manera directa o indirecta los sentimientos de Lavinia y anota el tipo de emoción que se denota (alegría, culpabilidad, duda, tristeza, preocupación, ansiedad, desdén, inseguridad, aplomo, miedo, etc.).

De *La mujer habitada*

Gioconda Belli

La imagen de Flor, el pelo ondulado, las facciones morenas, la empatía de una mujer a mujer sentida la única noche que estuvieron juntas, se le vino a la cabeza con el fulgor de un faro lejano.

Pero... ¿debía ir?, pensó. La noche que ella estuvo en su casa, ni siquiera se despidieron. Flor no era una persona sin complicaciones de esas que uno conocía y podía visitar a voluntad, sin tener que siquiera llamar por teléfono. Pertenecía a otro mundo. Pero, ¿por qué no?, se decía, si ella considera que no es conveniente que la visite, me lo dirá sin duda, argumentaba consigo misma.

Decidida, Lavinia giró el timón a la derecha, alejándose de la carretera que estaba a punto de tomar, concentrando su atención en hacer memoria de la dirección de la casa.

Tomó el rumbo de los barrios orientales. Los viejos buses destartalados recogían gente en las paradas; hombres y mujeres con los rostros confundidos en la noche, se aglomeraban con aire de cansancio bajo las casetas de vibrantes colores con anuncios de jabón, café, ron, pasta de dientes.

«Pude haber sido cualquiera de ellos», pensó desde el mullido asiento de su carro; «de haber nacido en otra parte, de otros padres, yo podría estar allí, haciendo fila para el bus esta noche». Nacer era un azar tan terrible. Se hablaba del miedo a la muerte. Nadie pensaba en el miedo a la vida. El embrión ignorante toma forma en el vientre materno, sin saber qué le espera a la salida del túnel. Se crea la vida y sin más, se nace. «Menos mal que no somos conscientes, entonces», pensó. Porque uno podía nacer al amor o al desamor; al desamparo o la abundancia; aunque ciertamente la vida misma no era responsable, el principio vital hacía su trabajo de unir el óvulo y el espermatozoide; eran los seres humanos los que creaban las condiciones en las que la vida seguía su curso. Y los seres humanos parecían marcados por el destino de atropellarse unos a otros, hacerse difícil la vida, matarse.

¿Por qué seremos así?, pensaba, cuando llegó a la esquina cercana al puente; una esquina donde se alojaba un establecimiento comercial, especie de pulpería grande, con el rótulo Almacén La Divina Providencia. ¿Cómo no recordarlo?, sonrió.

Dobló a la izquierda y encontró el puente, la entrada a la calle de Flor.

De nuevo la asaltaron las dudas; dudas sobre el recibimiento que le dispensaría Flor. Pero ya estaba tan cerca, se dijo. No podía permitir que las dudas la poseyeran, congelaran todos sus actos. No podía permitirse perder la seguridad en sí misma de la que, desde adolescente, se sintió tan orgullosa.

Las ruedas entraron al camino sin asfaltar. Reconoció las viviendas de madera. Algunas tenían ahora las puertas abiertas. Mirando a través de ellas se divisaba toda la casa: la única habitación, el fogón al fondo, la familia sentada en sillas de madera, afuera, tomando el fresco de la noche. Niños jugando descalzos.

Aparcó el carro al lado del tosco muro de la casa de Flor. Vio que el carro de ella estaba en el garaje y había luz en la casa. El timbre dejó oír su chirrido y de nuevo Lavinia oyó el sonido de las chinelas aproximándose. Mentalmente, rogó que Flor la pudiera recibir. Flor se acercó a la puerta y su rostro se mostró agradablemente sorprendido cuando la vio.

—Hola —le dijo, abriendo el candado de la cancela—, ¡qué sorpresa!

—Hola —dijo Lavinia—. Antes de entrar, quería preguntarte si está bien que te visite... No sabía si hacerlo o no...

—Ya que estás aquí —dijo Flor— no seas tan ceremoniosa; pasa adelante.

Y le sonrió cálida.

Entraron a la sala; el afiche de Bob Dylan en la pared.

—¿Querés café? —preguntó Flor—. Lo tengo listo.

—Bueno, gracias —dijo Lavinia.

Flor entró tras la cortina floreada. Lavinia se sentó en la mecedora, balanceándose y encendiendo un cigarrillo para dar tiempo al regreso de Flor con el café. Miró los estantes de libros: *Madame Bovary, Los condenados de la tierra, Rayuela, La naúsea, Mujer y vida sexual*..., títulos conocidos y desconocidos... Lecturas poco usuales en una enfermera. ¿Quién sería esta mujer?, se preguntó.

Esa que regresaba con dos pocillos esmaltados que puso sobre la mesa.

—¿Y cómo es que se te ocurrió visitarme? —dijo Flor, revolviendo el azucar en el café, mirándola con su mirada de árbol.

—Pues no sé cómo se me ocurrió —respondió Lavinia ligeramente intimidada—; tenía necesidad de hablar con alguien... Pensé que tal vez no era lo más indicado; aparecerme aquí sin más, pero también pensé que vos me lo dirías...

—Bueno, usualmente es mejor que no vengás así, sin avisar —dijo Flor—. Pero no tenías dónde avisarme, de todas formas, ¿verdad? Así que no nos preocupemos de eso ahora. Ya estás aquí, y me da mucho gusto volver a verte.

¿Y qué diría ahora?, pensó Lavinia, ¿cómo empezar a hablar?, ¿qué era lo que necesitaba hablar?

—¿Cómo está Sebastián? —preguntó, por decir algo.

Flor dijo que estaba bien. Se había repuesto mejor de lo que ella esperaba. Podía mover bien su brazo. No se había infectado.

—La verdad —dijo Lavinia —es que no sé por qué vine. Me sentí sola. Pensé en vos, en que vos me entenderías.

Flor la miraba dulcemente, animándola con la mirada a seguir, pero sin ayudarle mucho en la conversación.

—Siento que estoy en terreno de nadie —dijo Lavinia —. Estoy confundida.

—¿Y no hablás con Felipe?

—Últimamente lo veo poco. En las noches, no hago nada más que esperarlo, por si aparece. Me siento como Penélope.

Flor rió.

—Debe andar ocupado, ¿no? —dijo.

—O sea —dijo Lavinia —, que con cualquier hombre que una esté, sea guerrillero o vendedor de refrigeradoras, ¿el papel de una mujer es esperarlo?

—No necesariamente —dijo Flor, sonriendo de nuevo —. Depende de lo que una, como mujer, decida para su vida.

Análisis del contenido

A. Para contestar

1. ¿Qué dudas tiene Lavinia? ¿Por qué vacila en visitar a Flor?

2. ¿Cuáles son las reflexiones principales de Lavinia mientras conduce a casa de Flor?

3. ¿Cuál es la actitud de Flor ante la llegada inesperada de Lavinia? Lee de nuevo las palabras de Flor en su primer diálogo con Lavinia antes de contestar esta pregunta.

4. ¿Por qué crees que la narradora afirma que los libros que tiene Flor son «poco usuales» en una enfermera? ¿Qué estereotipos refleja?

5. ¿De qué hablan las dos mujeres?

6. ¿Cuál es la actitud de Flor durante la conversación?

7. ¿Cómo se siente Lavinia en presencia de Flor? ¿Cómo difiere el comportamiento de Lavinia del de su amiga?

8. ¿Qué problema preocupa a Lavinia?

9. ¿Le da Flor algún consejo o solamente la escucha?

10. ¿Qué tipo de relación te sugiere la siguiente fotografía? Obsérvala con detenimiento y explica todos los detalles que contribuyen a crear una imagen que transmite las sensaciones y sentimientos asociados con la amistad. ¿Crees que las mujeres que aparecen en la fotografía podrían ser Flor y Lavinia? ¿Crees que esta imagen y el texto que has leído escriben el mismo tipo de amistad?

Amistad

B. Para escribir

En parejas resuman el *argumento* de esta historia en menos de cinco líneas e inventen un nuevo título que refleje la *idea central* del texto.

C. Para comentar

En grupo hagan una investigación sobre los libros que Flor tenía en su casa. ¿Quiénes son los autores de esos libros? ¿A qué géneros pertenecen? ¿De qué tratan? ¿Qué nos indican sobre su dueña?

Situaciones _____

Piensa en tus respuestas a las siguientes preguntas. Luego compártelas y coméntalas con un/a compañero/a. ¿Cuál ha sido la situación más difícil por la que has atravesado con tu mejor amigo/a? ¿Cambió su relación? ¿Qué aprendiste de este evento? ¿Si se volvieran a repetir las mismas circunstancias reaccionarías de manera similar?

Análisis literario

A. Para reflexionar

1. Comenta la metáfora con la que finaliza el primer párrafo del texto para explicar el motivo de la visita de Lavinia a Flor.
2. ¿Por qué puede decirse que el nombre del establecimiento comercial «La Divina Providencia» presenta un contraste irónico a las reflexiones de Lavinia?
3. ¿Qué visión tiene Lavinia de la vida y de la sociedad que la rodea?
4. ¿Nos ofrece el texto información sobre el punto de vista de Flor? ¿Dónde?
5. Según la narradora, Flor miró a Lavinia «con su mirada de árbol». ¿Cómo describirías tú ese tipo de mirada? ¿Qué te sugiere esta imagen?
6. ¿Quién es Penélope en la literatura clásica? ¿Por qué se compara Lavinia con ella?
7. ¿Crees que Flor y Lavinia se sienten al mismo nivel? ¿En qué basas tu respuesta?
8. ¿Qué significa la expresión que utiliza Lavinia «Siento que estoy en terreno de nadie»?

B. Para comentar

En grupo discutan el significado de los siguientes fragmentos del texto.

1. «...la empatía de una mujer a mujer sentida la única noche que estuvieron juntas, se le vino a la cabeza con el fulgor de un faro lejano».
2. «...la vida misma no era responsable, el principio vital hacía su trabajo de unir el óvulo y el espermatozoide; eran los seres humanos los que creaban las condiciones en las que la vida seguía su curso».
3. «Y los seres humanos parecían marcados por el destino de atropellarse unos a otros, hacerse difícil la vida, matarse».

4. «—O sea —dijo Lavinia —, que con cualquier hombre que una esté, sea guerrillero o vendedor de refrigeradoras, ¿el papel de una mujer es esperarlo?

—No necesariamente —dijo Flor, sonriendo de nuevo—. Depende de lo que una, como mujer, decida para su vida».

C. Para escribir

En parejas prosigan la conversación entre Lavinia y Flor. Primero piensen en los temas que le preocupan a Lavinia, el tipo de preguntas que esto puede generar y cómo respondería Flor a ellas. Concluyan este diálogo de manera que se indique cuál será el futuro de esta amistad. Para ser consistentes con el resto del texto tengan en cuenta al redactar los pronombres (vos, tú) y las formas verbales (querés) que reflejan el habla nicaragüense.

El mundo en que vivimos

Tanto el amor como la amistad son sentimientos que influyen en nuestra psique y condicionan en numerosas ocasiones nuestro comportamiento, decisiones, estado de ánimo y autoestima. Sin embargo, hombres y mujeres aprenden a valorar estas emociones de diferente manera. El texto siguiente explica el por qué de estas diferencias.

«—O sea —dijo Lavinia—, que con cualquier hombre que una esté, sea guerrillero o vendedor de refrigeradoras, ¿el papel de una mujer es esperarlo?»

Gioconda Belli

Mientras leemos

1. Escribe en dos columnas las diferencias entre hombres y mujeres según los modelos de socialización que siguen.
2. Anota en tu cuaderno quince términos que consideres esenciales para poder explicar la problemática que plantea el texto.

Las relaciones humanas

Una de las relaciones más importantes en el desarrollo de una niña durante su adolescencia es su amistad con una o varias amigas íntimas. Es una de las relaciones más estrechas que se desarrollan en la vida y que raramente se repite con la misma intensidad. Los temas de conversación parecen inagotables, el placer de la compañía de la otra persona interminable e imprescindible la necesidad de compartir bromas, sentimientos, preocupaciones y problemas.

Sin embargo, a pesar de la profundidad de los lazos de amistad entre las mujeres, generalmente se diluyen en cuanto una de las amigas establece relaciones de pareja. Inconscientemente, hombres y mujeres reproducen los modelos de socialización aprendidos durante la niñez. Para los hombres, la relación con su pareja sirve para complementar otras facetas de su vida como la relación con sus amigos y el desarrollo de sus ambiciones e individualidad. Por otro lado, las mujeres han asimilado que la relación con su pareja será el origen de la felicidad y dará sentido a su vida. Esto lleva a crear una enorme dependencia de la aprobación masculina, lo que determina que la autoestima de la mujer dependa más de la opinión ajena que de sí misma. Para obtener esta aprobación masculina muchas mujeres se esfuerzan en cambiar su personalidad y su aspecto físico para amoldarlos a los modelos de belleza que los medios de comunicación o la educación recibida proponen como ideales. Así pues, las mujeres viven inmersas en una situación de dependencia psicológica que dificulta el desarrollo de su individualidad y la confianza en sí mismas.

Para asegurarse el éxito de una relación muchas mujeres centran toda su energía en su pareja en detrimento de sus amistades. Sin proponérselo, la mujer renuncia a sus amigas, a dedicarles el tiempo que el mantenimiento de una amistad requiere, para concentrarse en asegurar la pervivencia y mantenimiento de su relación. A partir de este momento, las amigas se convierten en un estorbo, porque impiden la dedicación exclusiva a un compañero, mientras que él hombre no sólo no renuncia a sus relaciones con otros hombres sino que se asegura de reservar un tiempo para ellos. Esto conlleva no sólo al distanciamiento entre mujeres sino una mayor dependencia emocional de la mujer hacia su pareja.

En consecuencia, en el caso de que fracasen las relaciones el hombre ya posee un círculo de amistades que ayudan a su recuperación. Por el contrario, la mujer debe volver a crear o establecer los lazos de unión con otras mujeres para escapar de su aislamiento lo cual dificulta la normalización de sus sentimientos.

Es interesante que pese a la evolución y a los cambios que se han producido en los modelos de identidad sexual en los últimos años, todavía se considere como aceptable e incluso envidiable la imagen del hombre maduro soltero. La sociedad parece aceptar que cuando un hombre se encuentra solo es por decisión propia mientras que cuando lo mismo le sucede a una mujer esto se debe a que ningún hombre la ha querido lo suficiente como para decidir compartir su vida con ella. Los mensajes que transmiten los medios de comunicación —desde las series de televisión hasta las anuncios publicitarios— así como la educación recibida crean una enorme presión sobre las mujeres sin pareja, haciéndoles sentirse inadecuadas o fracasadas. Las mujeres sienten que necesitan justificar su situación «irregular» y dar explicaciones de su soltería.

Es obvio que las relaciones interpersonales son una parte esencial de la vida de toda persona. Sin embargo, es esencial saber reconocer la manipulación a la que los diferentes modelos de socialización nos someten para poder disfrutar de nuestras relaciones plenamente sin dependencias o expectativas irreales.

A. Para contestar

1. ¿Cuál es el problema que plantea el texto que acabas de leer?
2. ¿Por qué los modelos de socialización sitúan a la mujer en desventaja emocional con respecto al hombre?
3. ¿Propone el texto alguna solución?
4. ¿Puedes pensar en una solución diferente?
5. ¿Qué relación existe entre el texto y la cita de Gioconda Belli que lo encabeza?

Natalie Forbes
«Niña de pie con
muñeca»

B. Para comentar

En parejas hagan una lista de las ideas principales que plantea el texto que acaban de leer. Después, expliquen si están de acuerdo con estas ideas o difieren de ellas y sus razones. Miren la fotografía titulada «Niña de pie con muñeca» de la fotógrafa Natalie Forbes al inicio de esta página ¿Creen que la fotografía puede servir para ejemplificar algunas de las ideas tratadas en esta unidad? ¿Cuáles?

Testimonio

> *«Toda yo he quedado impregnada de su aroma. Y es como si él anduviera aún a mi lado o me tuviera apretada a su abrazo o hubiera deshecho su vida en mi sangre, para siempre».*

> *María Luisa Bombal*

INFORMACIÓN BIOGRÁFICA

Isabel Allende (Lima, 1942) es una de las voces más importantes de la novelística hispanoamericana de las últimas décadas. Aunque nació en Perú, Isabel Allende tiene nacionalidad chilena. Su tío fue Salvador Allende, el presidente socialista de Chile asesinado durante el golpe de estado del General Pinochet en 1973. Isabel Allende trabajó como periodista primero en Chile y después en Venezuela adonde su familia se trasladó por la amenaza de la dictadura militar. La escritora vive actualmente en los Estados Unidos. Su novela *La casa de los espíritus* (1982), considerada continuadora del «realismo mágico» literario latinoamericano, se convirtió en un inmediato éxito de ventas. Sus obras se han traducido a más de veinticinco idiomas convirtiéndola en la escritora más popular y de mayor difusión en lengua española. Algunas de sus otras novelas son: *De amor y de sombra* (1984), *Eva Luna* (1987), *El plan infinito* (1991), *Paula* (1994) —una carta/reflexión sobre la muerte de su hija—, *Hija de la fortuna* (1999) y *Retrato en sepia* (2000).

 Para obtener más información sobre este tema vista www.prenhall.com/mujeresdehoy.

Mientras leemos

En el fragmento que vas a leer a continuación Isabel Allende narra su encuentro con el hombre que se convirtió en su segundo marido. En esa época ella acababa de cumplir 44 años y ya había dado por sentado que no encontraría a nadie con quien compartir el resto de su vida.

1. Subraya todos los adjetivos que la narradora utiliza para describir el físico y la personalidad de Willie.
2. Escribe una lista de todos los rasgos del carácter y de la vida de Willie que la narradora va descubriendo y que podrían ser considerados negativos.

De *Paula*

Isabel Allende

En una ciudad del norte de California, donde fui a parar con mi penúltima conferencia, me tocó vivir uno de esos romances cursilones que constituyen el material de las novelas rosa que traducía en mi juventud. Willie había leído *De amor y de sombra*, los personajes le penaban y creía haber descubierto en ese libro la clase de amor que deseaba, pero hasta entonces no se le había presentado. Sospecho que no sabía dónde buscarlo, en esa época colocaba avisos personales en los periódicos para encontrar pareja, como me contó candorosamente en nuestra primera cita. Todavía dan vuelta por los cajones algunas cartas de respuesta, entre ellas el alucinante retrato de una dama desnuda envuelta por una boa constrictor, sin más comentario que un número de teléfono al pie de la foto. A pesar de la culebra —o tal vez debido a ella— a Willie no le importó manejar dos horas para conocerme. Una de las profesoras de la universidad que me invitaba me lo presentó como el último heterosexual soltero de San Francisco. Al final cené con un grupo en torno a una mesa redonda en un restaurante italiano; él estaba frente a mí, con un vaso de vino blanco en la mano, callado. Admito que también sentí curiosidad por ese abogado norteamericano con aspecto aristocrático y corbata de seda que hablaba español como un bandolero mexicano y lucía un tatuaje en la mano izquierda. Era una noche de luna llena y la voz aterciopelada de Frank Sinatra cantaba *Strangers in the Night* mientras nos servían los ravioles; ésta es la clase de detalle vedado en la literatura, nadie se atrevería a juntar la luna llena con Frank Sinatra en un libro. El problema con la ficción es que debe ser creíble, en cambio la realidad rara vez lo es. No me explico qué atrajo a Willie, que tiene un pasado de mujeres altas y rubias, a mí me atrajo su historia. Y también, por qué no decirlo, su mezcla de refinamiento y rudeza, su fuerza de carácter y una íntima suavidad que intuí gracias a mi manía de observar a la gente para utilizarla más tarde en la escritura. Al principio no habló mucho, se limitó a mirarme a través de la mesa con una expresión indescifrable. Después de la ensalada le pedí que me contara su vida, truco que me ahorra el esfuerzo de una conversación, el interlocutor se explaya mientras mi mente vaga por otros mundos. En este caso, sin embargo, no tuve que fingir interés, apenas comenzó a hablar me di cuenta que había tropezado con una de esas raras gemas tan apreciadas por los narradores: la vida de ese hombre era una novela. Las muestras que me dio durante ese par de horas despertaron mi codicia, esa noche en el hotel no pude dormir, necesitaba saber más. Me acompañó la suerte y al día siguiente Willie me ubicó en San Francisco, última etapa de mi gira, para invitarme a ver la bahía desde una montaña y comer en su casa. Imaginé una cita romántica en un apartamento moderno con vista del puente Golden Gate, un cactus en la puerta, champaña y salmón ahumado, pero no hubo nada de eso, su casa y su vida parecían restos de un naufragio. Me recogió en uno de esos automóviles deportivos donde escasamente caben dos personas y se viaja con las rodillas pegadas a las orejas y el trasero rozando el asfalto, sucio de pelos de animal, tarros aplastados de gaseosas, papas fritas fosilizadas y armas de juguete. (...)

Su casa de un piso, de un gris deslavado y techos chatos, quedaba junto al agua. Su único encanto era un muelle en ruinas donde flotaba un bote convertido en nido de gaviotas. Nos salió al encuentro su hijo Harleigh, un niño de diez años, tan hiperactivo que parecía demente; me sacó la lengua mientras pateaba las puertas y disparaba proyectiles de goma con un cañón. En una repisa vi feos adornos de cristal y porcelana, pero casi no había muebles, excepto los del comedor. Me explicaron que se había incendiado el pino de Navidad, chamuscando el mobiliario, entonces noté que aún quedaban bolas navideñas colgando del techo con telarañas acumuladas en diez meses. (...) Willie me presentó a los demás habitantes de la casa: su hijo mayor, por rara coincidencia nacido el mismo día del mismo año que Paula, tan drogado que apenas levantaba la cabeza, acompañado por una chica en las mismas condiciones; un exilado búlgaro con su hija pequeña, que llegaron a pedir refugio por una noche y se instalaron a buen vivir; y Jason, el hijastro que Willie acogió después de divorciarse de su madre, el único con quien pude establecer comunicación humana. Más tarde me enteré de la existencia de una hija perdida en heroína y prostitución a quien sólo he visto en la cárcel o el hospital, donde van a parar sus huesos con frecuencia. (...)

Esa noche Willie y yo nos amamos a pesar de las patadas exasperantes del chiquillo en la puerta, de los aullidos del perro y las disputas de los otros muchachos. Su pieza era el único refugio en esa casa; por la ventana asomaban las estrellas y los despojos del bote en el muelle, creando una ilusión de paz. Junto a una cama grande vi un arcón de madera, una lámpara y un reloj, más allá un equipo de música. En el closet colgaban camisas y trajes de buena factura, en el baño —impecable— encontré el mismo jabón inglés que usaba mi abuelo. Me lo llevé a la nariz incrédula, no había olido esa mezcla de lavanda y desinfectante desde hacía veinte años y la imagen socarrona de ese viejo inolvidable me sonrió desde el espejo. Es fascinante observar los objetos del hombre que una empieza a amar, revelan sus hábitos y sus secretos. Abrí la cama y palpé las sábanas blancas y el edredón espartano, miré los títulos de los libros apilados en el suelo, hurgué entre los frascos de su botiquín y aparte de un antialérgico y píldoras para los gusanos del perro no encontré más remedios, olí su ropa sin rastros de tabaco o de perfume y en pocos minutos sabía mucho de él. Me sentí intrusa en ese mundo suyo donde no había huellas femeninas, todo era sencillo, práctico y viril. También me sentí segura. Esa pieza austera me invitaba a recomenzar limpiamente lejos de Michael, Venezuela y el pasado. Para mí Willie representaba otro destino en otra lengua y en un país diferente, era como volver a nacer, podía inventar una fresca versión de mí misma sólo para ese hombre.

A. Para contestar

1. La narradora compara el romance que vivió con los que se narran en el subgénero de la novela rosa. ¿Cuáles son las principales características de este tipo de novelas? ¿Se corresponden esas características con el tipo de relación que vive con Willie?

2. ¿Qué despertó primero su curiosidad y luego su atracción por él?

3. Revisa los adjetivos que subrayaste anteriormente para describir a Willie. ¿Crees que lo idealizan?

4. ¿Se corresponde la imagen de Willie que la narradora crea en su mente con la persona que descubre finalmente?

5. ¿Qué le impresiona a la protagonista de la casa de Willie?

6. ¿Qué tipo de familia tiene Willie?

7. ¿Por qué recuerda la protagonista a su abuelo? ¿Qué efecto tiene en ella este descubrimiento?

8. Lee otra vez la lista que hiciste con todos los elementos negativos que se presentaron en la narración. ¿Por qué crees que la narradora decide comenzar una relación con Willie pese a todo?

B. Para comentar

En grupo comenten lo siguiente.

1. ¿Están de acuerdo con que los objetos de una persona «revelan sus secretos»? ¿Con qué objetos te identificas y consideras que revelan parte de tu personalidad?

2. Expliquen la siguiente afirmación: «podía inventar una fresca versión de mí misma sólo para ese hombre». ¿Creen ustedes que cuando se establecen relaciones amorosas los miembros de la pareja se muestran como son o intentan crear una imagen diferente de sí mismos?

3. Las últimas líneas del fragmento parecen dar a entender que la narradora quiere romper con el pasado. ¿Qué motivos pueden llevar a una persona a rechazar o querer olvidar parte de su pasado? ¿Crees que eso es realmente posible?

4. La cita de María Luisa Bombal que encabeza este texto pertenece a su libro *La última niebla*. ¿Cómo se relacionan las emociones y sentimientos que expresa con los que acabas de leer en la narración de Isabel Allende?

 Para obtener más información sobre este tema visita www.prenhall.com/mujeresdehoy.

SEGUNDA LECTURA

Muchas personas asocian la literatura de mujeres o escrita por mujeres con temas amorosos o de relaciones entre parejas. Sin embargo, olvidan que gran parte de la literatura escrita por hombres también trata estos temas. La segunda lectura presenta una historia de amor poco común que se inicia justo después de la boda de la protagonista, a diferencia de la mayoría de las historias de amor que concluyen precisamente en ese momento.

INFORMACIÓN BIOGRÁFICA

María Luisa Bombal (Chile, 1910–1980) vivió parte de su adolescencia y juventud en Francia donde se graduó en Filosofía y Letras en la universidad de La Sorbona. Regresó a Chile en 1931 y residió en la Argentina, país en el que conoció e hizo amistad con el poeta chileno Pablo Neruda y el escritor argentino Jorge Luis Borges. Con sólo 25 años publica *La última niebla*, y tres años más tarde *La amortajada*, dos novelas cortas que son casi la totalidad de su producción artística y que le valieron para alcanzar un puesto destacado en las letras hispanas. Su narrativa se caracteriza por la creación de mundos imaginarios, simbólicos y sugerentes que articulan literariamente un sentimiento trágico de la vida.

 Para obtener más información sobre este tema visita www.prenhall.com/mujeresdehoy.

Actividades de pre-lectura

A. Para contestar

1. ¿Qué te sugiere la palabra «niebla»? ¿Qué ambientes y estados de ánimo asocias con este fenómeno de la naturaleza?

2. ¿Sueñas a menudo? ¿Durante tus sueños tienes la impresión de ver colores, escuchar sonidos, oler o sentir el tacto?

3. Cuando sueñas, ¿sabes siempre que estás soñando o algunas veces crees que estás despierto/a?

B. Para comentar

Isabel Allende guarda una carpeta en su computadora sólo para sus sueños. Allí escribe todos los sueños que tiene y asegura que esto le ha permitido establecer patrones entre ellos y comprobar la relación entre la realidad y los sueños. ¿Cuál es el sueño que más te ha llamado la atención de los que has tenido? ¿Por qué? ¿Se relaciona con algún aspecto de tu vida en el momento que lo soñaste? Comparte tu experiencia con tus compañeros/as.

Mientras leemos

1. Anota todas las menciones que hay en la narración sobre el tiempo atmosférico.
2. Subraya todas aquellas palabras o secciones que ayudan a dar una sensación de irrealidad a la salida nocturna de la protagonista.

De *La última niebla*

María Luisa Bombal

El vendaval de la noche anterior había removido las tejas de la vieja casa de campo. Cuando llegamos, la lluvia goteaba en todos los cuartos.

—Los techos no están preparados para un invierno semejante —dijeron los criados al introducirnos en la sala, y como echaran sobre mí una mirada de extrañeza, Daniel explicó rápidamente:

—Mi prima y yo nos casamos esta mañana.

Tuve dos segundos de perplejidad.

«Por muy poca importancia que se haya dado a nuestro repentino enlace, Daniel debió haber advertido a su gente», pensé, escandalizada.

A la verdad, desde que el coche franqueó los límites de la hacienda, mi marido se había mostrado nervioso, casi agresivo.

Y era natural.

Hacía apenas un año efectuaba el mismo trayecto con su primera mujer; aquella muchacha huraña y flaca a quien adoraba, y que debiera morir tan inesperadamente tres meses después. Pero ahora, ahora hay algo como de recelo en la mirada con que me envuelve de pies a cabeza. Es la mirada hostil con la que de costumbre acoge siempre a todo extranjero.

—¿Qué te pasa? —le pregunto.

—Te miro —me contesta—. Te miro y pienso que te conozco demasiado...

Lo sacude un escalofrío. Se allega a la chimenea y mientras se empeña en avivar la llama azulada que ahúma unos leños empapados, prosigue con mucha calma:

—Hasta los ocho años, nos bañaron a un tiempo en la misma bañera. Luego, verano tras verano, ocultos de bruces en la maleza, Felipe y yo hemos acechado y visto zambullirse en el río a todas las muchachas de la familia. No necesito ni siquiera desnudarte. De ti conozco hasta la cicatriz de tu operación de apendicitis.

Mi cansancio es tan grande que en lugar de contestar prefiero dejarme caer en un sillón. A mi vez, miro este cuerpo de hombre que se mueve delante de mí. Este cuerpo grande y un poco torpe que yo también lo conozco de memoria, yo también lo he visto crecer y desarrollarse. Desde hace años, no me canso de repetir que si Daniel no procura mantenerse derecho terminará por ser jorobado. Y como a menudo enredé en ellos dedos temblorosos de rabia, conozco la resistencia de sus cabellos rubios, ásperos y crespos. En él, sin embargo, esa especie de inquietud en los movimientos, esa mirada angustiada, son algo nuevo para mí.

Cuando era niño, Daniel no temía a los fantasmas ni a los muebles que crujen en la oscuridad durante la noche. Desde la muerte de su mujer, diríase que tiene siempre miedo de estar solo.

Pasamos a una segunda habitación más fría aún que la primera. Comemos sin hablar.

—¿Te aburres? —interroga de improviso mi marido.

—Estoy extenuada —contesto.

Apoyados los codos en la mesa me mira fijamente largo rato y vuelve a interrogarme:

—¿Para qué nos casamos?

—Por casarnos —respondo.

Daniel deja escapar una pequeña risa.

—¿Sabes que has tenido una gran suerte al casarte conmigo?

—Sí, lo sé —replico, cayéndome de sueño.

—¿Te hubiera gustado ser una solterona arrugada, que teje para los pobres de la hacienda?

Me encojo de hombros.

—Ése es el porvenir que aguarda a tus hermanas...

Permanezco muda. No me hacen ya el menor efecto las frases cáusticas con que me turbaba no hace aún quince días.

Una nueva y violenta racha de lluvia se descarga contra los vidrios. Allá, en el fondo del parque, oigo acercarse y alejarse el incesante ladrido de los perros. Daniel se levanta y toma la lámpara. Echa a andar. Mientras lo sigo, arrebujada en la vieja manta de vicuña, que me echara compasivamente sobre los hombros la buena mujer que nos sirviera una comida improvisada, compruebo con sorpresa que sus sarcasmos no hacen sino revolverse contra él mismo. Está lívido y parece sufrir.

Al entrar en el dormitorio, suelta la lámpara y vuelve rápidamente la cabeza, a la par que una especie de ronquido que no alcanza a reprimir le desgarra la garganta.

Le miro extrañada. Tardo un segundo en comprender que está llorando.

Me aparto de él, tratando de persuadirme de que la actitud más discreta está en fingir una absoluta ignorancia de su dolor. Pero en mi fuero interno algo me dice que ésta es también la actitud más cómoda. Y entonces, más que el llanto de mi marido, me molesta la idea de mi propio egoísmo. Lo dejo pasar al cuarto contiguo sin esbozar un gesto hacia él, sin balbucir una palabra de consuelo. Me desvisto, me acuesto y, sin saber cómo, me deslizo instantáneamente en el sueño.

A la mañana siguiente, cuando me despierto, hay a mi lado un surco vacío en el lecho; me informan que, al rayar el alba, Daniel salió camino del pueblo. (...)

La niebla se estrecha, cada día más, contra la casa. Ya hizo desaparecer las araucarias cuyas ramas golpeaban la balaustrada de la terraza. Anoche soñé que, por entre rendijas de las puertas y ventanas, se infiltraba lentamente en la casa, en mi cuarto, y esfumaba el color de las paredes, los contornos de los muebles, y se entrelazaba a mis cabellos, y se me adhería al cuerpo y lo deshacía todo, todo... (...)

Mi dolor de estos últimos días, ese dolor lancinante como una quemadura, se ha convertido en una dulce tristeza que me trae a los labios una sonrisa cansada. Cuando me levanto, debo apoyarme en mi marido. No sé por qué me siento tan débil y no sé por qué no puedo dejar de sonreír.

Por primera vez desde que estamos casados, Daniel me acomoda las almohadas. A medianoche me despierto, sofocada. Me agito largamente entre las sábanas, sin llegar a conciliar el sueño. Me ahogo. Respiro con la sensación de que me falta siempre un poco de aire para cada soplo. Salto del lecho, abro la ventana. Me inclino hacia fuera y es como si no cambiara de atmósfera. La neblina, esfumando los ángulos, tamizando los ruidos, ha comunicado a la ciudad la tibia intimidad de un cuarto cerrado.

Una idea loca se apodera de mí. Sacudo a Daniel, que entreabre los ojos.

—Me ahogo. Necesito caminar. ¿Me dejas salir?

—Haz lo que quieras —murmura, y de nuevo recuesta pesadamente la cabeza en la almohada.

Me visto. Tomo al pasar el sombrero de paja con que salí de la hacienda. El portón es menos pesado de lo que pensaba. Echo a andar, calle arriba.

La tristeza reaflue a la superficie de mi ser con toda la violencia que acumulara durante el sueño. Ando, cruzo avenidas y pienso:

—Mañana volveremos al campo. Pasado mañana iré a oír misa al pueblo, con mi suegra. Luego, durante el almuerzo, Daniel nos hablará de los trabajos de la hacienda. En seguida visitaré el invernáculo, la pajarera, el huerto. Antes de cenar, dormitaré junto a la chimenea o leeré los periódicos locales. Después de comer me divertiré en provocar pequeñas catástrofes dentro del fuego, removiendo desatinadamente las brasas. A mi alrededor, un silencio indicará muy pronto que se ha agotado todo tema de conversación y Daniel ajustará ruidosamente las barras contra las puertas. Luego nos iremos a dormir. Y pasado mañana será lo mismo, y dentro de un año, y dentro de diez; y será lo mismo hasta que la vejez me arrebate todo derecho a amar y a desear, y hasta que mi cuerpo se marchite y mi cara se aje y tenga vergüenza de mostrarme sin artificios a la luz del sol.

Vago al azar, cruzo avenidas y sigo andando.

No me siento capaz de huir. De huir, ¿cómo, adónde? La muerte me parece una aventura más accesible que la huida. De morir, sí, me siento capaz. Es muy posible desear morir porque se ama demasiado a la vida.

Entre la oscuridad y la niebla vislumbro una pequeña plaza. Como en pleno campo, me apoyo extenuada contra un árbol. Mi mejilla busca la humedad de su corteza. Muy cerca, oigo una fuente desgranar una sarta de pesadas gotas.

La luz blanca del farol, luz que la bruma transforma en vaho, baña y empalidece mis manos, alarga a mis pies una silueta confusa, que es mi sombra. Y he aquí que, de pronto, veo otra sombra junto a la mía.

Levanto la cabeza.

Un hombre está frente a mí, muy cerca de mí. Es joven; unos ojos muy claros en un rostro moreno y una de sus cejas levemente arqueada, presentan a su cara un aspecto casi sobrenatural. De él se desprende un vago pero envolvente calor.

Y es rápido, violento, definitivo. Comprendo que lo esperaba y que le voy a seguir como sea, donde sea. Le echo los brazos al cuello y él entonces me besa, sin que por entre sus pestañas las pupilas luminosas cesen de mirarme.

Ando, pero ahora un desconocido me guía. Me guía hasta una calle estrecha y en pendiente. Me obliga a detenerme. Tras una verja, distingo un jardín abandonado. El desconocido desata con dificultad los nudos de una cadena enmohecida.

Dentro de la casa la oscuridad es completa, pero una mano tibia busca la mía y me incita a avanzar. No tropezamos contra ningún mueble; nuestros pasos resuenan en cuartos vacíos. Subo a tientas la larga escalera, sin que necesite apoyarme en la baranda, porque el desconocido guía aún cada uno de mis pasos. Lo sigo, me siento en su dominio, entregada a su voluntad. Al extremo de un corredor, empuja una puerta y suelta mi mano. Quedo parada en el umbral de una pieza que, de pronto, se ilumina.

Doy un paso dentro de una habitación cuyas cretonas descoloridas le comunican no sé qué encanto anticuado, no sé qué intimidad melancólica. Todo el calor de la casa parece haberse concentrado aquí. La noche y la neblina pueden aletear en vano contra los vidrios de la ventana; no conseguirán infiltrar en este cuarto un solo átomo de muerte.

Mi amigo corre las cortinas y ejerciendo con su pecho una suave presión, me hace retroceder, lentamente hacia el lecho. Me siento desfallecer en dulce espera y, sin embargo, un singular pudor me impulsa a fingir miedo. Él entonces sonríe, pero su sonrisa, aunque tierna, es irónica. Sospecho que ningún sentimiento abriga secretos para él. Se aleja, simulando a su vez querer tranquilizarme. Quedo sola. Oigo pasos muy leves sobre la alfombra, pasos de pies descalzos. Él está nuevamente frente a mí, desnudo. Su piel es oscura, pero un vello castaño, al cual se prende la luz de la lámpara, lo envuelve de pies a cabeza en una aureola de claridad. Tiene piernas muy largas, hombros rectos y caderas estrechas. Su frente está serena y sus brazos cuelgan inmóviles a lo largo del cuerpo. La grave sencillez de su actitud le confiere como una segunda desnudez.

Casi sin tocarme, me desata los cabellos y empieza a quitarme los vestidos. Me someto a su deseo callada y con el corazón palpitante. Una secreta aprensión me estremece cuando mis ropas refrenan la impaciencia de sus dedos. Ardo en deseos de que me descubra cuanto antes su mirada. La belleza de mi cuerpo ansía, por fin, su parte de homenaje.

Una vez desnuda, permanezco sentada al borde de la cama. Él se aparta y me contempla. Bajo su atenta mirada, echo la cabeza hacia atrás y este ademán me llena de íntimo bienestar. Anudo mis brazos tras la nuca, trenzo y destrenzo las piernas y cada gesto me trae consigo un placer intenso y completo, como si, por fin, tuvieran una razón de ser mis brazos y mi cuello y mis piernas. ¡Aunque este goce fuera la única finalidad del amor, me sentiría ya bien recompensada!

Se acerca; mi cabeza queda a la altura de su pecho, me lo tiende sonriente, oprimo a él mis labios, y apoyo en seguida la frente, la cara. Su carne huele a fruta, a vegetal. En un nuevo arranque echo mis brazos alrededor de su torso y atraigo, otra vez, su pecho contra mi mejilla.

Lo abrazo fuertemente y con todos mis sentidos escucho. Escucho nacer, volar y recaer su soplo; escucho el estallido que el corazón repite incansable en el centro del pecho y hace repercutir en las entrañas y extiende en ondas por todo el cuerpo, transformando cada célula en un eco sonoro. Lo estrecho, lo estrecho siempre con más afán; siento correr la sangre dentro de sus venas y siento trepidar la fuerza que se agazapa inactiva dentro de sus músculos; siento agitarse la burbuja de un suspiro. Entre mis brazos, toda una vida física, con su fragilidad y su misterio, bulle y se precipita. Me pongo a temblar.

Entonces él se inclina sobre mí y rodamos enlazados al hueco del lecho. Su cuerpo me cubre como una grande ola hirviente, me acaricia, me quema, me penetra, me envuelve, me arrastra desfallecida. A mi garganta sube algo así como un sollozo, y no sé por qué empiezo a quejarme, y no sé por qué me es dulce quejarme, y dulce a mi cuerpo el cansancio infligido por la preciosa carga que pesa entre mis muslos.

Cuando despierto, mi amante duerme extendido a mi lado. Es plácida la expresión de su rostro; su aliento es tan leve que debo inclinarme sobre sus labios para sentirlo. Advierto que, prendida a una finísima, casi invisible cadena, una medallita anida entre el vello castaño del pecho; una medallita trivial, de esas que los niños reciben el día de su primera comunión. Mi carne toda se enternece ante este pueril detalle. Aliso un mechón rebelde apegado a su sien, me incorporo sin despertarlo. Me visto con sigilo y me voy. Salgo como he venido, a tientas.

Ya estoy fuera. Abro la verja. Los árboles están inmóviles y todavía no amanece. Subo corriendo la callejuela, atravieso la plaza, remonto avenidas. Un perfume muy suave me acompaña: el perfume de mi enigmático amigo. Toda yo he quedado impregnada de su aroma. Y es como si él anduviera aún a mi lado o me tuviera aún apretada en su abrazo o hubiera deshecho su vida en mi sangre, para siempre.

Y he aquí que estoy extendida al lado de otro hombre dormido.

«Daniel, no te compadezco, no te odio, deseo solamente que no sepas nunca nada de cuanto me ha ocurrido esta noche...»

Análisis del contenido

A. Para contestar

1. ¿Qué le molesta a la protagonista al inicio de la narración?

2. ¿Cómo trata Daniel a su esposa?

3. ¿Cómo reacciona ella ante este comportamiento?

4. ¿Cómo era Daniel de niño? ¿Cómo es ahora?

5. ¿Qué provocó el cambió en la personalidad de Daniel?

6. ¿Qué siente la narradora ante la niebla constante que rodea la casa?

7. ¿Crees que la protagonista está enferma? ¿Qué síntomas tiene?

8. ¿Qué sucede la noche que sale de casa?

9. ¿Es esta salida real o es parte de un sueño? Relee las secciones que subrayaste mientras leías la narración para apoyar tu hipótesis.

B. Para escribir

En parejas resuman el *argumento* de esta historia en menos de cinco líneas e inventen un nuevo título que refleje la *idea central* del texto.

C. Para comentar

En grupo comparen las narraciones de Isabel Allende y María Luisa Bombal (narradora, estilo, tono, argumento, conclusión). ¿Cuál les ha gustado más? ¿Por qué?

Situaciones _____

Imaginen que pudieran hablar con la protagonista de la historia de Bombal. ¿Qué le dirían? ¿Qué le aconsejarían? ¿Qué argumentos usarían para convencerla de su punto de vista? En parejas, preparen un diálogo y preséntenlo ante la clase.

Análisis literario

A. Para reflexionar

1. La niebla es un símbolo recurrente a lo largo de la novela. ¿Qué crees que puede simbolizar? Revisa la lista que escribiste con las menciones que aparecen en el texto del tiempo atmosférico e indica cómo este elemento ayuda a crear el ambiente o a reforzar un sentimiento determinado en la protagonista.

2. ¿Qué caracteriza los diálogos entre la narradora y su marido? Presenta ejemplos sacados del texto.

3. ¿Qué importancia tiene en la narración la ausencia de la primera mujer de Daniel?

4. ¿Qué palabras del texto aluden a la insatisfacción sexual que siente la narradora?

5. El fragmento seleccionado presenta afinidades de estilo y contenido con ciertos elementos de la novela gótica; como, por ejemplo, aquellos presentes en algunas novelas de las hermanas Brontë (*Cumbres borrascosas, Jane Eyre*). Una de las principales características de la novela gótica tradicional es la presencia de elementos irracionales. Repasa las secciones que subrayaste en el texto. ¿Qué elementos pueden considerarse irracionales en el fragmento de Bombal? ¿Cuál es su objetivo?

6. Se ha dicho que la narrativa gótica escrita por mujeres logra transgredir los valores y los patrones de comportamiento sexual característicos de la sociedad patriarcal. ¿De qué forma subvierte el texto de Bombal esos valores?

B. Para comentar

En grupo discutan el significado de los siguientes fragmentos del texto. ¿Por qué son importantes para comprender la idea central del texto que acaban de leer?

1. «Me aparto de él, tratando de persuadirme de que la actitud más discreta está en fingir una absoluta ignorancia de su dolor. Pero en mi fuero interno algo me dice que ésta es también la actitud más cómoda».

2. «Y pasado mañana será lo mismo, y dentro de una año, y dentro de diez; y será lo mismo hasta que la vejez me arrebate todo derecho a amar y a desear, y hasta que mi cuerpo se marchite y mi cara se aje y tenga vergüenza de mostrarme sin artificios a la luz del sol».

3. «Es muy posible desear morir porque se ama demasiado a la vida».

4. «Ardo en deseos que me descubra cuanto antes su mirada. La belleza de mi cuerpo ansía, por fin, su parte de homenaje».

C. Para escribir

En parejas, escriban una historia de acuerdo a la perspectiva de Daniel. Pueden seguir los siguientes pasos:

1. Lean otra vez el texto de Bombal y hagan una lista de la información que la narración nos da sobre Daniel.

2. Imaginen la información que no nos proporciona la autora: ¿Por qué se comporta Daniel fríamente con su esposa? ¿Cómo interpreta Daniel el comportamiento de ella?

3. Redacten su propio cuento.

Establece vínculos

Después de haber leído los textos anteriores sobre los factores que influyen en la creación, mantenimiento y disolución de las relaciones interpersonales podemos pasar a determinar en qué medida estos factores nos afectan en nuestra vida diaria.

Amigos

A. Tu opinión

En grupos de tres o cuatro estudiantes compartan sus ideas con respecto a las siguientes preguntas.

1. En algunos países del mundo el número de parejas de hecho, es decir, que viven juntas pero no han hecho oficial su lazo con documentos legales o religiosos, es cada vez más numeroso. ¿A qué creen que se debe esto?

2. En el África Subsahariana, en el Asia Meridional, en el Medio Oriente y en algunas regiones de Asia los matrimonios prematuros, o sea, los matrimonios arreglados para niñas menores de 18 años son una práctica muy extendida. ¿Cómo afecta esta costumbre a las relaciones entre la pareja? ¿Cómo se relaciona con temas como la feminización de la pobreza, el maltrato doméstico, etc.?

3. Muchos hombres y mujeres de la comunidad india, pese a tener estudios universitarios e incluso ser graduados, siguen aceptando como una práctica útil y válida los matrimonios arreglados. ¿A qué se puede deber esta actitud? ¿Conocen a alguien que haya vivido o esté viviendo una experiencia similar?

4. Las canciones y las películas juegan un papel muy importante en la construcción de la idea del amor. ¿Qué modelos de comportamiento presentan? ¿De qué manera influyen sobre las personas que las escuchan o las ven?

5. En los últimos años la televisión, y más concretamente, las series de humor han empezado a incluir personajes que representan otras formas de relación alternativa como la homosexualidad. ¿Cómo son caracterizados estos personajes? ¿Creen que sirven para romper los estereotipos o para reforzarlos?

6. Últimamente se ha incrementado el número de parejas que viven separadas por la localización de sus puestos de trabajo. ¿Qué inconvenientes ven en este tipo de relación? ¿Y ventajas? ¿Considerarían esta opción para ustedes y sus parejas en el futuro?

7. Cuando la mujer no tiene pareja debe vivir con la enorme presión que ejercen los medios de comunicación y su familia para «solucionar este problema». ¿Por qué esta situación es considerada un problema en las mujeres y una ventaja en los hombres? ¿Se encuentra alguno de ustedes o conocen a alguien que se encuentre en estas circunstancias? ¿Qué es lo más duro de esta situación? ¿Qué fechas del año son las más difíciles?

8. La soledad es uno de los problemas que afecta a mayor número de personas en los países industrializados. ¿Cuáles son las causas? ¿Afecta por igual a solteros/as que a casados/as? ¿Por qué en el tercer mundo no parece existir este problema?

B. En perspectiva

Todavía existen los matrimonios arreglados en comunidades judías y musulmanas ortodoxas y emigrantes indios en todo el mundo, comunidades indígenas de Venezuela, Perú, México, Ecuador, Paraguay, Nicaragua y países como Afganistán, Benin, Camboya, China, Dubai, Egipto, Etiopía, India, Israel, Marruecos, Myanmar, Nepal, Somalia, Uganda y Uzbekistán.

En grupos de tres estudiantes establezcan hipótesis para determinar:

1. ¿Por qué existe todavía esta costumbre en tantas partes del mundo?

2. ¿Se debe respetar esta costumbre como parte de las tradiciones de otras culturas o es un atentado contra los derechos humanos?

3. ¿Pueden considerarse los matrimonios para conseguir visa o los concertados a través de anuncios en los periódicos o Internet como matrimonios arreglados? ¿En qué se asemejan? ¿Qué los diferencia? ¿Se dan en su país?

C. En la prensa

En grupo lean y comenten la siguiente noticia aparecida el 28 de abril de 2003 en la revista *El comercio* de Ecuador.

Una regla del romance es conocer bien su ‹target›

Para conseguir la conexión romántica exitosa es necesario primero conocerse a uno/a mismo/a y luego a «esa» persona que escogemos como «la indicada». Es descubrir esa pareja cuyo estilo de vida, personalidad y expectativas amorosas son compatibles con las propias. Si bien ninguna pareja puede ser perfecta, sí hay ciertos tipos de personas que pueden ser más compatibles que otras.

Cuando dos personas corren en el mismo carril, la conexión puede ser posible. Pero cuando lo hacen en carriles contrarios, estos les llevarán a lugares distintos o terminarán por enfrentarse y se conseguirá no una conexión sino un choque que dará lugar al desengaño y a la pena.

Desde el campo de la psicología hasta el de la astrología abundan las teorías sobre por qué ciertas personas se llevan bien con algunas y en cambio no lo hacen con otras.

A pesar de que ninguna de estas teorías cuenta la historia completa, sí existen algunas claves muy útiles sobre el comportamiento y compatibilidad de los seres humanos.

Pero antes que nada, es necesario conocer muy bien el o la posible destinatario/a de esa ilusión que puede con paciencia y algo de suerte convertirse en el mágico encuentro de la llamada «alma gemela».

Conozca su target

Cecilia iba siempre a la consulta de su terapeuta emocional y le comentaba que no sabía por qué motivo todas sus relaciones con los hombres terminaban mal.

Cecilia pertenece al grupo de la gente espontánea, es una artista y, como casi todas ellas, ama la ropa colorida, adornos muy llamativos y tiende a moverse dentro de un salón o cualquier lugar como una diva.

Durante una recepción de negocios conoció a un economista de la galería en la que ella trabaja, un hombre joven, muy bien puesto, sumamente elegante y más bien callado, todo lo contrario de Cecilia quien, quizás justamente por ello, se sintió atraído hacia la muchacha. La llevó a su casa y al despedirse la besó apasionadamente.

No la llamó durante una semana, al cabo de la cual volvieron a encontrarse y entonces ella, haciendo caso a su intuición femenina, se le acercó y le dijo al oído que lo había extrañado mucho y que pensaba en él constantemente.

Para su asombro, él la rechazó, la empujó y le dijo que no quería que ella hiciera eso y salió del lugar.

Dolida y devastada Cecilia intentó comprender su comportamiento. ¿Cómo podía ser tan apasionado en un minuto y tan frío el siguiente? Desesperada buscó la ayuda y apoyo del terapeuta quien le explicó que si bien este hombre se había sentido muy atraído por su espontaneidad, era muy probable que también se sintiera asustado por esa actitud y que si ella quería en realidad que las cosas funcionaran tendría que ser menos vehemente y más calmada. Que debía darle tiempo al tiempo.

Ella estuvo de acuerdo pero decidió que simplemente no valía la pena seguir intentando.

El punto clave de esta historia es que, si bien es cierto que no hay que ser como el camaleón y presentar la imagen adecuada dependiendo del interlocutor en temas amorosos, si tenemos en frente a alguien cuyo estilo de comportamiento es totalmente diferente al nuestro, habrá entonces que ser más cuidadosos en el acercamiento.

A veces, es más fácil llegar a alguien si nos acercamos utilizando estrategias que estén más de acuerdo con su estilo, aun cuando sea absolutamente diferente al nuestro. No hablamos de insinceridad, sino más bien de tacto y comprensión. De aquí nace la importancia de conocer a nuestro «target», a ese ser que nos gusta y con quien quisiéramos desarrollar una relación. Si analizamos su forma de actuar, su estilo de comportamiento, sabremos cómo manejar ese acercamiento, ese contacto inicial que nos pudiera llevar a algo más.

▌▶◀▌ D. Debate

En grupo lean este artículo e identifiquen el público hacia el que va dirigido, su tema, sus principales argumentos y el uso del término «target». ¿A qué tipo de revista pertenece? ¿Conocen publicaciones de este tipo en el país de ustedes? ¿Qué opinión les merecen? Discutan la utilidad o perniciosidad de los consejos que este tipo de revistas ofrecen. ¿Ayudan a sus lectores o promueven la reproducción de modelos tradicionales de comportamiento?

E. ¿Estás de acuerdo?

Indica si estás a favor o en contra de las siguientes afirmaciones. Después, en grupo comenten las razones de su punto de vista.

	A favor	*En contra*
1. El concepto de amor es una invención cultural.	☐	☐
2. El amor de pareja tal como lo entendemos en la cultura occidental no se corresponde con el del resto de las culturas del mundo.	☐	☐

	A favor	En contra

3. El amor está basado en la construcción de proyectos para el futuro mientas que la pasión es un sentimiento autodestructivo basado en la dependencia y la obsesión con el presente. ☐ ☐

4. Los matrimonios homosexuales deberían ser reconocidos como válidos al igual que los de los heterosexuales. ☐ ☐

5. El número de divorcios incrementa cuando mayor es la solvencia económica de los cónyuges. ☐ ☐

6. La sociedad ejerce igual presión sobre hombres y mujeres para que formen una familia. ☐ ☐

7. Las amistades son para siempre mientras que el amor es eventual. ☐ ☐

8. Las amistades que se establecen en las fraternidades o sororidades son más duraderas. ☐ ☐

9. El desarrollo de una amistad entre personas de diferentes razas o culturas es mucho más difícil que entre miembros de una misma comunidad o grupo étnico. ☐ ☐

F. Temas para hablar y escribir

1. Psicología y relaciones. Entrevista a un asesor o psicólogo de tu universidad para descubrir cuáles son los problemas de relación que afectan mayormente a los jóvenes en sus años universitarios. Prepara por anticipado una lista de preguntas sobre los problemas más frecuentes, los factores que propician los problemas de relación (sexo, edad, personalidad, religión, cultura de origen, etc.). Elabora tus notas y redacta tus conclusiones.

2. Visión alternativa de las relaciones de pareja. Entrevista a una persona que viva o crea en relaciones de pareja no tradicionales, ya sea relaciones homosexuales, matrimonios arreglados, etc. Prepara un cuestionario que incluya sus perspectivas sobre ese estilo de vida, ventajas, inconvenientes, aprobación y apoyo familiar, aceptación de la sociedad, etc. Elabora tus notas y redacta tus conclusiones.

Otras voces

> *«Me aparto de él, tratando de persuadirme de que la actitud más discreta está en fingir una absoluta ignorancia de su dolor».*

> *María Luisa Bombal*

INFORMACIÓN BIOGRÁFICA

Christina Rosenvinge, nacida en Madrid pero de origen danés, es una cantante muy popular desde los años 80. Ha sido la cantante solista de grupos como *Alex y Christina* y *Cristina y los subterráneos*. Ahora canta en solitario. Las letras de sus canciones, que escribe ella misma, se centran en sus experiencias como mujer en la época conflictiva en la que vive. El siguiente tema se centra en la relación entre dos amigas hasta su disolución.

Tú por mí

Christina Rosenvinge

Para Sara
Hace tiempo tuve una amiga
a la que quería de verdad.
Una princesa que andaba a dos pasos
de sus zapatos de cristal.

Compartíamos una casa
al otro lado de la ciudad.
Le hicimos un sitio a mi mala suerte
y a sus pocas ganas de acertar.

Tú por mí, yo por ti.
Iremos juntas donde haya que ir.
Tú por mí, yo por ti.
Iremos juntas sólo por ir.

Un día oscuro nos dio por andar
donde los malos tiran y dan,
y siempre hay alguno con porquerías
siempre hay un día que levantar.

Mucho cuidado con los cocodrilos
vienen despacio y nunca los ves.
Se la comieron sonriendo tranquilos
yo me di cuenta y me fui por pies.

Tú por mí, yo por ti.
Iremos juntas donde haya que ir.
Tú por mí, yo por ti.
Iremos juntas sólo por ir.

Pienso en ti, donde estés
y si vuelves otra vez
nos reiremos de este mal sueño
con una taza de café.

Yo que estuve en el lado salvaje
digo que nunca pienso volver,
Hasta Lou Reed se pasea con traje
y llama a su novia desde el hotel.

Tú por mí, yo por ti.
Iremos juntas donde haya que ir.
Tú por mí, yo por ti.
Iremos juntas sólo por ir.

A. Para contestar

1. ¿Cómo era la relación entre las dos amigas?

2. ¿Qué les sucedió? ¿A qué se refiere la imagen de los cocodrilos de la canción?

3. ¿Continúa aún la amistad entre las dos mujeres? ¿Siguen estando juntas?

4. ¿Qué es lo que le gustaría hacer a la cantante con su amiga?

5. ¿Por qué menciona la narradora a Lou Reed?

6. Explica el estribillo de la canción.

B. Para comentar

En grupo comenten lo siguiente.

1. ¿De qué manera las palabras de María Luisa Bombal se relacionan con algún aspecto de esta canción?

2. ¿Conocen otras canciones que traten el tema de la amistad entre mujeres? ¿En qué aspecto se centran? ¿Qué ideas proponen?

3. Escojan una de estas canciones. Tradúzcanla al español, coméntenla y compárenla con la de Christina.

 Para obtener más información sobre este tema visita www.prenhall.com/mujeresdehoy.

Bibliografía

Bombal, María Luisa. *La última niebla. La amortajada*. Barcelona: Seix Barral, 1998.
Belli, Gioconda. *La mujer habitada*. Argentina: Emecé, 1996.
Allende, Isabel. *Paula*. New York: HarperCollins Publishers, 1995.
Etxebarria, Lucía. *Beatriz y los cuerpos celestes*. Barcelona: Ediciones Destino, 2001.
Freixas, Laura. *Entre amigas*. Barcelona: Ediciones Destino, 2002.
Monmany, Mercedes, Ed. *Vidas de mujer*. Madrid: Alianza editorial, 1999.
Serrano, Marcela. *Nosotras que nos queremos tanto*. Madrid: Punto de lectura, 2000.

Maternidad y relaciones filiales

Introducción al tema

Pese a que la maternidad es una de las experiencias más impactantes en la vida de una mujer, la mayoría de las mujeres no reciben mucha información sobre el proceso del embarazo y del parto. En las revistas y programas dedicados a «las mamás» son frecuentes las imágenes de mujeres sonriendo tiernamente mientras acarician su enorme barriga. Se mencionan los síntomas comunes del embarazo como las patadas del bebé, pero se evitan no sólo imágenes sino información directa sobre lo que ocurre en el momento del parto. Este secretismo hace que muchas mujeres sientan un gran temor hacia la maternidad.

El origen de esta falta de información hay que buscarlo en la evolución de la medicina como ciencia. Hasta principios del siglo XX la experiencia del embarazo y el parto eran patrimonio del ámbito femenino. Las comadronas o parteras eran las mujeres encargadas de ayudar en el momento de dar a luz compartiendo la experiencia y la sabiduría transmitidas de madres a hijas. Desgraciadamente, debido a que las mujeres no tenían acceso a la educación, las comadronas carecían de conocimientos básicos sobre higiene o anatomía. El alto índice de mortalidad femenina convertía el parto en uno de los peligros más graves para la salud y la vida de la madre y del bebé. A partir del desarrollo de las ciencias de la salud, el cuerpo médico pasó a sustituir a la comadrona. Esto trajo como consecuencia positiva una reducción de la mortalidad. Sin embargo, la mujer dejó de ser el sujeto activo que va a dar a luz a un nuevo ser para convertirse en una paciente, en un objeto pasivo, siendo la figura del médico el nuevo protagonista del nacimiento.

La apropiación de la experiencia del parto se manifiesta en el control exclusivo del modo y las condiciones en que este parto debe realizarse. En vez de presentar el nacimiento como una evolución natural del embarazo, se convierte en un momento de crisis. La madre deja de ser ese cuerpo mítico que nutre de vida a este nuevo ser para convertirse en un peligro a quien los médicos han de tratar para proteger al bebé. La futura madre es tratada como si fuera un recipiente del que es necesario extraer al bebé. El cuerpo de la mujer deja de pertenecerle y es apropiado por el personal del hospital quienes se dedican a purificarlo y someterlo mediante la aplicación de una serie de medidas «higiénicas» y «preventivas». A la mujer que va a dar a luz generalmente se le aplican enemas, se le rasura el vello púbico, se la conecta a un gotero para inmovilizarla, se le inyecta Pitocín para incrementar el ritmo de las contracciones y acelerar el proceso, se la anestesia para reforzar su pasividad y, por último, se colocan sus piernas abiertas encima de las agarraderas para que el médico esté cómodo y en posición *digna*, pese a que está demostrado

Maternidad

que esta posición no sólo dificulta la expulsión del bebé sino que incrementa el dolor de la madre. Por desgracia, todas esas medidas no eliminan el riesgo para la salud de la madre. De hecho, hoy en día, cada minuto una mujer pierde su vida por causas relacionadas con el embarazo y el parto.

En esta unidad vamos a explorar la manera en que varias mujeres han tratado el tema de la maternidad para intentar reapropiarse de esta experiencia.

Para comenzar

1. Todos estos términos están relacionados con el momento del parto. ¿Conoces su significado? En parejas expliquen con sus propias palabras el mayor número posible de términos.

agarraderas	enema	parto natural
amniocentosis	epidural	parto prematuro
bolsa de agua	episiotomía	parto vaginal
cérvix	ginecólogo/a	Pitocín
cesárea	líquido amniótico	placenta
contracciones	matrona	puntos
cordón umbilical	menstruación	quedarse embarazada
dar a luz	monitor fetal	rasurar el vello
depresión post-parto	parir	romper aguas
dilatación	paritorio	tocólogo/a

2. Compartan sus definiciones de las palabras y expresiones de la actividad anterior con el resto de la clase.

PRIMERA LECTURA

La protagonista del fragmento de la novela que vas a leer a continuación es una mujer de unos sesenta años, madre y ama de casa. Nunca se menciona su nombre, convirtiéndola en prototipo de millones de mujeres que han desempeñado este rol. Sin embargo, a lo largo de la narración se aportan una serie de datos que resultan conflictivos con el modelo tradicional de madre y ama de casa. Debido a su éxito como espía internacional antes de casarse, su agencia le pide a la protagonista que colabore en una nueva misión: investigar a un millonario mexicano. Al volver de México, una vez terminadas sus aventuras, vive una aventura personal. Su hija la llama por teléfono porque siente que el parto se le ha adelantado. Al narrar este parto en el que sólo participan madre e hija sin la interferencia del orden patriarcal representado por el médico, la autora consigue plantear una reformulación de este momento tan único y especial en la vida de la mujer. La ausencia del doctor permite que estas dos mujeres vivan esta experiencia en toda su naturalidad y evita que se convierta en la maldición patriarcal, el castigo divino de «parir con dolor» que aliena a las mujeres de su propio cuerpo y del acto de la maternidad de la que son protagonistas.

INFORMACIÓN **BIOGRÁFICA**

Angélica Gorodischer es una de las escritoras argentinas más originales de estos tiempos. Nació en Buenos Aires en 1928 y desde niña ha vivido en la ciudad de Rosario. Hizo estudios de Filosofía y Letras pero no llegó a licenciarse. Dejó sus estudios cuando se dio cuenta de que no tenía ninguna vocación de profesora y que lo que realmente deseaba hacer era escribir. Pese a no dedicarse a la docencia ha organizado y participado en talleres de escritura. Los participantes en estos talleres son tanto escritores ya consagrados como personas que tienen interés en aprender a escribir creativamente. Uno de estos talleres se llamó «Curso para mujeres que no se animan a escribir» y estaba dedicado a dar confianza a mujeres para que narraran sus experiencias y describieran sus mundos imaginarios. Gorodischer siempre ha escrito narrativa, ya sea en forma de cuentos (*Cuentos con soldados* [1965], *Las repúblicas* [1991]) o novelas (*Kalpa imperial* [2001], *Prodigios* [1994]). Sin embargo, su narrativa es muy variada e incluye novela policíaca y ciencia-ficción. Lo que más destaca de su literatura es la originalidad de sus personajes y argumentos: desde abuelas que son reconocidas espías internacionales a seres que cambian de sexo de acuerdo con las circunstancias que estén viviendo en el momento. Gorodischer se considera feminista y trabaja activamente a favor de los derechos de la mujer. La Asamblea permanente de los Derechos Humanos le concedió el premio «Dignidad» por su actividad en esta área. Esta autora ha recibido, además, numerosos premios literarios.

 Para obtener más información sobre este tema visita www.prenhall.com/mujeresdehoy.

Actividades de pre-lectura

A. Para contestar

1. ¿Has pensado alguna vez en tener una familia?
2. ¿A qué edad te gustaría tener hijos? ¿Qué desearías hacer antes de formar una familia?
3. ¿Cuántos hijos querrías? ¿Por qué? ¿Qué sexo preferirías?
4. Si eres mujer, ¿quién preferirías que estuviera en la habitación contigo el día del parto? ¿Por qué? ¿Te importaría que estuviera tu madre? Explica tu respuesta. Si eres hombre, ¿quisieras estar con tu mujer en el momento del parto? ¿Por qué?

B. Para comentar

¿Has visto un parto alguna vez? ¿De quién? ¿Qué fue lo que más te impresionó? Describe tu experiencia a tus compañeros/as de clase.

Mientras leemos

1. Subraya las secciones del texto donde la protagonista expresa de manera directa o indirecta su percepción de la maternidad.
2. Anota en tu cuaderno todas los términos relacionados con la maternidad y el parto que pueden serte necesarios para conversar con soltura sobre este tema.

De *Floreros de alabastro y alfombras de Bokhara*

Angélica Gorodischer

—Hablé con el médico —dije—, estuvo muy bien, muy amable y comprensivo, dice que viene para acá. Si es el momento, nos vamos con él al sanatorio. Y si no es el momento nos va a decir de todo pero a mí me importa un pito. No sé a vos.

—Es el momento, mamá. Ya llegan. No hay tiempo para nada.

Estaba por contestarle, ya había empezado a construir una sonrisa maternal y tranquilizadora, cuando me di cuenta de lo que me había dicho.

—¡Ya llegan! ¿Quiénes?

—Son dos. No quise que te lo dijeran para no preocuparte.

Se me fue la compostura al carajo:

—Ah, claro, soy una figulina de Tanagra yo, me hago trizas cuando me miran fuerte yo.

Se puso tensa de nuevo. No me había oído.

—Pujos —dijo casi sin aliento.

—Vamos —dije yo.

La agarré de las axilas y tiré para arriba. Se levantó con mi ayuda y fuimos, como pudimos, al dormitorio. La acosté en la cama, le saqué los zapatos, le subí la pollera, le saqué la trusa que se enrollaba y me daba un trabajo bárbaro, le hice levantar las piernas, le dije respirá hondo que si es de veras ya va a venir otro pujo. Le oí decir que sí. Hubo como una ondulación en la parte más alta de la barriga y un quejido. Muy bien por mi hija, pensé, así me gusta, que vengan nomás. Cuando pasó dije esperame como si pudiera no esperarme, y corrí a la cocina, saqué del armario un nylon grande y volví al dormitorio.

—Levantá la cola —dije.

—Qué vas a hacer.

—¿Qué querés? ¿Comprar otro colchón? Están carísimos.

Metí el nylon debajo de la colcha que total ya estaba manchada de sangre. Vino otro pujo.

—Fuerza, dale, que cuanta más fuerza hagas menos va a doler.

—No duele —dijo, y trató de sonreír y sonrió.

Pucha qué linda estaba mi hija ahí tirada en un revoltijo de nylon y cama manchada y vestido alzado hasta el cuello y las manos agarradas al colchón, sonriendo. Yo también le sonreí y pensé, mal, de la mamá del médico. Qué hacía ese imbécil que no venía. Otro pujo. Levantó los brazos, se agarró de la cabecera de la cama, apretó los dientes e hizo toda la fuerza del mundo. Afirmó bien los pies y empujó y vi cómo se distendía y cómo aparecía algo, lo vi, grisáceo contra la carne blanca manchada, manchado también, lo vi y supe que yo lo iba a recibir, yo, y la mamá del médico dejó de importarme para siempre y deseé que no viniera, qué tenía que hacer él ahí entre ella y yo, ese intruso, que no llegara, que se quedara en su consultorio con moquete y aspidistras en maceteros de bronce cobrando honorarios y recetando vitaminas.

—Ahí está, mi querida, una fuercita más y está aquí, ahí llega.

Inés gemía pero yo no creía que fuera de dolor; se le escapaba el aire entre los dientes y parecía que lloraba también.

Hubo dos pujos más y salió la cabeza y yo ahí sin saber qué hacer. Cómo, sin saber. Tendí las manos y la sostuve despacito, con cuidado, con mucho cuidado. Estaba tibia, resbalosa, blanda. Puse los dedos contra el borde de la carne de Inés, empujé, ella no sentía nada, empujé otro poco, agarré el cuerpo chiquito y lo roté, yo sabía, en mí también lo habían hecho, sabía que era así, y salió, suave, rápidamente, sin esfuerzo. Tuve miedo de hacerle daño, de que se cayera.

—Una nena, es una nena —dije.

—¿Está bien? —dijo Inés.

—Cómo bien, está maravillosamente bien, divina, tan chiquita.

—No llora, por qué no llora.

—Ya va a llorar —dije, y lloró.

¿Tenía que ponerla cabeza abajo?¿Tenía que darle un chirlo en la cola? No, no tenía que hacerle nada. Lloraba muy despacito y yo la tenía en mis manos embadurnada de sangre y así como estaba me la acerqué y la sostuve contra mí y la acuné. La puse al lado de Inés y la tapé con la punta de la colcha, porque no tenía tiempo para otra cosa. Sostuve el cordón y lo sentí latir sobre las yemas de mis dedos. Inés hizo fuerza de nuevo. Salió en dos pujos, la otra nena, y ya para entonces yo era una veterana. También lloró despacio y también la abracé y la puse junto a Inés. Faltaba la placenta, faltaba cortar los cordones: otra vez me puse a pensar en la mamá del médico.

—Me duele —dijo Inés.

Tiré un poquito, muy suavemente de los cordones.

—Hacé fuerza —dije.

—Para qué.

—La placenta, pavota.

Nos dio más trabajo que las dos nenas juntas pero salió. Miré eso que era como un corazón, muy rojo, del rojo de la sangre pero no sangre de herida, no sangre de muerte. Eso era la vida y valía la pena, no importaba lo que pasara después, no importaban las heridas que no curan nunca. (...)

—Tarde, doctorcito —le dije—, ya llegaron. Dos nenas.

Dos nenas, dos nenas. Inés había tenido dos nenas. Mi hija mayor, que era tan bella y tan dura, mi hija que era como un diamante, la más deseada, la más olvidada, la más cumplidora, la más fuerte, la más débil, la que tanto había sufrido, la que había esperado tanto un hijo, Inés, ella, mi hija la que nunca tuvo miedo. Inés tenía dos nenas.

Caminé adelante y lo llevé al dormitorio y mientras él se afanaba con los cordones y la revisaba a Inés, yo me ocupaba de mis nietas. Recién me daba cuenta de lo chiquititas que eran.

—Vamos a ir al sanatorio, señora —dijo el tipo cuando terminó y se enderezó, claro, eso no era una mesa de partos—, habrá que pedir una ambulancia.

Entonces Inés dijo una cosa maravillosa:

—No quiero ir al sanatorio; me quedo en casa.

El profesional del arte de curar se puso tieso:

—Pero señora —protestó—, sea razonable. En el sanatorio va a estar adecuadamente atendida.

—Aquí también, y estoy en mi casa que me gusta más.

—Y van a poner ahí a sus chiquitas en una incubadora —dijo él, imperturbable pero no del todo.

Inés no le hizo caso. Inés no le hizo caso nunca a nadie una vez que tuvo algo decidido, si lo sabría yo. Estaba recién parida pero nada ni nadie la iba a convencer. Eso también lo sabía yo. Él no.

—Mamá conseguime una enfermera. Llamala a Rita y preguntale por las que tuvo ella cuando la operaron. Buscá en la guía una de esas casa de artículos para cirugía y pedí una incubadora con capacidad para dos bebés, para alquilar o para comprar si es necesario. Y el pediatra. El doctor va a dejar las indicaciones, ¿no, doctor?

—Que quede claro que esto se hace bajo su responsabilidad, señora.

—Pero por supuesto —dijo Inés con su voz de todos los días.

Casi aplaudo.

En vez de aplaudir agarré el teléfono y en pocos minutos y media docena de llamadas tuve todo arreglado. El médico se fue, no muy contento, hay que decir la verdad, y yo me dediqué a arreglar el lío.

El muy idiota había tirado el nylon al suelo sobre la alfombra que no era de Bokhara, envolviendo la placenta, la sangre, los restos de los cordones, como si las huellas de la vida fueran nada, basura, desperdicios, pero qué se creía. Pensé que las mujeres deberíamos hacer como las gatas, como las perras y las leonas y las yeguas, y comernos todo eso que habíamos tenido adentro de nosotras alimentando a nuestros cachorros, y lamer a nuestras crías y ponerlas a mamar.

Cambié las sábanas, ayudé a Inés a incorporarse, le puse un camisón lleno de bordados, le lavé la cara, la besé y la acaricié y la peiné, y cuando terminé me alejé unos pasos, como si hubiera dado la última pincelada a la obra maestra, y la miré, acostada en la gran cama, limpia y fresca, con sus dos crías que ya no lloraban. Nos sonreímos. Otras cosas hay en la tierra además de diamantes.

Análisis del contenido

A. Para contestar

1. ¿De qué se sorprende la protagonista al hablar con su hija al comienzo de la narración? ¿Cuál fue el motivo de que Inés le ocultara esta información?

2. La madre a veces desea que llegue el médico y en otros momentos se alegra de que no esté. ¿Por qué muestra esos sentimientos tan contradictorios?

3. ¿Tiene Inés un parto sencillo o complicado?

4. ¿En qué etapas del parto parece sentirse la madre más confiada?

5. ¿Qué cosas no sabe hacer y las deja para cuando llegue el médico?

6. ¿Cuál es la actitud del médico?

7. ¿Por qué decide Inés no ir al hospital?

8. ¿Cómo soluciona los inconvenientes que enumera el médico?

9. La madre se muestra enojada con el médico. ¿Qué motivos tiene para estar enfadada?

B. Para escribir

En parejas resuman el *argumento* de esta historia en menos de cinco líneas e inventen un nuevo título que refleje la *idea central* del texto.

C. Para comentar

En grupo comparen un parto tradicional en un hospital con el que describe Angélica Gorodischer en su narración. ¿Qué es diferente? ¿Qué sucede al igual que en un hospital? ¿Plantea este fragmento una reapropiación de la experiencia del parto por parte de las mujeres? Expliquen su respuesta citando ejemplos del texto.

Situaciones ——————————————————————

En la narración tanto la madre como la hija se rebelan contra la persona que representa la autoridad, es decir, el médico. Piensa en una situación del pasado en la que te rebelaste contra una figura de autoridad. Comparte la situación con un/a compañero/a. Después, escojan la situación que les interese más y reproduzcan el diálogo por escrito. Practíquenlo y represéntenlo frente a la clase. Después de esuchar a sus compañeros/as comenten entre todos lo siguiente.

¿Qué cuestiones o conflictos se repitieron con más frecuencia? ¿Qué temas fueron más inesperados y originales? ¿En qué situaciones no se rebelaron y actualmente se alegran o se arrepienten de no haberlo hecho?

Análisis literario

A. Para reflexionar

1. ¿Cómo es el lenguaje de esta narración? ¿Poético? ¿Literario? ¿Coloquial? Cita ejemplos del texto para ejemplificar tu respuesta.

2. ¿Qué argentinismos puedes encontrar en esta narración?

3. ¿En qué secciones se muestra la emoción de la madre ante la experiencia que ha vivido con su hija?

4. Generalmente las mujeres que dan a luz aparecen representadas como llorosas, feas, sudorosas, pasivas, gritando desencajadas. ¿Es este el caso de Inés? ¿Cómo se subvierte este estereotipo en la narración?

5. ¿Qué otros elementos de la narración se contraponen a una visión tradicional del parto?

6. La protagonista compara a las mujeres con gatos y otros animales, ¿cuál es el objeto de esta comparación? ¿Es peyorativa?

7. ¿Puedes encontrar figuras estilísticas (metáforas, símiles, personificación, animalización, etc.) en esta narración?

B. Para comentar

En grupos discutan el significado de los siguientes fragmentos del texto.

1. «Miré eso que era como un corazón, muy rojo, del rojo de la sangre pero no sangre de herida, no sangre de muerte. Eso era la vida y valía la pena, no importaba lo que pasara después, no importaban las heridas que no se curan nunca».

2. «Que quede claro que esto se hace bajo su responsabilidad, señora».

3. «Pensé que las mujeres deberíamos hacer como las gatas, como las perras y las leonas y las yeguas, y comernos todo eso que habíamos tenido adentro de nosotras alimentando a nuestros cachorros, y lamer a nuestras crías y ponerlas a mamar».

4. «Cambié las sábanas, ayudé a Inés a incorporarse, le puse un camisón lleno de bordados, le lavé la cara, la besé y la acaricié y la peiné, y cuando terminé me alejé unos pasos, como si hubiera dado la última pincelada a la obra maestra».

C. Para escribir

¿Qué sabes de tu propio nacimiento? ¿Has hablado con tu madre alguna vez de este tema?

1. Prepara una lista de preguntas para tu madre sobre su embarazo y tu parto. ¿Cómo transcurrió el embarazo? ¿Trabajó ella hasta el final? ¿Cuándo se dio cuenta de que había empezado el parto? ¿Cuántas horas duró? ¿Quién estuvo con ella? ¿Qué le hicieron en el hospital? ¿Necesitó muchos puntos? ¿Se recuperó bien? ¿Cuál es el momento que recuerda con más cariño de todo ese día?

2. Entrevista a tu madre y toma nota de sus respuestas.

3. Ordena tus apuntes y redacta tu historia.

4. Explica en la conclusión qué has aprendido sobre ti mismo/a y sobre tu madre en el proceso de investigación de tu nacimiento. ¿Cuál fue tu primer pensamiento al saber el tema de este ensayo? ¿Te fue difícil hablar con tu madre sobre este tema? ¿Por qué? ¿Piensas que mereció la pena?

El mundo en que vivimos

Maternidad y paternidad son dos construcciones ideológicas basadas en una serie de modelos y normas de comportamiento que cada cultura asigna a sus sujetos con el objeto de que cumplan sus roles de acuerdo a las necesidades de la sociedad en un momento histórico determinado. El siguiente texto menciona algunas de las consecuencias que la construcción de la maternidad tiene en la psique no sólo de las mujeres que viven esta experiencia sino de la sociedad en general.

«La obligación de una madre es sacrificarse por su hija».

Paloma Díaz Mas

Mientras leemos

1. Identifica las secciones del texto que contienen las ideas principales y subráyalas.
2. Divide el texto en varias partes y asigna un título a cada una de ellas de manera que refleje su contenido.

La Matrofobia y la matrilinealidad

Basta mirar cualquier anuncio o programa de televisión, o contemplar las fotografías de las revistas para mujeres para percatarse de la sublimación e idealización del rol de la mujer como madre. Sólo aparecen mujeres jóvenes, en actitud de felicidad plena, contemplando con éxtasis a sus niños; se describe la generosidad de las madres, su sacrificio, su comprensión, su misión como educadoras. La economía patriarcal ha creado una serie de normas que estipulan no sólo el comportamiento sino, incluso, los sentimientos de la mujer desde el momento que descubre que está embarazada. Se da por sentado que cuando una mujer se queda embarazada, al igual que su cuerpo cambia para acoger y adaptarse al nuevo ser, su propia mente sufre una completa transformación. Su yo, su individualidad y sus deseos dejan de existir para pasar a convertirse en una mera proveedora dispuesta a satisfacer en todo momento tanto las necesidades físicas como psíquicas de su criatura.

La idealización de la figura de la madre ha sido tan asimilada por nuestra sociedad que se acepta como una verdad natural. Cualquier desviación de esta norma se considera una aberración de la naturaleza. Esta construcción del ideal de madre afecta profundamente tanto a la sicología femenina como a la masculina. Afecta a las madres, quienes desarrollan sentimientos de inadecuación y culpabilidad al sentir la enorme dificultad que representa llevar a cabo el papel ideal que les ha asignado la sociedad. Afecta también a los hijos, quienes durante su infancia, ven a su madre como a un ser omnipotente porque es la que controla todo su ámbito, su esfera de actuación. Sin embargo, al llegar a la adolescencia y tomar conciencia de la humanidad de la madre, de sus defectos, descubren que no sólo no es omnipotente sino que su papel en la sociedad es secundario. Este descubrimiento lleva a derribarla del pedestal en el que la habían situado en su niñez y a negarle, de adultos, el aprecio como persona. En vez de enfrentarse con la artificiosidad de esta imagen materna ideal que han internalizado, los hijos asumen que es su madre quien es antinatural, no el concepto en sí mismo. Despreciamos a nuestras madres en la medida en que se han adecuado al sistema y, sin embargo, consideramos egoísmo cualquier vestigio de individualidad que hayan mantenido y que las ha hecho diferentes de la imagen prescrita de madre ideal.

Según Luce Irigaray[1], esta matrofobia es la manera sutil en que la sociedad patriarcal garantiza la ruptura de la matrilinealidad, es decir, la destrucción de los lazos de unión entre las madres y sus hijos/as, que ella compara con un matricidio simbólico. Irigaray explica que para lograr este matricidio, el lenguaje simbólico patriarcal ha convertido a la figura materna en un «símbolo reverso» al que se le han atribuido características opuestas a las que tiene en realidad. En vez de representar al ser que da la vida se ha convertido a la mujer-madre en símbolo de la muerte; en vez de representar al ser que nutre de alimento a su criatura se la ha descrito como devoradora; en vez de dar placer y vida se la representa como castradora.

Es evidente que para evitar caer en la matrofobia implícita que subyace dentro de la construcción de la imagen materna debemos cuestionar la idealización de la maternidad. La perfección que la sociedad patriarcal atribuye a la madre no solamente no libera a la mujer ni le da autoridad sino que la despoja de su individualidad y la somete a la tiranía de un papel imposible de llevar a la práctica. Para poder liberar a la mujer de la esclavitud de su papel de madre hay que empezar a aceptar su humanidad y su individualidad al igual que se reconoce la humanidad e individualidad en la figura del padre.

A. Para contestar

1. ¿En qué consiste la idealización de la figura materna?

2. ¿Cómo afecta a las mujeres?

3. ¿Cómo influye en la relación entre los hijos y sus madres?

4. ¿Qué significan los términos matrilinealidad, matrofobia y matricidio?

5. ¿Por qué el texto propone que la idealización de la imagen materna no da autoridad a la mujer?

6. La cita que encabeza el texto pertenece a la segunda lectura de esta unidad «La niña sin alas». ¿Cómo se relaciona con lo que acabas de leer?

7. Mira con detenimiento la fotografía de la fotógrafa peruana la Susana Pastor de la página siguiente. Describe la imagen con detalle. ¿Qué te sugieren los rostros de los niños? ¿Y el de la niña? ¿Qué sentimientos transmite el rostro de la madre? ¿Qué edad piensas que puede tener la mujer? La expresión «gloria» significa alegría, felicidad. ¿Cómo contrasta esta palabra con la imagen de la familia? ¿Cuál es tu opinión personal sobre esta fotografía?

B. Para comentar

En grupo intercambien su opinión sobre lo siguiente.

1. ¿Estás de acuerdo con que existe una idealización de la figura materna? ¿Crees que las mujeres experimentan un cambio en su personalidad cuando se convierten en madres?

---

[1]Luce Irigaray es una prestigiosa feminista y psicoanalista belga que vive en París. Tiene doctorados en lingüística y en filosofía. Sus obras se centran en el análisis de todo tipo de manifestaciones culturales (el lenguaje, la religión, las tradiciones, la cultura, etc.) y el modo en que determinan nuestra personalidad. Sus obras más importantes son *Speculum, Amo a ti y Ser Dos.*

Susana Pastor

2. ¿Has experimentado la evolución de sentimientos hacia la madre que se describe en este texto?

3. ¿Qué opinas de la solución que se ofrece al final? ¿Es fácil o difícil de lograr?

 Para obtener más información sobre este tema visita www.prenhall.com/mujeresdehoy.

Testimonio

En siguiente testimonio se usa el estilo poético para expresar los sentimientos de impotencia e inadecuación que siente una mujer al representar su rol de madre.

La autora, la española Susana March (1918–1991) ofrece en este poema un testimonio del paso de la idealización de la figura materna a su degradación.

Mientras leemos

1. Lee el poema en voz alta varias veces. Subraya todas las cosas que la voz poética ama de su relación con su hijo y que la hacen feliz.

2. Haz una lista de los sentimientos negativos que aparecen en el poema.

Mi hijo ha crecido este verano

Susana March

Mi hijo la crecido este verano.
Me pone las manos sobre los hombros y me dice:
«¡Mira, soy casi tan alto como tú!»
Se empina un poco todavía.
Pero pronto será tan alto como yo. ¡Y más alto!
Pronto seré yo la que tendré que empinarme
para besarlo en la mejilla.
Pronto ya no podré decirle
esas cosas pueriles que dicen las madres a sus
hijos:
llamarle «sol mío», hacer como que me sorprendo
por cualquier acto suyo,
arroparle por las noches
cuando ya esté dormido.
Pronto ya no podré contarle
esas historias que le gustan tanto,
las heroicas hazañas
que yo cometí cuando era joven,
porque me diría:
«Si tú eres una mujer. Y las mujeres
no cometen hazañas heroicas.»
Y yo sentiré delante de sus ojos
todo el triste rubor de mi sexo.
Ya no seré nunca más osada, ni grande, ni amiga
de pájaros emigrantes y marineros taciturnos.
Volveré a ser lo que siempre fui:
una mujer insatisfecha de ser mujer y de todo.
¡Porque el único en este mundo que me veía
grande
habrá crecido más que yo!

A. Para contestar

1. ¿Cuál es el tema de este poema? ¿Qué problema plantea?

2. ¿Cuándo se da cuenta la madre de que su hijo está creciendo?

3. ¿Qué echará de menos la madre cuando su hijo se haga mayor?

4. ¿En qué versos se expresa el amor de la madre por su hijo?

5. ¿Por qué pensará el niño que las mujeres no son capaces de actos heroicos?

6. ¿De qué se sentirá la madre avergonzada? ¿Por qué?

7. Ella se describe como una mujer insatisfecha. ¿Podrías adivinar por qué se siente insatisfecha?

8. Relee las dos listas que hiciste mientras leías el poema. ¿Qué emociones contradictorias presenta este poema? ¿Por qué?

9. ¿Cómo explicarías los dos últimos versos del poema. ¿Cómo se relacionan con el texto que has leído sobre la matrofobia?

B. Para comentar

En grupo comenten lo siguiente.

1. ¿Cómo era la relación con tu madre cuando eras niño/a? ¿Ha cambiado con el tiempo? ¿A qué crees que se debe este cambio?

2. ¿Cómo es tu relación con ella ahora? ¿Qué aspectos de tu relación con ella son mejores? ¿Qué se podría mejorar? ¿Cómo?

3. ¿Se encuentra tu relación con tu madre afectada por la imagen idealizada de la madre o no? Explica tu respuesta.

 Para obtener más información sobre este tema visita www.prenhall.com/mujeresdehoy.

SEGUNDA LECTURA

Mientras que el texto de Angélica Gorodischer nos mostraba una manera diferente de vivir el parto, la segunda lectura nos presenta una aparente idealización del rol materno. Para ello, la autora se basa en los valores tradicionales de la sociedad ejemplificados a través de personajes sorprendentes.

> **INFORMACIÓN BIOGRÁFICA**
>
> **Paloma Díaz Mas** (1954) es madrileña pero vive en Vitoria (España). Posee una licenciatura en periodismo y un doctorado en filología. Es profesora de literatura hispano-judía y sefardí en la Universidad del País Vasco y ha escrito obras de investigación histórica centradas en el estudio de los judíos sefardíes durante la Edad Media y el Siglo de Oro. Sus libros de investigación, entre ellos *Los sefardíes: historia, lengua y cultura* y *Los judíos* (1986), han obtenido una gran difusión y se encuentran entre los libros más vendidos. La mayoría de sus novelas y cuentos cortos se encuentran ambientados en momentos históricos del pasado. Debido a sus conocimientos de los períodos medieval y renacentista, sus recreaciones de los ambientes y espacios, e incluso del lenguaje de esos períodos de la historia, son sumamente fieles. Entre sus obras destacan *El rapto del Santo Grial* (1984) y *El sueño de Venecia* (1992). El cuento de esta sección pertenece a la colección *Madres e hijas* (1996).

 Para obtener más información sobre este tema visita www.prenhall.com/mujeresdehoy.

Actividades de pre-lectura

A. Para contestar

1. ¿Has leído alguna vez libros de ciencia-ficción? ¿Te interesa este género literario?

2. ¿Recuerdas alguna lectura o película cuyos protagonistas pertenecieran a una civilización imaginaria? ¿Estaba ambientada en el pasado o en el futuro? ¿Cuál era el tema?

3. Lee la primera línea del cuento de Díaz Mas. ¿Qué te permite adivinar de los personajes del cuento que vas a leer?

B. Para comentar

Las utopías describen mundos ideales del futuro. Las distopías presentan mundos o civilizaciones aberrantes o terribles como la que describe George Orwell en su novela *1984*. ¿Puedes pensar en algún ejemplo de una historia utópica o distópica que conozcas del cine, las tiras cómicas o la literatura? Comparte y comenta tus respuestas con un/a compañero/a.

Mientras leemos

1. Haz una lista en tu cuaderno con toda la información que provee la narradora sobre el cuerpo y las costumbres de los seres que describe.

2. Subraya las secciones del texto donde se refleje la transformación emocional que sufre la protagonista.

La niña sin alas

Paloma Díaz Mas

«Había una vez un tiempo en que los hombres no tenían alas».

Así empezaban todos los cuentos que me contaba mi madre cuando yo era niña: remitiéndose a una época antigua y tal vez mítica en que los hombres no habían adquirido aún la capacidad de volar. A mí me gustaba mucho oír aquellas historias, y le pedía que las repitiese una y otra vez, aunque ya me las sabía de corrido: la de aquel héroe desalado que, a falta de alas propias, se construyó unas de cera y plumas de aves; pero, al volar cerca del sol, la cera se derritió y él cayó al mar y se ahogó. O aquel otro que inventó un artilugio de lona y madera para, arrojándose desde lo alto de las montañas, planear sobre los valles de su país aprovechando las corrientes de aire cálido: una cosa que hoy en día todos hacemos de forma intuitiva, pero que así contada me parecía nueva e inusual, como si yo misma acabase de descubrir un fenómeno tan cotidiano que hoy nos pasa inadvertido.

Lo que jamás pensé mientras oía los cuentos de mi madre es que alguna vez yo misma llegaría a sentir como propia y cercana la carencia de alas y que aquel mito de los hombres mutilados acabaría habitando junto a mí.

Nunca tuve una gran vocación por la maternidad. Recuerdo que, de adolescentes, muchas amigas mías hacían planes ilusionados con respecto al momento en que se convertirían en madres; parecía que no tuviesen otra vocación en el mundo y a mí me irritaban profundamente sus grititos de alegría, sus mohínes y morisquetas cada vez que veían un bebé: se apostaban junto a la cuna o el cochecito, empezaban a proferir gorjeos y arrullos de paloma y acababan pidiéndole a la madre que, por favor, les dejase arropar un momentito a la criatura entre sus alas. Y cuando, obtenido el permiso, se colocaban al niño sobre el pecho y lo envolvían entre sus plumas remeras, ponían tal cara de felicidad que yo no sabía si emprenderla a bofetadas con ellas, por bobas y pánfilas, o conmigo misma, por despegada e insensible. Verlas tan ilusionadas por algo que a mí me dejaba fría me hacía sentir mal.

Con el tiempo fui comprendiendo que ser madre no era ninguna obligación. Por eso, al filo de los cuarenta años, felizmente casada y situada profesionalmente, había renunciado a tener hijos, pero de una forma casi automática: sencillamente, la maternidad no entraba en mis planes. Entonces supe que me había quedado embarazada.

Desde el principio, a mi marido y a mí nos extrañó la solícita preocupación del médico, su insistencia en someterme a pruebas y análisis, en repetir algunos de ellos alegando que no veía claros los resultados. Parecía que algo no iba bien y, en efecto, así era: estaba ya en el inicio del tercer mes de embarazo cuando el doctor nos convocó en su despacho y nos dio las dos noticias. La primera, que el bebé era una niña; la segunda, que con toda probabilidad nacería sin alas.

Me ofrecieron la posibilidad de interrumpir el embarazo, pero no quise. Yo, que nunca me había sentido atraída por la idea de ser madre, amaba ya a aquella niña desconocida, aun a sabiendas de que sería un lastre para toda mi vida. Pero era ya mi hija y por nada del mundo quería renunciar a ella.

El parto se dio bien, fue sorprendentemente fácil. Parecía como si aquella criatura mutilada llegase llena de ganas de vivir y como si la fuerza que debería tener en sus alas inexistentes se hubiera localizado en otras partes del cuerpo, especialmente en las extremidades; ya durante el embarazo me sorprendió el vigor de sus patadas en el vientre y todo el personal que asistió al parto pudo notar la fuerza que hacía la criatura con brazos y piernas.

Cuando me la trajeron, envuelta aún en sangre y grasa, para ponérmela sobre el pecho, yo la estreché entre mis alas cansadas y noté lo cálida que era su piel desnuda. Me pareció la niña más hermosa del mundo, toda rosada y limpia, sin el lanugo de plumón frío y enmarañado que suelen tener los recién nacidos. Aquella desnudez me conmovió tanto que pensé por un momento que la humanidad, desde que tiene alas, ha perdido la calidez del contacto de piel sobre piel, porque siempre se interponen las plumas ásperas y llenas de polvo. Y quién sabe si al ganar alas no hemos perdido otras muchas cosas, dulces y suaves como la piel desprotegida.

Desde aquel día, la niña fue el centro de mi vida. Los primeros meses no resultaron problemáticos: al fin y al cabo, un bebé normal tiene las alas tan débiles que no puede volar ni servirse de ellas para ningún otro menester, así que mi hija parecía casi normal. Comía bien, dormía a sus horas, empezó muy pronto a conocernos, a sonreír y hacer gorjeos. Cuando veía que me acercaba a su cuna, en vez de extender las alas me echaba los brazos, pidiéndome que la cogiera. Salvo por ese detalle, en nada se diferenciaba de cualquier otra niña de su edad.

Naturalmente, el paso de los meses fue poniendo de manifiesto la diferencia. Entre los ocho y los diez meses lo normal es que un niño ya se ponga en cuclillas o arrodillado, despliegue las alas y comience a batirlas, preparándose para el primer vuelo. En vez de eso, mi niña se sentaba y se balanceaba adelante y atrás, o se apoyaba en las rodillas y las palmas de las manos e intentaba andar a cuatro patas, como los perros o los gatos. Mi marido se ponía enfermo cuando la veía hacer eso: decía que parecía un animal. Otros familiares me sugirieron que la atase a la cuna para quitarle ese vicio. Yo no quise de ninguna manera: defendí su derecho a ser diferente, a expresarse y moverse de forma distinta a como lo hacemos nosotros, a como lo hacían todos los demás niños. «Si no tiene alas, de alguna forma tiene que moverse, ¿no?», les decía yo a todos. Pero nadie entendía: me decían que debía acostumbrarla a moverse como los otros niños, que de mayor quizás podría suplir su carencia con unas alas ortopédicas, que si era distinta no podíamos fomentar que lo fuese cada vez más. Los enfrentamientos se hicieron progresivamente más violentos con todo el mundo: con mi marido, con los familiares, con los amigos. Nadie quería entender que si la niña era diferente, resultaba lógico que lo hiciera todo de diferente manera.

Un día descubrí algo nuevo y maravilloso. Yo había visto en grabados y cuadros antiguos que, en los tiempos de los hombres sin alas, las mujeres solían tomar en brazos a sus hijos, en vez de acogerlos entre las escápulas y las plumas remeras, como hacemos hoy. Recuerdo que era una tarde de invierno, estaba sola con mi hija y la niña reptaba por la alfombra del salón; en un momento determinado se sentó en el suelo y me tendió los bracitos. Y yo, guiada por un impulso incontrolado, también extendí los brazos hacia ella y la tomé, la levanté en vilo y me la puse sobre la falda. No puedo explicar la dulzura que me invadió entonces: tenía a mi hija en el hueco de mi regazo y mis brazos la enlazaban por la derecha y por la izquierda; y, lo que resultó más sorprendente, ella me imitó, enlazó sus bracitos en torno a mi cuerpo y así estuvimos las dos mucho tiempo, en esa postura nueva y nunca usada, una frente a otra, cuerpo contra cuerpo, ella sin alas y yo con las mías apartadas hacia atrás, unidas únicamente por nuestros brazos entrecruzados. (...)

Dejé el trabajo y me volqué en la niña cada vez más. O tal vez se volcó ella en mí, porque lo cierto es que me descubrió un mundo nuevo, un mundo a ras de tierra. En vez de volar, reptaba por el suelo; luego empezó a ponerse de pie y a dar pasitos, avanzaba agarrándose a los muebles lograba desplazarse de esa manera por toda la habitación; cuando le faltaba un punto de apoyo, caía de bruces y se apoyaba en las palmas de las manos. Algo muy distinto a lo que hacen los demás niños, que aprenden primero a volar y luego, cuando ya tienen las alas lo suficientemente fuertes, comienzan a andar; de esa manera las alas les sirven de paracaídas en sus primeros pasos y, cuando se sienten caer, no tienen más que desplegarlas. Mi niña, en cambio, aprendió a andar mucho antes de lo habitual y, lo que era más sorprendente, sabía hacerlo sin ayuda de las alas: era asombroso ver cómo se las ingeniaba para guardar el equilibrio en una postura dificilísima, con la espalda recta y sin más contrapeso que los movimientos de los brazos y la cabeza. Parecía inverosímil verla sostenerse así, avanzar bamboleándose pero sin caer y salvarse, cada vez que tropezaba, echando adelante los brazos para amortiguar el golpe.

Me acostumbré a echarme en el suelo para estar con ella. Mi marido se indignaba al verme así, tumbada boca abajo sobre la alfombra, con las alas plegadas como las de una mariposa, apoyándome en los codos para jugar con mi hija. Pero a mí me gustaba ver las cosas desde allí abajo, como ella las veía, sin la posibilidad de alzar el vuelo y colocarse en lo alto del armario o mirar la habitación desde una esquina del techo. Y poco a poco me acostumbré a no volar.

Los amigos y la familia me decía que volase, que hiciese vida normal, que saliese más a la calle, que me estaba enterrando en vida. Pero yo no les oí: era completamente feliz.

Mi marido pasó por varias fases, de la indignación al aburrimiento. Cuando la niña cumplió dos años apenas nos hablábamos, casi ni coincidíamos en casa: él siempre tenía mucho trabajo y sólo aparecía, malhumorado, los fines de semana; los días de diario volvía a casa tan tarde que se deslizaba a oscuras entre las sábanas, creyéndome ya dormida. Pronto empezó a tener trabajo también los sábados. Y luego, viajes de negocios los fines de semana. Entonces volvió a estar de buen humor y yo supe lo que pasaba, pero no dije nada: no estaba dispuesta a que mi hija se criase sin la figura de un padre, aunque fuese meramente simbólica. Una niña así necesita toda la protección que se le pueda dar.

Con dos añitos casi hablaba de corrido; era una niña extraordinariamente despierta y yo me sentía orgullosa de ella. Pero poco después empezó mi angustia.

El primer indicio lo tuve una noche, mientras la bañaba. Le estaba enjabonando la espalda y de repente noté una pequeña aspereza a la altura del omóplato izquierdo. La examiné, pensando que quizás se había herido: sólo vi una pequeña rojez y no le di mayor importancia.

A los pocos días, las rojeces eran dos, colocadas simétricamente a los dos lados de la espalda. Al tacto se notaba una minúscula dureza bajo la piel. Me asusté mucho, pero no quise llevarla al médico y me limité a aplicarle una crema cicatrizante. Al cabo de una semana la cosa iba a peor: las durezas habían crecido y eran ya dos bultitos como dos flemones, hinchados y al parecer dolorosos al tacto, porque la niña se quejaba cuando yo pasaba el dedo por encima de su superficie.

Le puse un apósito con más crema cicatrizante, pero no surtió efecto; le cambiaba los apósitos dos veces al día y los bultos seguían creciendo. Entonces tomé vendas y esparadrapo y le vendé todo el tórax, procurando que estuviese firme pero no demasiado apretado. Por fortuna era invierno y nadie notó los vendajes, ocultos bajo las ropas abrigadas de la niña.

Tampoco esto surtió efecto. Los bultos eran cada vez más grandes y más duros, como un hueso saliente que amenazase con rasgar la piel. No sabía qué hacer ni a quién acudir.

Hasta que sucedió lo que tenía que pasar. Una mañana fui a levantarla de su cama y la encontré boca abajo, en contra de su costumbre. Bajo las ropas de la cama se marcaba un bulto sospechoso y supe lo que era antes de levantar las sábanas.

Allí estaban: incipientes pero lo suficientemente bien formadas como para que no hubiese ninguna duda. Durante la noche habían brotado, rasgando la piel, y la sabanita de abajo estaba ligeramente manchada de sangre. Se me vino el mundo abajo.

Supe que sólo podía hacer una cosa. Levanté a mi hija en brazos, le desnudé el torso y mordí con toda la fuerza que me daban la rabia y la desesperación. Me llenó la boca un sabor asqueroso a polvo y ácaros: parece mentira la cantidad de porquería que pueden acumular unas alas en sólo una noche.

A la niña no pareció dolerle. Quizá sólo sintió una ligera molestia, porque lloró un poco y se calmó enseguida. La llevé al cuarto de baño, le hice una cura rápida y logré cortar la hemorragia, desinfectarle la herida y vendarla.

Estuvo unos cuantos días con vendajes, que yo cambiaba con frecuencia. Cada vez que se los quitaba, examinaba el progreso de la herida. Vi con alivio que cicatrizaba pronto y bien y a las pocas semanas estuvo cerrada del todo.

Ahora no se le nota apenas. Únicamente tiene una ligera cicatriz invisible, que sólo puede apreciarse al tacto si se pone atención o se va sobre aviso. Ha vuelto a ser la niña que era y yo sigo entregada a ella. A quienes me dicen que me estoy enterrando en vida, que debería volver a trabajar, que he perdido a mi marido, que no puedo atarme a la niña de esta forma, les contesto que estoy contenta con lo que hago y que la obligación de una madre es sacrificarse por su hija.

Análisis del contenido

A. Para contestar

1. Paloma Díaz Mas describe un mundo fantástico donde las personas son diferentes a nosotros. Describe a estas criaturas basándote en tus notas.
2. ¿En qué época se ambienta esta historia? ¿En el presente o el futuro? ¿Cómo lo sabes?
3. ¿Cómo es la vida de la protagonista antes de quedarse embarazada?
4. ¿Cuándo supieron que la niña tenía problemas?
5. ¿Qué solución le plantearon a la madre? ¿Por qué no la aceptó?
6. ¿Cómo afecta a su vida y a su matrimonio el cuidado especial que requiere la niña?
7. La protagonista va cambiando conforme va descubriendo el mundo diferente en el que vive su hija. Cita ejemplos concretos de las secciones que subrayaste en el texto.
8. Al final del cuento, ¿qué descubre en la espalda de su hija mientras la baña? ¿Cuál es su reacción ante este descubrimiento? ¿Por qué?
9. ¿Cómo resuelve el problema? ¿Por qué la posibilidad de que su hija se convierta en un ser normal se transforma en una amenaza para la protagonista?

B. Para escribir

En parejas resuman el *argumento* de esta historia en menos de cinco líneas e inventen un nuevo título que refleje la *idea central* del texto.

C. Para comentar

En grupo comparen las narraciones de Angélica Gorodischer, Susana March y Paloma Díaz Mas.

1. ¿En qué se parecen las madres de las tres narraciones? ¿En qué se diferencian? ¿Tienen aspectos en común las situaciones que se narran?
2. En las tres lecturas los hijos están en un proceso de cambio. ¿Cómo reaccionan las madres ante este proceso?
3. En tu opinión, ¿qué actitud tendrán los tres hijos hacia sus madres en el futuro?
4. En grupo observen con detenimiento la fotografía de Richard Bailey que aparece en esta página. ¿Cómo la titularían? ¿Por qué? Escriban cinco ideas relacionadas con la mater-

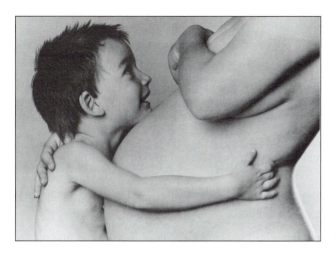

Richard Bailey

nidad y la relación entre madres e hijos que esta fotografía les sugiera. Compartan sus respuestas con el resto de la clase.

Situaciones _____

En parejas, imaginen que son consejeros/as familiares. Uno de sus pacientes es la madre de «La niña sin alas». Hagan una lista de los problemas fundamentales en la relación familiar de este personaje y preparen una lista de consejos para darle. Compartan sus consejos con la clase.

Análisis literario

A. Para reflexionar

1. ¿Qué ventajas tiene el uso de un mundo imaginario para narrar el tema de esta historia?

2. Mediante la creación de ese mundo imaginario la autora consigue desfamiliarizar al/la lector/a del desarrollo natural de un bebé humano. Cita algunos ejemplos de este proceso de desfamiliarización.

3. Una de las principales cuestiones que la narración plantea es la otredad, la visión de la diferencia. ¿Qué estrategia utiliza la autora para tratar este tema? ¿Qué reacción provoca en los lectores? ¿Por qué?

4. Los tres textos que has leído plantean diferentes aspectos de la maternidad a través de un proceso de extrañamiento que cuestiona los estereotipos tradicionales. ¿Qué te parece más original en el planteamiento de estos textos literarios? ¿Qué aspectos te interesan más? ¿Hay algo que te desagrade?

5. ¿En qué se diferencian los textos de esta unidad de otras narraciones y películas que conozcas que estén también centradas en las relaciones entre madres e hijos/as?

6. En grupo comparen las voces narrativas de los tres textos que han leído. ¿En qué se parecen? ¿Qué las diferencia?

B. Para comentar

En grupo comenten el significado de los siguientes fragmentos del texto. ¿Por qué son importantes para comprender la idea central?

1. «Yo no quise de ninguna manera: defendí su derecho a ser diferente, a expresarse y moverse de forma distinta a como lo hacemos nosotros, a como lo hacían todos los demás niños».

2. «... yo supe lo que pasaba, pero no dije nada: no estaba dispuesta a que mi hija se criase sin la figura de un padre, aunque fuese meramente simbólica. Una niña así necesita toda la protección que se le pueda dar».

3. «Supe que sólo podía hacer una cosa. Levanté a mi hija en brazos, le desnudé el torso y mordí con toda la fuerza que me daban la rabia y la desesperación».

4. «... les contesto que estoy contenta con lo que hago y que la obligación de una madre es sacrificarse por su hija».

C. Para escribir

En parejas, escriban una historia de acuerdo a la perspectiva de la hija o del marido. Pueden seguir los siguientes pasos:

1. Escojan el personaje en el que van a basarse. Lean otra vez el cuento y hagan una lista de la información que da sobre el personaje que hayan elegido.

2. Imaginen la información que no nos proporciona el texto.

3. Redacten su propio cuento.

4. Compartan sus cuentos con el resto de la clase.

5. Voten por el cuento más original o más auténtico.

Establece vínculos

La maternidad es una experiencia que comparten casi todas las mujeres del mundo. En la mayoría de los casos ser madre condiciona de tal manera la vida de una mujer que todas sus decisiones y proyectos para el futuro están determinados por esa circunstancia. En las actividades siguientes vamos a considerar cómo la maternidad afecta de diferente manera a las mujeres de todo el planeta.

A. Tu opinión

En grupos de tres o cuatro estudiantes compartan sus ideas con respecto a lo siguiente.

1. En algunos países cuyas leyes se basan en textos religiosos se han condenado a muerte a mujeres por tener hijos fuera del matrimonio. ¿Recuerdan alguno de estos casos? ¿Dónde sucedieron? ¿Cómo se solucionaron?

2. Una de las preocupaciones más importantes de la organización Amnistía Internacional es la protección de los derechos de las madres encarceladas. ¿Cómo se pueden compaginar los derechos humanos con el castigo impuesto a la madre? ¿Qué reglamen-

tación especial debería existir? Hagan una lista de diez reglas que se podrían aplicar a las madres encarceladas para respetar los derechos y necesidades de su familia.

3. ¿Creen que los niños/as deberían recibir educación sexual en las escuelas para prevenir los embarazos no deseados en adolescentes? ¿La recibieron ustedes? ¿Creen que es útil?

4. Muchas empresas consideran una desventaja contratar a una mujer que es madre porque consideran que va a perder días de trabajo por la salud de sus hijos y no va a querer trabajar horas extras. ¿Qué les parece esta afirmación? ¿Es cierta o falsa? ¿Creen que el estado civil debe influir en la contratación de los empleados?

5. ¿Qué derechos tiene una mujer durante la maternidad y lactancia en su país? ¿Qué otros derechos o beneficios debería tener en su opinión?

6. En los últimos años, la legislación ha dado cada vez más derechos legales al feto para contrarrestar de forma indirecta el derecho al aborto. ¿Cuál es su parecer sobre este tema?

7. Uno de los mayores problemas demográficos con los que están enfrentándose los países más industrializados es que las mujeres apenas tienen hijos. De hecho, este problema está alcanzando proporciones preocupantes en España. ¿Por qué creen que se ha producido esta situación? ¿Cómo podría solucionarse?

8. Pese a que las mujeres van adquiriendo los mismo derechos que los hombres legalmente, en el plano doméstico sigue generalmente habiendo discriminación sexual. Las mujeres

Dos Madres de la Plaza de Mayo (Argentina)

son las responsables de la educación de los niños y del trabajo doméstico. ¿Qué sucede en la familia de ustedes? ¿Cómo están divididas las tareas del hogar? ¿Quién estaba a cargo del cuidado de los niños?

9. Piensen en el futuro, ¿qué modelo familiar querrían tener Uds.? ¿Similar al de su propia familia o diferente? Den ejemplos.

10. Observen la fotografía de la página anterior. ¿Qué saben de las «Madres de la Plaza de Mayo»? Compartan la información que tengan sobre ellas. ¿De dónde son? ¿Qué hacen? ¿Por que protestan? ¿Han obtenido resultados? ¿Representan el estereotipo de mujer frágil que depende de su esposo?

B. En perspectiva

La mortalidad materna. Los riesgos de mortalidad durante el embarazo o el parto son mínimos en los países desarrollados. Tan sólo una mujer de cada 3.700 muere por causas relacionadas con este proceso. Sin embargo, estas cifras se incrementan ostensiblemente en los países en vías de desarrollo. En América Latina y el Caribe una de cada 130 mujeres fallece durante el embarazo, en el momento del parto o a consecuencia de éste.

Causas principales de la mortalidad materna[2]	
Hemorragia	25%
Anemia y enfermedades de corazón	20%
Infecciones tras el parto	15%
Aborto voluntario e involuntario	13%
Eclamsia	12%
Parto obstruído	8%
Embarazo ectópico, embolia	8%

En grupos de tres o cuatro estudiantes comenten lo siguiente.

1. En su opinión, ¿qué factores influyen en los diferentes índices de mortalidad?

2. ¿Cómo se podría reducir el peligro para las mujeres en los países en vías de desarrollo?

3. ¿Es necesaria la ayuda externa o creen que sólo es necesario que se cree una infraestructura efectiva en los sitios afectados?

C. En la prensa

Lean y comenten la siguiente nota de una periodista paraguaya aparecida en la revista de la red *Fempres*.

---

[2]Datos obtenidos de las organizaciones *Safe Motherhood Inter-Agency Group* y *Family Care International*.

La maternidad como negocio. Las adopciones internacionales son, en un 50%, para familias de Estados Unidos.

El vientre de las mujeres pobres hoy es revalorizado, porque produce bebés para los países del primer mundo. En efecto, las adopciones internacionales se han convertido en Latinoamérica en un rentable negocio. En el Paraguay, la falta de legislación adecuada y la corrupción generalizada hacen que cada bebé deje una ganancia que va de los 15 a los 20 mil dólares.

Junto con la modalidad de adopción internacional, se han introducido prácticas delictivas nuevas, algunas ni siquiera consideradas dentro de la legislación, como el alquiler de vientre o contrato durante la gestación, y se incrementaron otras, entre ellas el tráfico de niños, secuestro o retención ilícita, cambio de identidad o filiación. (...)

El 95% de estas adopciones son para familias de Estados Unidos quienes, una vez avisadas por las o los abogados adopcionistas que el bebé ya ha sido conseguido, vienen al Paraguay, se alojan en hoteles que cuentan con infraestructura para el efecto, tales como *baby sitters* bilingües, atención médica, cunas, carritos, etc., quedando, a su vez, a merced de sus abogados o abogadas.

Pero la realidad es más dura para las madres biológicas, que no son convenientemente asesoradas y debidamente informadas de las consecuencias de su consentimiento a la adopción. Es más, no es seguro que den su consentimiento libremente y, en los casos afirmativos, no se asegura que éste no haya sido obtenido mediante pago o compensación de clase alguna antes o después del nacimiento.

Por vía directa o a través de intermediarios, los vientres o los bebés de estas mujeres son comprados bajo distintos métodos que van del rapto o secuestro, amenaza, engaño o compra directa. El procedimiento más frecuente de las y los intermediarias/os es ir «a la caza» de embarazadas o madres con hijos o hijas de escasos meses. Van así a centros de salud donde acuden personas de escasos recursos económicos o insolventes. Las mujeres son prácticamente acosadas para que vendan a sus hijas o hijos —nacidos o por nacer—, a un precio relativamente modesto, pero indispensable para su condición de sobrevivencia. Pagos de gastos de parto en hospital, ayuda a algún otro hijo o familiar enfermo o promesa paradisíaca para sus hijos por nacer, son los argumentos que desprenden a esos niños de sus mamás.

Con el niño en su poder, estas personas consiguen de la jueza en lo tutelar la guarda provisoria del menor y lo derivan a «casas de guarda» convertidas en verdaderos almacenes de niños. Disponiendo de una reserva de niños, las y los abogadas/os controlan la fluctuación de oferta y demanda, asegurándose, de esta forma, la ‹rentabilidad› de los menores.

Si bien el Paraguay ha firmado la Convención de Naciones Unidas sobre los Derechos del Niño, no ha legislado sobre el procedimiento de adopción internacional. Con ello, la corrupción tiene vía libre y así la mayor parte de las adopciones son el resultado de la explotación de mujeres pobres y bebés negociados como mercancía. Incluso existen fuertes sospechas de que esos niños o niñas también puedan ser sacrificados y sus órganos ‹donados› para salvar muchas vidas de chicos y chicas del primer mundo.

Lo doloroso es que esta forma de corrupción tiene como protagonistas a las mujeres, ya sea para explotar a otras, como lo hacen juezas, intermediarias, ‹guardadoras› de niños o niñas, o como víctimas.

Las paraguayas, que hemos avanzado muchísimo respecto a igualdad jurídica, tenemos ahora otro frente: la lucha por una legislación adecuada para las adopciones internacionales, porque la maternidad nuevamente está siendo objeto de explotación para beneficio de otros y otras.

María Lis Rodríguez

⫸◀ **D. Debate**

La adopción es una esperanzadora solución para la terrible situación de millones de niños que viven en orfelinatos o en las calles en condiciones de extrema pobreza y carencia de las mínimas atenciones y acceso a la educación. Sin embargo, algunas agencia de adopción han convertido este acto humanitario en un negocio de grandes beneficios.

¿Deben las autoridades ejercer un control exhaustivo sobre las adopciones internacionales, o, por el contrario, deben facilitar el proceso de adopción todo lo posible ya que el bienestar futuro de los niños se encuentra por encima de todo?

Divídanse en dos grupos de acuerdo a sus respuestas a las preguntas anteriores. Antes de realizar el debate cada grupo debe hacer una lista de sus argumentos principales y anticipar los argumentos que van a usar los estudiantes del grupo contrario.

E. ¿Estás de acuerdo?

Indica si estás a favor o en contra de las siguientes afirmaciones. Después, en grupo comenten las razones de su punto de vista.

	A favor	En contra
1. Los partos son menos dolorosos cuando la mujer sabe qué es lo que está sucediendo en cada momento.	☐	☐
2. Es mejor que la mujer vaya a un hospital en vez de recurrir a una comadrona.	☐	☐
3. Para que una mujer se sienta más cómoda debe ser atendida por mujeres ginecólogas y obstetras y no por hombres.	☐	☐
4. Las relaciones entre madres e hijos/as son muy similares a las de padres e hijos/as.	☐	☐
5. Los juegos infantiles reproducen la estructura familiar e inculcan en los niños y niñas un papel determinado.	☐	☐
6. Si una mujer no puede tener hijos naturalmente debería adoptar, no utilizar medios artificiales para quedarse embarazada.	☐	☐
7. Es obvio que los bebés necesitan más a sus madres que a sus padres.	☐	☐
8. Mi país nunca permitirá que se clonen a seres humanos.	☐	☐

F. Temas para hablar y escribir

1. El evento familiar que alteró mi vida. Escribe en forma de cuento un momento importante en las relaciones entre ti y tus padres. Habla con otros miembros de tu familia para conocer su punto de vista sobre ese evento. Toma notas sobre los episodios anteriores que llevaron a esa situación y narra tu historia. No olvides incorporar diálogos y una conclusión.

2. Mis abuelas. Entrevista a tu padre o a tu madre sobre la relación que tuvo o tiene con su propia madre. Haz una lista de preguntas que planteen los temas que hemos estudiado en esta unidad. Toma nota de las respuestas y finalmente describe la evolución de esa

relación a través de los años. No olvides incluir alguna anécdota para ejemplificar las emociones que describes.

Otras voces

«*Una niña así necesita toda la protección que se le pueda dar*».

Paloma Díaz Mas

INFORMACIÓN BIOGRÁFICA

Juanma Bajo Ulloa es uno de los directores más singulares del cine español. Nació en Vitoria en 1967 pero vivió desde niño en San Sebastián. Su interés por el cine se desarrolló mientras trabajaba en la tienda de fotografía de su padre. Su verdadera afición se despertó cuando vio *La guerra de las galaxias* (*Star Wars*) en una sala de cine. Su primera película *Alas de mariposa* (1991) consiguió el premio más prestigioso del cine español, la Concha de Oro en el festival de cine de San Sebastián. Dos años después filmó *La madre muerta* (1993), película con la que lleva a sus últimas consecuencias los elementos narrativos y visuales que caracterizaron su primer film. *Airbag* (1997) es otra de las películas dirigida por este joven y original director.

Alas de mariposa (1991) puede considerarse una de las películas más perturbadoras del cine español más reciente. Filmada en un estilo realista pero que no vacila en estilizar las imágenes, la película indaga en los sentimientos de soledad, aislamiento e incomunicación de los tres miembros (padre, madre e hija) de una familia tradicional de clase baja. En palabras del crítico de cine Carlos F. Heredero, la película constituye: «una metáfora no precisamente optimista sobre la transmisión de los roles sexuales y culturales y, al mismo tiempo, una reflexión poco tranquilizadora sobre el infierno de los mundos aislados, de la soledad, de la represión emocional y del dolor silencioso».

A. Para contestar

Debes mirar la película *Alas de mariposa* antes de contestar lo siguiente.

1. Hay muy pocos indicios de la época en la que está situada la acción. ¿Qué pequeños detalles nos pueden ayudar a situar a estos personajes en el tiempo?

2. En varias ocasiones se hacen comentarios que reflejan la desvalorización de la mujer y su discriminación por parte de la sociedad patriarcal. Cita alguno de estos ejemplos.

3. ¿Cómo evoluciona el personaje de Amanda/Ami? ¿Cómo es su carácter de niña? ¿Qué le gusta pintar? ¿Con quién le gusta estar? ¿Cómo es Amanda de adolescente? ¿Cuál es su apariencia? ¿Y su relación con otras personas?

4. En su niñez Amanda intentaba pintar mariposas, en su adolescencia mantiene su obsesión de diferente manera. ¿Qué nos indican sobre la personalidad de la protagonista los cambios en su expresión artística?

5. ¿Cómo es la relación entre la madre y la hija en la infancia? ¿Y en la adolescencia?

6. ¿Cómo aprende Amanda sobre la sexualidad femenina y la maternidad? ¿Son experiencias positivas o negativas para ella? Explica tu respuesta.

7. ¿Qué provoca la ruptura de los lazos matrilineales?

8. En varias ocasiones durante la película vemos cómo Amanda sufre heridas o violencia física. ¿Cuáles son esos momentos? ¿De qué manera queda vinculado en ellos el sufrimiento físico de Amanda con su madre?

9. ¿Se restablece el vínculo matrilineal al final de *Alas de mariposa*?

10. En esta película hay numerosos elementos simbólicos. ¿Cómo interpretas tú los siguientes: las mariposas, el abuelo, la imagen de Jesucristo?

B. Para comentar

En parejas comenten lo siguiente.

1. ¿Qué significa el título de la película?

2. ¿Qué temas/símbolos/conceptos se relacionan con las lecturas de esta unidad?

3. ¿Cómo se relaciona la cita de «La niña sin alas» que encabeza esta sección con la película *Alas de mariposa*?

C. Para escribir

Escribe una narración bajo la perspectiva de uno de los personajes de la película. Puedes seguir los siguientes pasos.

1. Escoge a uno de los personajes de la película.

2. Haz una lista de toda la información que la película nos ofrece sobre ese personaje.

3. Imagina la información que no conoces.

4. Escribe una narración (dos páginas a doble espacio) en primera persona.

Bibliografía

Allende, Isabel. *Paula*. New York: Harper Collins Publishers, 1995.

Arias Doblas, Rosario. *Madres e hijas en la teoría feminista*. Málaga: Universidad de Málaga 2002.

Caplan, Susan. *Don't Blame Mother. Mending the Mother-Daughter Relationship*. New York: Harper & Row, 1989.

Castillo, Debra. *Talking Back: Toward a Latin American Feminist Literary Criticism*. Ithaca: Cornel UP, 1992.

Chodorow, Nancy. *The Reproduction of Mothering: Psychoanalysis and the Sociology of Gender*. Berkeley: U California P, 1978.

Daly, Brenda O. & Maureen T. Reddy. *Narrating Mothers: Theorizing Maternal Subjectivities*. Knoxville: U Tennessee P, 1991.

Esquivel, Laura. *Como agua para chocolate. Novela de entregas mensuales con recetas, amores y remedios caseros*. México: Planeta, 1989.

Freixas, Laura, ed. *Madres e hijas*. Barcelona: Anagrama, 1996.

Gorodischer. *Floreros de alabastro y alfombras de Bokhara*. Buenos Aires: Emecé, 1985.

Hirsch, Marianne. *The Mother/Daughter Plot. Narrative, Psychoanalysis, and Feminism*. Bloomington: Indiana UP, 1989.

Italiano, Silvia. *Un aire de familia*. Barcelona: Seix Barral, 1995.

Leonard, Linda Schierse. *Meeting the Madwoman*. New York: Bantam, 1993.

Tubert, Silvia, ed. *Figuras de la madre*. Madrid: Cátedra, 1996.

UNIDAD 5

Relaciones de poder: individuo, sociedad y estado

Introducción al tema

El ejercicio de la violencia es una constante en la historia de la humanidad. El caso de las guerras —el recurso a la agresión como medio de solucionar conflictos que no han podido ser resueltos por medio de la negociación— no es sino el caso más extremo de violencia a nivel supranacional. Por otra parte, la violencia por motivos racistas o religiosos es consecuencia de ciertas actitudes y creencias basadas en la ignorancia e intolerancia hacia personas diferentes que se construyen en el imaginario colectivo como una amenaza para la mayoría. Desgraciadamente, la recurrencia de actos violentos en todos los estratos del tejido social permite que muchos casos o no reciban la atención adecuada o pasen desapercibidos. Éste sería el caso de la violencia doméstica; es decir, la agresión entre miembros de una misma familia, o de la violencia de género, que se da entre personas de diferente sexo o que muestran diferentes preferencias sexuales.

Si pensamos en la violencia como uno de los posibles efectos de las relaciones de poder omnipresentes en el conjunto de la sociedad podremos comprender mejor las condiciones que provocan los diferentes tipos de violencia. El poder es un modo de acción de unos individuos sobre otros y esa acción tiene por objeto influir, alterar y/o controlar el comportamiento y la conducta de los otros. Como nos indica el filósofo e historiador francés Michel Foucault[1], las relaciones de poder se dan en todos los niveles de la formación social: desde la familia y la escuela hasta las instituciones del estado. Por otro lado, y como su propio nombre lo indica, las relaciones no son estáticas, sino que están sujetas a cambios continuos y provocan resistencia allí donde se ejercen. Un ejemplo de esas relaciones de poder en funcionamiento lo constituyen los diferentes dispositivos y estrategias del estado para controlar y gobernar a sus ciudadanos.

En las últimas décadas, han surgido movimientos y organizaciones que se oponen al control cada vez más estricto que se ejerce sobre el individuo con el objeto de condicionar su identidad. Pueden citarse como ejemplos más populares de esa oposición los movimientos de liberación de la mujer, el ecologismo o la antiglobalización. También son importantes, aunque no tengan el mismo eco social, aquellos movimientos que propugnan alternativas a la

---

[1]Michel Foucault (1926–1984) es uno de los pensadores más influyentes de las últimas décadas del siglo XX. Su adolescencia estuvo marcada por la vivencia personal de la ocupación alemana de Francia durante la Segunda Guerra Mundial. Estudió filosofía y psicología en la universidad y a partir de 1970 enseñó en la institución académica más prestigiosa de su país, El Colegio de Francia. Las teorías sobre el poder de Foucault forman parte de su investigación sobre los diferentes modos de subyugación del individuo (la transformación del ser humano en «sujeto») en la cultura occidental. Algunos de sus libros más significativos son: *Las palabras y las cosas*, *Historia de la locura en la época clásica*, *Vigilar y castigar* y tres volúmenes de una *Historia de la Sexualidad* que no pudo llegar a concluir.

medicina y psiquiatría oficiales o al sistema educativo actual. En todos los casos se trata —y precisamente ahí radica su fuerza y originalidad— de movimientos que no están circunscritos a un país particular, sino que se dan a nivel transnacional. Puede decirse que estos movimientos de oposición afirman el derecho de los individuos a ser y construirse de un modo diferente.

Para comenzar

1. Según el texto de introducción al tema, ¿por qué ocurren las guerras? ¿Qué conflictos bélicos existen en el mundo actualmente? ¿Son recientes o antiguos? ¿Por qué no se han resuelto pacíficamente?

2. ¿Qué movimientos alternativos se mencionan en el texto? ¿Conoces algún otro? ¿Cuáles son sus objetivos?

3. ¿De qué manera esta fotografía de B. Brandt titulada «Ventana en la calle Osborne» pone de manifiesto la idea central del texto introductorio?

B. Brandt

PRIMERA LECTURA

Según Foucault, una de las características principales de las relaciones de poder es que «las relaciones no son estáticas, están sujetas a cambios continuos y provocan resistencia allí donde se ejercen». La lectura que sigue presenta un ejemplo de esta dinámica. El cuento sitúa a los personajes en un país donde el gobierno emplea la represión y la violencia para controlar a sus ciudadanos. Este cuento plantea la dificultad para determinar en la vida real quiénes son los agresores y quiénes las víctimas de la violencia.

INFORMACIÓN BIOGRÁFICA

Ángela Hernández nació en Jarabacoa, República Dominicana, en 1956. Además de ser profesora de ingeniería química en la Universidad Autónoma de Santo Domingo es poeta, novelista y ensayista. Desde sus primeros años como estudiante universitaria participó activamente en organizaciones en defensa de los derechos humanos y, especialmente, en defensa de los derechos de la mujer. Pertenece al movimiento feminista de la República Dominicana y ha publicado numerosos estudios sobre la condición de la mujer en la literatura y en la sociedad.

Entre sus obras más conocidas destacan su libro de ensayos *¿Por qué luchan las mujeres?* (1985) y su colección de cuentos *Las mariposas no temen a los cactus* (1985). Su primera novela, *Mudanza de los sentidos* (2001), ha obtenido el premio Cole de novela otorgado por una de las editoriales más prestigiosas de la República Dominicana.

 Para obtener más información sobre este tema visita www.prenhall.com/mujeresdehoy.

Actividades de pre-lectura

A. Para contestar

1. ¿Qué significa para ti ser «el/la mejor»? En tu opinión, ¿es importante ser el/la mejor en algo?

2. ¿Sientes admiración por alguien? ¿En qué es el/la mejor?

3. ¿Piensas que la competitividad es positiva o negativa? Cita ejemplos para explicar tu respuesta.

4. Una de las antologías de cuentos de la autora se titula *Las mariposas no temen a los cactus.* ¿Qué te sugiere este título?

B. Para comentar

Comparte con tu compañero/a las respuestas del ejercicio anterior. ¿Están de acuerdo en todo? ¿En qué difieren? ¿Por qué?

Mientras leemos

1. Marca las secciones del cuento donde aparecen reflejados de manera directa o indirecta los sentimientos del agente Rodríguez. Escribe en el margen, junto a cada una de estas secciones, el tipo de emoción que se describe (ira, rencor, alegría, confianza, añoranza, simpatía, desconfianza, miedo, duda, incredulidad, etc.).

2. Subraya las menciones al juego de ajedrez que aparecen en el texto.

El mejor

Ángela Hernández

De camino a la dirección indicada, se preguntaba por qué lo escogieron a él para la parte más fácil. El dedo en el gatillo jamás le tembló cuando hubo que apretarlo. Ni siquiera en los casos en que se vio obligado a emplear el cuchillo, vaciló un instante. Sus actuaciones habían sido nítidas, al punto de hacer imposible toda especulación sobre su presencia en los escenarios donde fue el protagonista sobreviviente.

«Una mujer, enviarme a detener una mujer; a mí, el más probado, el mejor entrenado, el premiado en Panamá,[2] la estrella del Servicio Secreto», se decía, repitiendo con acento burlón los elogios escuchados en boca de sus superiores.

Conducía y de vez en cuando se mordía las uñas de su mano derecha; luego, las miraba con indiferencia. Al acercarse a la dirección, más de una sangraba en los contornos.

«Cinco hombres y una mujer». Y a mí me seleccionan para detener a la mujer, para obligarla a hablar.

—*¿Por qué me han asignado la mujer, coronel?*

—*Es una terrorista.*

—*¿Le he fallado en algo coronel?*

—*¡Déjese de pendejadas, Rodríguez! Va a lidiar con una terrorista. No se trata de un cuero de los de Herminia.*

—*Pudieron asignarme a uno de los hombres.*

—*¿No le enseñaron que entre los comunistas no hay distinciones? Lo mismo da un hombre que una mujer. Para ellos son iguales, hacen lo mismo, piensan igual.*

—*Perdone mi coronel, pero me siento degradado. Pudieron apuntarme al más peligroso.*

—*Ignoramos cuál es el más peligroso. Sáquele lo que pueda a la mujer; si no le salen palabras, sáquele el alma y olvídese que usa faldas.*

---

[2]En ese pequeño país de Centroamérica funcionó hasta mediados de los años ochenta un centro de instrucción militar llamado Escuela de Las Américas, donde se entrenaron muchos de los cuadros militares que protagonizaron las dictaduras militares del continente americano en las últimas décadas.

En la base del cráneo, sintió la mancha abrasiva de minúsculas hormigas. La misma reacción cada vez que debía someterse a la disciplina contra su voluntad, en acciones irritantes, no por la cantidad de sangre involucrada, ni por el origen político o religioso de su propietario, sino porque no estaba a la altura de su pericia.

Se detuvo frente al edificio. Inspeccionó el balcón del tercer piso. Helechos gigantes colgaban en los extremos, una solitaria mecedora destacaba su barroco espaldar contra las rejas. Observó las persianas abiertas y todavía permaneció un rato examinando el sitio desde la ventanilla del automóvil. Poca gente circulaba por la calle.

Tocó tres veces la puerta. Al no escuchar respuesta, golpeó con brío. «Ya va, un momentito», dijo una voz de mujer. La comezón se esfumó en el cráneo. Contrajo los músculos del abdomen y se echó a un lado, al tiempo que palpaba la 45 bajo la amplia chacabana.

Una sonrisa, muy brillante, ocupó el hueco de la puerta.

—Buenas tardes, pase adelante.

Titubeó.

—Pase, pase adelante y tome asiento.

—Buenas tardes —respondió, caminando hacia el sofá.

El grupo está compuesto por seis personas. Cinco hombres y una mujer. Estas fotos las tomamos cuando regresaban del viaje. Ya ven que corresponden sólo a los hombres. A ellos fue posible retratarlos porque los retuvimos en el aeropuerto. La mujer llegó por otro lado; vía Nueva York, donde parece tener familiares. Arribó al país un mes más tarde.

Reparó en el tono ocre de una pared y en los móviles de conchas, trocitos de bambú, estrellas mitad plateado, mitad verde de estatua, campánulas e insectos de alas transparentes, mostrando ya una cara, ya la otra, según la tenuidad de la brisa. No era especialmente curioso, pero el ejército de cositas saltaba a la vista al primer contacto, tanto como la sonrisa espléndida de la mujer; tanto como el calor de su mano que apretó la suya sin miramientos.

—Póngase cómodo. ¿No es ésta una tarde exquisita?

—Claro —repuso, mientras apoyaba las palmas de las manos en los brazos del sillón, palpándolos calientes.

—No se preocupe por Fresa, sólo juguetea. Usted le resulta simpático.

Observó al cachorro, de no más de diez pulgadas, mordisqueándole las suelas de sus zapatos.

—¿De dónde es usted?

—Nací en Belladora.

—¡Ah! Qué suerte. Qué hermoso lugar, lo conozco. No hay dos así en el país. Y difícilmente lo haya en otra parte del mundo. Nosotros nos quejamos mucho. Pero

¿quiere usted un país mejor que éste? En unas regiones del planeta, mata el frío; en otras, nunca llueve; en tanto hay países en los que el agua arrasa. En nuestro territorio, todo es de tamaño manejable. Los árboles son como tienen que ser: ni muy grandes ni muy pequeños. En regiones selváticas son tan gigantes que el suelo no sabe de sol, y en otras son tan raquíticos que no se puede contar con sombra. Asimismo, sucede con los pájaros, las bestias y los reptiles. Los de aquí carecen de veneno y de tamaño para amilanarnos.

Sabemos con seguridad que son seis. Dos meses permanecieron en Libia, y allí no eran turistas. En Cuba duraron veinticinco días. Medio año permanecieron fuera. Todavía estamos indagando su paradero en los meses restantes. Su entrenamiento responde a un plan subversivo de gran magnitud, aunque todavía no hemos podido detectar todas las conexiones nacionales, a pesar de haberlos seguido por semanas. Poco hemos averiguado. ¿Razón? Hay dos posibilidades: o han reparado que los seguimos, y se cuidan de contactar compinches; o son extremadamente hábiles.

—¡No va a rechazarme una tacita de café! Nadie me gana preparándolo. Nada de sofisticaciones. Lo tuesto yo misma y lo paso por colador de tela.

Desde la cocina continuó platicándole. Él pensó que la risa de ella se había quedado en la sala y lo supervisaba y estaba también en el balcón y en toda la casa. «Debe haber un error», se dijo, sin atreverse a preguntarle el nombre.

—Aguarde un momento. Le pongo música, para que se entretenga mientras le preparo el café.

Ignoraba los instrumentos empleados y la posible procedencia de la música, que a bajo volumen empezó a invadir el piso.

Se quedó inspeccionando la imagen de la mujer, reproducida en un amplio retrato, en blanco y negro, colocado frente al sofá. El pelo castaño se veía negro en la fotografía. Pero, al igual que el de la mujer real, estaba dividido por una raya en el centro de la cabeza y varios pinchos dorados lo sostenían por los lados. Un escote flexible dejaba al descubierto el hombro izquierdo. Se extrañó del detalle. La mujer real llevaba unos pantalones de fuerte azul y un camisón hasta las rodillas. Un detalle atrajo su atención: la mujer de la fotografía aparentaba unos años más que la real. Buscó la inscripción correspondiente al estudio fotográfico, sin ningún resultado.

Sobrepasó la sugestión de la sonrisa femenina, suelta en el ambiente, y la mirada honda de la fotografía, proponiéndose preguntarle su nombre. Empero, al retornar ella, con la bandeja en las manos y los ojos risueños, él se escuchó exclamando:

—¡Huele bien este café!

—Así es. Se trata de un café especial, para gente especial. Su aroma y su sabor son la misma cosa.

—¿Vive usted sola?

—Sí, pero tengo tantos amigos que apenas me doy cuenta.

Tenemos razones para creer que la mujer es amante de uno de los hombres. No hemos dado con hermanos, ni parientes. Sin embargo, un mismo individuo entra a su apartamento los viernes por la noche.

—¿Quiere jugar ajedrez?

—No, no; perdone. No sé jugar. Tengo entendido que es muy complicado. Nunca me he interesado en jugarlo. De lo contrario sabría hacerlo.

—¿Difícil? ¿Quién le dijo eso? Es facilísimo. Se trata de un simple enfrentamiento entre dos ejércitos. Cada uno procura defender a su rey y aniquilar al contrario. Táctica, avance, ofensiva, contraofensiva, habilidad y cálculo: simple estrategia militar. Es una guerra interesante. Los niños la juegan. Si me lo permite, le enseñaré.

—Bueno, no ahora. En otra ocasión. En realidad debía haberme retirado ya.

—No lo dejaré ir sin jugar una partida. Es fácil; ya verá usted. Permítame el placer de mostrarle cómo se mueven las piezas.

—Bien, pero otro día será.

—¿Va a negarse un hombre tan atento al ruego de una dama? Le aseguro que para usted este juego será como cortar una rosa. Más difícil es para mí y lo juego.

No pertenecen a grupos conocidos. De éstos sabemos bastante. Podrían, sí, ser partes de diversos desprendimientos, cuajando en una nueva agrupación que privilegia la lucha militar. A este tipo de asociación hay que aniquilarla en el embrión. De lo contrario, crece como parásito entre vagos y malogrados de toda laya.

«Alguien debe haberse equivocado», pensó, y en alta voz dijo:

—María, usted es simpática, de verdad.

Ella, ocupada en disponer las piezas en el tablero, contestó sin levantar la cabeza.

—Gracias.

Dijo María, como cualquier otro nombre, en una apuesta cuyo fin era llevarla a evidenciarse mediante la rectificación. Desistió de continuar, desalentado por la rápida respuesta.

—Antes de la partida de ajedrez, prepararé una limonada para ambos.

Aprovechó la salida de ella para verificar la dirección, el número del apartamento, el nombre. Si la información era correcta, la mujer debía responder al nombre de Eugenia Silvestre. Buscó en derredor algún elemento delator de la residente del lugar. Reparó entonces en las muñecas de trapo de diversos tamaños, junto a una gran variedad de matitas de cactus, ocupando un rincón de la sala. También examinó los cojines tirados sobre una estera.

En ese momento se escuchaba el trac-trac del tocacintas. La mujer ponía una música más suave aún.

—Saquemos sillas para el balcón. El sol está en retirada. Esta hora del crepúsculo es pura locura.

—Eugenia —dijo él, satisfecho de hallar un hueco en el discurso de la mujer. Pero ella permaneció embebida en el fortuito paisaje. Los rasgos de su rostro cobraban definición; en los ojos aparecían unos hilillos aceituna. Él pensó que actuaba deliberadamente para impresionarlo. Ese pensamiento le gustó.

—Perdone mis disquisiciones. Es la hora y la novedad del cielo quienes me hacen divagar. Venga, vamos a jugar.

Observen este acto terrorista. Miren la mujer de la falda negra entrando al restaurante. La gente está entretenida. Nadie repara en el bulto que escurre bajo la mesa, mientras toma su limonada. Sale sin prisa. Aquí tenemos los resultados de la explosión: treinta muertos; entre ellos, cinco niños.

—¿Se fijó en lo sencillo del juego?

—Ummm..., creo que voy aprendiendo.

—Es usted un excelente alumno. Pero no es suficiente con mover las fichas. Cada movimiento tiene un fin calculado.

—Eso me lo enseña otro día.

La noche había entrado cuando él abandonó el piso. Al subir al Volkswagen, estaba buscándole la lógica a los hechos. Vio todavía a la mujer diciéndole adiós desde el balcón. ¿La conocía, acaso? ¿Lo conocía ella?

Apenas había recorrido cien metros, cuando una neblina blanquísima cubrió el entorno. La mancha abrasiva de hormigas irrumpió en el cráneo. Sucesivas arcadas lo obligaron a frenar el vehículo. Abrió la portezuela y vomitó algo que parecía restos de flores podridas. Gritó y cayó de rodillas. La visión se le había nublado por completo. Escuchó a los curiosos acercándosele.

—¡Brujería! —balbuceaba entre vómitos, sosteniéndose los riñones con ambas manos. Fue cuando reparó en la desaparición de su 45.

En los balcones la gente se asomaba a ver el espectáculo.

Análisis del contenido

A. Para contestar

1. ¿Cómo sabe el lector que el agente Rodríguez se considera a sí mismo el más capacitado de todos los agentes?

2. ¿Qué orden le da el coronel a Rodríguez?

3. ¿Qué actitud tiene Rodríguez hacia la misión que le han asignado?

4. ¿Por qué el servicio secreto sospecha que se trata de un grupo terrorista?

5. El coronel describe un acto terrorista. ¿Qué pruebas menciona para demostrar la participación de Eugenia Silvestre en estos atentados terroristas? ¿Te parece convincente?

6. ¿Cúal es el rasgo más característico de la personalidad de Eugenia? ¿Cómo se comporta ella?

7. ¿Cómo es su apartamento? ¿Qué cosas le agradan al agente de este apartamento?

8. ¿Por qué no cumple el agente su misión? ¿Cómo se siente en presencia de Eugenia? Revisa las secciones del texto que marcaste donde se reflejan sus sentimientos.

9. ¿Qué le sucede al agente cuando abandona el apartamento de la mujer?

B. Para escribir

En parejas resuman el *argumento* de esta historia en menos de cinco líneas e inventen un nuevo título que refleje la *idea central* del texto.

C. Para comentar

Comparte y comenta con un/a compañero/a tus respuestas a lo siguiente.

1. ¿Cómo se relaciona la información sobre la República Dominicana de Amnistía Internacional que obtuviste en la página de la red con la narración de Ángela Hernández?

2. ¿Es Eugenia realmente una terrorista?

3. ¿Qué elementos tienen en común ella y el agente? ¿En qué se diferencian?

4. ¿Cómo se relaciona este cuento con el texto introductorio de esta unidad?

Situaciones _____

El cuento remite a la espiral de violencia que se establece en muchos países entre un Estado militar represivo y grupos de oposición de carácter revolucionario. Por un lado, unidades de la policía y del ejército realizan una labor de represión de cualquier tipo de oposición política mediante interrogatorios ilegales, tortura y desaparición de personas; por otro lado, los comandos terroristas hacen uso indiscriminado de la violencia para resistir el ejercicio del poder por parte del Estado. En grupo reflexionen sobre este tema y discutan sus implicaciones. ¿Es el terrorismo de Estado justificable? ¿Creen que pueden existir circunstancias que obliguen a un gobierno a decidir no respetar los derechos de sus ciudadanos? ¿Debe un gobierno actuar con la misma falta de respeto a los derechos humanos que un grupo terrorista? Citen acontecimientos de la actualidad o del pasado reciente donde hayan ocurrido este tipo de situaciones. ¿Qué peligros corre un gobierno si comienza a utilizar estas tácticas?

Análisis literario

A. Para reflexionar

1. ¿Cómo es el narrador? ¿Es omnisciente? ¿Es objetivo o subjetivo? Busca ejemplos en el texto que apoyen tus afirmaciones.

2. ¿Qué función tienen las palabras en bastardilla que se intercalan en el texto? ¿Es necesaria esta información para comprender el cuento? ¿Por qué?

3. ¿Qué palabras indican en el primer párrafo el contexto de violencia que enmarca la historia que se cuenta?

4. La mujer se llama Eugenia Silvestre. ¿Qué significa su apellido? ¿Tiene relación el apellido con su personalidad?

5. Repasa las secciones del cuento donde se menciona el juego del ajedrez. ¿Qué significación tiene que la mujer le enseñe a jugar al ajedrez al agente? Ella comenta; «Para usted este juego será como cortar una rosa. Más difícil es para mí y lo juego». ¿Tienen un significado oculto estas palabras? ¿Por qué?

6. Este cuento se titula «El mejor». ¿A quién se refiere este término: al hombre o a la mujer? Explica tu respuesta.

7. ¿Justifica el final del cuento las sospechas del servicio secreto? ¿Responden las acciones de Eugenia a un acto terrorista más o a defensa propia?

B. Para comentar

En grupo discutan el significado de los siguientes fragmentos del texto y su importancia para comprender el contenido de «El mejor».

1. «Sáquele lo que pueda a la mujer; si no le salen palabras, sáquele el alma y cuídese que usa faldas».

2. «Sobrepasó la sugestión de la sonrisa femenina, suelta en el ambiente, y la mirada honda de la fotografía, proponiéndose preguntarle su nombre».

Rosa Villafuerte

3. «Táctica, avance, ofensiva, contraofensiva, habilidad y cálculo: simple estrategia militar. Es una guerra interesante. Los niños la juegan».

4. «—¡Brujería! —balbuceaba entre vómitos, sosteniéndose los riñones con ambas manos».

C. Para escribir

Escribe una narración inspirándote en la fotografía de la fotógrafa peruana Rosa Villafuerte que aparece en la página anterior. Intenta sorprender al lector con un final inesperado tal como hace Ángela Hernández.

El mundo en que vivimos

«Sáquele lo que pueda a la mujer; si no le salen palabras, sáquele el alma».

Ángela Hernández

El término «violencia de género» aparece cada vez más frecuentemente en los medios de comunicación para referirse tanto a la violencia doméstica como a la agresión sexual contra las mujeres. En el siguiente texto se exploran las raíces de la violencia de género y sus implicaciones en la vida cotidiana.

Mientras leemos

1. En tu cuaderno haz una tabla con cuatro columnas. En cada columna da la descripción y ejemplos de cada tipo de violencia que se menciona en el texto.
2. Ampliación de vocabulario. Anota en tu cuaderno los términos que aparecen en el texto que considere esenciales para poder hablar de este tema con soltura.

La violencia de género

Hoy en día hay mayor igualdad de derechos entre los hombres y las mujeres en los países industrializados. Sin embargo, si observamos la situación de la mujer en todo el planeta nos encontramos con que la mayoría de las mujeres sigue siendo víctima de actos de violencia y opresión. En Europa, Canadá y los Estados Unidos la situación parecería ser mejor y, sin embargo, también en esos lugares se dan muchos tipos de agresión contra las mujeres. Por ejemplo, cada año 4,000 mujeres mueren aseninadas por sus parejas en los EEUU. El problema es que estas instancias de violencia forman parte intrínseca de nuestra cultura y, por eso, se convierten en invisibles a nuestros ojos.

Según los sociólogos existen cuatro tipos de violencia:

La violencia física, es decir, los maltratos y abusos por parte del marido dentro del ámbito del hogar o la violación y agresión por parte de amigos o desconocidos.

La violencia institucional es la que ejercen las regulaciones legales, políticas y religiosas de muchos países, que permiten que la violencia contra la mujer no sólo no sea castigada sino que se perciba como parte de la cultura, como algo inevitable y natural. Estas regulaciones determinan desde la vestimenta hasta los castigos por cometer delitos contra la reputación de los hombres.

La violencia simbólica se manifiesta en los modelos de mujer que la sociedad intenta imponer en la psicología femenina. Entre estos modelos se encuentran:

- la madre abnegada que siempre debe sacrificarse por sus hijos,
- la belleza femenina que niega a la mujer el derecho a envejecer, a engordar, a ser distinta de los modelos que la sociedad presenta como naturales.

Sin embargo, la peor forma de violencia que sufren las mujeres es la violencia económica. En primer lugar, porque es una importante causa de muerte y de sufrimiento. Las enfermedades, el trabajo extenuante, los numerosos partos y el hambre determinan que la media de vida de las mujeres del tercer mundo apenas sobrepase los cuarenta años de edad, mientras que las mujeres de países industrializados tienen una media de vida de 80 años. Este dato es, sin duda, escalofriante.

En segundo lugar, la pobreza impide escapar de las otras formas de violencia. Existen factores que vinculan la carencia de medios económicos con las relaciones de dependencia y sumisión. Algunos de ellos son: la falta de educación, el hecho de que el trabajo de la casa y cuidar a la familia no esté remunerado, la imposibilidad de encontrar trabajos bien pagados, la necesidad de alimentar a los hijos; las leyes que prohíben a las mujeres tener o heredar propiedades, por lo que siempre dependen económicamente del padre, hermano o marido incluso cuando son ellas las que llevan el peso del trabajo.

Las raíces de este problema se encuentran tan immersas dentro de nuestra cultura que encontrar soluciones resulta muy complicado. Las mujeres han aprendido a vivir aceptando la desigualdad y la agresión como algo natural. La educación y concienciación, tanto por parte de los hombres como de los mujeres, es clave para superar este problema.

A. Para contestar

1. ¿Por qué es difícil reconocer la violencia de género?
2. ¿Qué tipos de violencia de género existen?
3. Consulta la tabla que has hecho para citar ejemplos concretos de las cuatro clases de violencia.
4. Según el texto, ¿cuál es la peor violencia de género? ¿Por qué? ¿Estás de acuerdo?
5. ¿A qué tipos de violencia están expuestas las mujeres que tú conoces?
6. ¿Plantea este texto alguna solución al problema? ¿Existen otras soluciones? Razona tu respuesta.

B. Para comentar

En grupo intercambien su opinión sobre lo siguiente.

1. ¿El narrador de este texto es subjetivo u objetivo? ¿Crees que intenta manipular al lector o sólo ofrece datos? Explica tu respuesta.

2. ¿Cómo se relaciona este texto sobre la violencia de género con la cita de «El mejor» que lo encabeza? ¿Por qué la misión del agente Rodríguez era «la más fácil»? ¿Se confirma o desmiente esta idea en el texto?

3. ¿Qué tipos de violencia aparecen mencionados directa e indirectamente en el cuento de Ángela Hernández?

 Para obtener más información sobre este tema visita www.prenhall.com/mujeresdehoy.

Testimonio

> *«Su entrenamiento obedece a un plan subversivo de gran magnitud»*...
>
> *Ángela Hernández*

El texto siguiente apareció en el periódico boliviano *La razón* el 15 de octubre de 2002. En este artículo la autora recuerda el reciente pasado de opresión política en Bolivia y, al final, denuncia la situación de la mujer en la Bolivia democrática

Mientras leemos

1. Subraya todas las instancias donde se mencionen formas de violencia y anota al margen a qué tipo de violencia pertenecen de acuerdo al texto anterior.
2. Selecciona el párrafo que, en tu opinión, contiene la idea central de este testimonio.

De toque a toque

Elizabeth Salguero Carrillo

La mayoría de la gente de mi generación se debe acordar de las famosas fiestas «de toque a toque» de los ochenta. Como hij@s de las dictaduras, estábamos acostumbrad@s a ir a las «matinés bailables» porque a partir de las 12 de la noche regía el famoso «toque de queda», que consistía en que nadie podía transitar por las calles a riesgo de ser detenid@ o balead@ por las fuerzas del orden militar. Esa era una de las medidas favoritas de los gobiernos de facto, donde las personas no gozábamos de derechos, ni de garantías, porque la Constitución Política del Estado no era reconocida por los que detentaban el poder por la fuerza. Antes de la reconquista de la democracia en el año 1982 —valga la oportunidad para rendir homenaje a las cinco mujeres mineras que contribuyeron a recuperarla— era normal coexistir en el medio de la censura, las desapariciones, la tortura, los miedos a expresar u opinar lo que se pensaba, a transitar libremente por el territorio nacional, a reunirse pacíficamente; en suma, a ejercer y vivir nuestros derechos humanos básicos.

Esta situación la padecían también nuestros países vecinos y, por medio del Plan Cóndor, las fuerzas militares en el poder actuaban en toda la región en una guerra sórdida contra el llamado comunismo o contra todo pensamiento que simpatizaba con la libertad de pensar, actuar y vivir.

Algo que recuerdo y me sigue impresionando es que en Argentina uno de los libros prohibidos y quemados por «subversivo» fue *El principito* de Antoine de Saint-Exupery. En cuanto a nuestro país, más bien que los militares que gobernaban no entendieron el significado del álbum *The Wall* (El muro o La pared), un clásico del rock que hace 20 años el grupo Pink Floyd produjo, porque seguro que lo hubieran censurado. En él se denunciaban y criticaban las taras del sistema como la irracionalidad y el dolor de la guerra, el consumismo, el autoritarismo, la represión policial, la alienación que provocan los medios masivos, el escapismo de las drogas, el vacío existencial, la náusea, la locura, pero también la posibilidad de romper con «el muro». Esas paredes, muros, bloques que las personas vamos construyendo para defendernos del dolor que provocan las injusticias, el desamor y la soledad.

Al respecto, debo elogiar la puesta en escena de *The Wall* por la Sociedad Coral Boliviana en el Teatro Municipal de nuestra ciudad. Los músicos muy profesionales, los solistas estupendos, el coro de muy alto nivel. Sin embargo, la coreografía y la participación de más de diez «vedettes» no le iban al caso y opacaron la obra. Creo que Roger Waters y los integrantes de Pink Floyd se sentirían decepcionados al ver que esa parte del disco no la entendieron y que más bien se trata de no rendir culto a la utilización de las mujeres como objetos sexuales.

En 20 años reconquistamos la democracia, ojalá que en 20 años más podamos ver a nuestras hijas viviendo en un país sin discriminación, violencia y desigualdad contra las mujeres.

A. Para contestar

1. La periodista utiliza una arroba (@) al final de algunas palabras ¿Qué significa ese símbolo? ¿Por qué lo usa la autora?

2. ¿A qué se refiere Elizabeth Salguero con la expresión «las hij@s de las dictaduras»?

3. ¿Qué era «el toque de queda»? ¿Para qué servía?

4. ¿Qué otros medios utilizaba el gobierno para controlar a la población? Revisa las instancias de violencia que marcaste mientras leías el testimonio.

5. ¿Qué era el plan Cóndor? ¿En qué países se impuso?

6. ¿Qué libro prohibieron en Argentina? ¿Por qué? ¿Conoces este libro?

7. ¿Por qué piensa la periodista que el disco *The Wall* también hubiera podido prohibirse? ¿Por qué no se prohibió? Según Elizabeth Salguero, ¿qué simboliza «el muro»?

8. ¿Qué es lo que no le gustó a la periodista de la representación de *The Wall* por la Sociedad Coral Boliviana?

9. ¿Qué quiere decir la frase final con la que Salguero termina su artículo? ¿A qué hace referencia?

B. Para comentar

En grupo discutan lo siguiente.

1. ¿Qué obras literarias, artísticas o musicales han sido consideradas subversivas? ¿Por qué? ¿Estás de acuerdo con la lista de libros censurados por algunas escuelas de los EE.UU. como *Huckleberry Finn* o los libros de Kurt Vonnegut, Jr.?

2. ¿Qué tipos de violencia menciona el artículo de Salguero? ¿Cómo se relaciona la cita de «El mejor» que encabeza el texto con el testimonio de la periodista sobre el plan Cóndor que asoló a muchos países de Hispanoamérica?

3. El artículo de Elizabeth Salguero que al comienzo parece ser un elogio a la democracia boliviana termina, sin embargo, siendo una crítica. ¿Por qué?

 Para obtener más información sobre este tema visita www.prenhall.com/mujeresdehoy.

SEGUNDA LECTURA

Así como la primera lectura nos enfrentaba con el tema del terrorismo y la agresión ejercida desde el estado, es decir, con tipos de violencia política a nivel nacional, esta segunda lectura nos plantea las relaciones de poder a nivel individual y familiar. La narración se sitúa en la Barcelona de los años 30 y comienza dos meses después de la boda entre la protagonista, Natalia, apodada Colometa, y Quimet.

INFORMACIÓN BIOGRÁFICA

Mercé Rodoreda (1908–83) está considerada como una de las mejores escritoras catalanas del siglo XX[3]. Como era usual en las mujeres de clases menos privilegiadas sólo asistió a la escuela hasta la edad de 10 años, por lo que toda su educación la obtuvo de forma autodidacta. Durante su adolescencia fue violada por un tío materno. Dada la moral religiosa y conservadora de principios del siglo XX, la familia arregló el matrimonio entre los dos para solucionar esta situación. Tras tener un hijo al año siguiente, Rodoreda inicia su carrera literaria y se desvincula sentimentalmente de su marido. Durante la guerra civil española (1936–39), su padre muere en un bombardeo. En 1939, se exilia en París, y cuando Hitler ocupa Francia unos años después, se exilia por segunda vez en Suiza. Allí vivirá hasta 1979 cuando regresa a España.

Su primera novela *Aloma*, fue publicada en 1938. Desde ese momento alternó su trabajo de traductora con la creación literaria. En 1962 publica *La plaza del Diamante* que recibe un enorme éxito de crítica y de ventas. Otras obras de la autora son *El espejo roto* (1974) y *Parecía de seda* (1984). Tres años antes de su muerte, en 1980, recibió el premio de Honor de las Letras Catalanas, la distinción literaria más importante de Cataluña.

 Para obtener más información sobre este tema visita www.prenhall.com/mujeresdehoy.

---

[3]Rodoreda escribió toda su obra en catalán, una de las lenguas que, junto con el euskera, el gallego, y el castellano, se hablan en España.

Actividades de pre-lectura

A. Para contestar

1. La protagonista del fragmento que vas a leer se llama Natalia. El día en que conoce a su futuro esposo, Quimet, éste le da el nombre de Colometa, que quiere decir Palomita en catalán. ¿Qué palabras asocias con una paloma? Haz una lista de 10 sustantivos y/o adjetivos que te sugiera esta palabra.

2. La narración de Rodoreda comienza unas semanas después de la boda entre Natalia y Quimet. ¿Es esto usual en las novelas o películas con protagonista femenino? ¿Cuándo suelen terminar las películas o novelas que narran una historia de amor? ¿Por qué crees que sucede esto?

3. ¿Recuerdas alguna película en la que la historia continúe después del matrimonio de la pareja? ¿Qué sucede?

B. Para comentar

En parejas piensen en una película romántica que hayan visto recientemente. ¿Cómo termina? ¿Pueden imaginar cómo será la vida de los protagonistas en cinco años? Inventen una historia donde narren cómo es la vida de esos personajes cinco años después. ¿En qué trabajan? ¿Dónde viven? ¿Cómo es su relación? ¿Tienen problemas? ¿Todavía están enamorados? ¿Tienen hijos? ¿Quién cuida a los niños? Compartan su narración con el resto de la clase.

Mientras leemos

1. Subraya todas las secciones de la narración que muestren algún tipo de violencia de género. Anota al margen de cada una de esas secciones a qué tipo de violencia hace referencia (económica, institucional, física o simbólica).

2. Haz un círculo alrededor de los objetos que sirven como desencadenantes de los recuerdos de Natalia.

De *La plaza del Diamante*

Mercé Rodoreda

Ya hacía dos meses y siete días que nos habíamos casado. La madre del Quimet nos había regalado el colchón y la señora Enriqueta una colcha antigua, con flores de ganchillo que sobresalían. La tela del colchón era azul, con un dibujo de plumas brillantes y rizadas. La cama era de madera clara. La cabecera y los pies estaban hechos de columnitas puestas en fila y las columnitas eran todo de bolas puestas unas encima de otras. Debajo de la cama se podía meter muy bien una persona. Lo supe por experiencia el día que estrené el vestido de color castaño con un cuello muy fino de color crema, que me había hecho yo misma. Toda la falda era plisada y toda la delantera se abrochaba con pequeños botones dorados. Después de cenar, sin decir nada para darle una sorpresa, mientras el Quimet dibujaba un mueble bajo la lámpara de hierro que hacía un redondel claro encima de la mesa, fui a ponerme el vestido nuevo y cuando lo tuve puesto me presenté en el comedor. Sin levantar la cabeza del trabajo el Quimet me preguntó:

—¿Qué estabas haciendo, tan callada?

Me miró y la sombra del fleco de color fresa le caía en mitad de la cara y ya hacía días que había dicho, tendremos que colgar esta luz más arriba para que se extienda más la claridad. Yo estaba plantada delante de él y él me miraba y no decía ni palabra y estuvo así un buen rato y yo no podía resistir más y él me miraba sin parar. Los ojos, en la sombra, todavía eran más pequeños y más hundidos y cuando ya no podía aguantar más se levantó como un chorro de agua, con los brazos en alto y las manos abiertas con los dedos muy separados y se me echó encima haciendo, uuuuu... uuuuuu... Eché a correr pasillo adelante y el Quimet detrás de mí, uuuuuuu... uuuuuuu... Entré en nuestro dormitorio y hasta allí me siguió y me tiró al suelo y me metió debajo de la cama empujándome por los pies y él saltó encima de la cama. Cuando intentaba salir me daba un golpe en la cabeza, ¡castigada!, gritaba. Y cuando yo trataba nuevamente de salir por un lado o por otro, ¡plaf!, otra vez la mano en la cabeza, ¡castigada! Esta broma me la hizo después otras muchas veces.

Un día vi unas jícaras de chocolate muy bonitas y compré seis: todas blancas, regordetas. Y el Quimet así que las vio se enfadó; ¿y qué vamos a hacer nosotros con estas jícaras de chocolate?

Llegó el Cintet en aquel momento y antes de decir buenas tardes nos contó que el Mateu tenía un amigo que conocía a un señor de la calle de Bertrán y que aquel señor quería restaurar todos los muebles de su casa. Dice que vayas mañana a la una. La casa tiene tres pisos. Podrás recuperarte de lo que gastaste con la boda, porque este señor tiene prisa y con ese trabajo tendrás que hacer horas extraordinarias. El Quimet se apuntó la dirección y entonces abrió el armario de la cocina, ya ves con qué perdemos el tiempo... Ni a ella ni a mí nos gusta el chocolate hecho... mira que son ganas de perder el tiempo... El Cintet cogió una jícara riéndose, hizo como que bebía y la volvió a poner al lado de las otras. Quedó bien claro que a mí no me gustaba el chocolate hecho.

Con lo que ganó restaurando los muebles del señor de la calle de Bertrán, se compró una moto de segunda mano. Compró la moto de un señor que había muerto de accidente y al que no habían encontrado hasta el día siguiente de ser cadáver. Con aquella moto íbamos por las carreteras como centellas, alborotando a las gallinas de los pueblos y asustando a las personas.

—Agárrate fuerte, que ahora viene lo bueno.

Cuando me hacía sufrir más era en las curvas; nos poníamos casi tumbados y, en la recta, nos volvíamos a enderezar, ¿te imaginabas cuando me conociste que te iba a hacer tragar tantos kilómetros? A veces se me helaba la cara y se me ponía como de cartón, me lloraban los ojos y con el carrillo pegado a la espalda del Quimet iba pensando todo el camino que no volvería nunca a casa.

—Hoy iremos por la costa.

Comimos en Badalona y no pasamos de Badalona porque nos habíamos levantado demasiado tarde. El mar no parecía de agua: era gris y triste, porque estaba nublado. Y la hinchazón que le venía de dentro era la respiración de los peces y la rabia de los peces era la respiración del mar cuando el mar subía más alto lleno de crestas y burbujas. Mientras tomábamos café como una puñalada traicionera, otra vez, pobre María...

Me empezó a salir sangre por la nariz y no había manera de pararla. Me puse una perra gorda entre ceja y ceja, me puse la llave de la puerta de la calle, que era muy grande, en el cogote. El camarero me acompañó al lavabo y me ayudó a echarme agua por la cabeza. Cuando volví el Quimet tenía los labios apretados y la nariz morada de rabia, a la hora de la propina vas a ver. Ni cinco.

Dijo que el camarero no me tenía que haber acompañado y yo le dije que por qué no me había acompañado él y dijo que ya era bastante mayorcita y que podía ir sola. Cuando subió a la moto, otra vez: si la María viese este cien caballos...

Me lo empecé a tomar en serio. Unos cuantos días antes de decir, pobre María, yo ya sabía que se estaba acercando el momento que dijera pobre María, porque se ponía como amodorrado. Y cuando ya había dicho pobre María, y me veía preocupada, se quedaba muy callado como si no estuviera, pero yo sabía que se sentía muy tranquilo por dentro. Y yo no me podía quitar a la María de la cabeza. Si fregaba, pensaba: la María lo hará mejor que yo. Si lavaba los platos, pensaba: la María los dejará más limpios. Si hacía la cama pensaba: la María debe de dejar las sábanas mejor estiradas... Y sólo pensaba en la María, sin parar, sin parar. Escondí las jícaras; cuando pensaba que las había comprado sin pedirle permiso al Quimet para comprarlas, se me encogía el corazón. Y la madre del Quimet, en cuanto me veía, ¿qué, no hay novedad?

Y el Quimet, con los brazos caídos, pegados a los costados, y las manos abiertas con la palma hacia fuera, se encogía de hombros y no decía nada. Pero yo le oía una voz que tenía escondida dentro y la voz escondida decía, la culpa no es mía. Y su madre me miraba y sus ojos se ponían como de cristal al mirarme, a lo mejor come poco... Me tocaba los brazos, pues no está delgada...

—Es engañadora, decía el Quimet y nos miraba a las dos. Su madre, cuando íbamos a verla, decía siempre que nos había preparado una comida de lujo. Y cuando salíamos el Quimet siempre decía, ¿qué me dices de mi madre como cocinera? Y subíamos a la moto. Ruuuuuum... ruuuuuum... Como rayos. Por la noche, cuando me desnudaba, ya se sabía, hoy como es domingo, haremos un niño. A la mañana siguiente se levantaba como un torbellino, tirando las sábanas por el aire sin fijarse que me dejaba destapada. De pie en la galería, respiraba fuerte. Se lavaba con mucho ruido y se presentaba en el comedor cantando. Se sentaba a la mesa y enroscaba las piernas a las patas de la silla. Yo todavía no había visto su tienda y un día me dijo que fuese. Tenía una cristalera despintada con los cristales llenos de polvo y desde dentro no se veía lo de fuera, ni desde fuera se veía lo de dentro. Cuando le dije que le limpiaría los cristales me dijo, con la tienda, no te metas. Había unas herramientas muy bonitas y dos botes de cola, una cola seca, que caía en lágrimas por fuera de los botes y porque toqué la varilla que había dentro me dijo, dándome un golpe en la mano, ¡venga, venga, no enredes!

Y como si yo no conociese al aprendiz, me lo presentó, Colometa, mi señora. El aprendiz con su cara de golfillo me dio la mano como si me diese una rama muerta. Andreuet, para servirla...

Y siempre igual, Colometa, Colometa... Y su madre, ¿no hay novedad? Y el día que dije que el plato demasiado lleno me daba como repugnancia y que si quería hacer el favor de vaciármelo un poco, la madre del Quimet dijo, ¡ya era hora! Me hizo ir a su habitación. En los cuatro pomos de la cama, aquella negra con colcha de rosas encarnadas, había lazos: uno azul, uno lila, uno amarillo y uno color zanahoria. Me hizo echarme, me tocó y me escuchó como si fuera un médico, todavía no, dijo entrando en el comedor. Y el Quimet, sacudiendo al suelo la ceniza del puro, dijo que ya se lo suponía.

Análisis del contenido

A. Para contestar

1. En las actividades de pre-lectura hiciste una lista de palabras que asociabas con la palabra palomita. ¿Reflejan algunas de estas palabras la personalidad de la protagonista?

2. Observa los objetos que señalaste en la narración mientras leías. ¿Cuáles son? ¿Qué anécdotas recuerda la protagonista con cada uno de estos objetos?

3. En varias ocasiones Quimet trata a Natalia como si fuera una niña pequeña. ¿Puedes citar dos ejemplos?

4. Natalia comenta las excursiones en la moto. ¿Son experiencias agradables para ella? ¿Por qué?

5. Quimet lleva a Natalia a visitar su taller de carpintería. ¿Qué sugerencias tiene Natalia para mejorar la apariencia del taller? ¿Cómo reacciona su marido ante estas sugerencias?

6. ¿Quién puede ser María? ¿Por qué menciona Quimet su nombre constantemente? ¿Qué efecto tiene en Natalia?

7. ¿Se describe alguna escena de cariño o ternura entre la pareja? Explica tu repuesta.

8. ¿Cuál es el sentimiento que predomina en la protagonista? ¿Cuál es el sentimiento que predomina en Quimet?

9. ¿Qué es lo que esperan ansiosamente Quimet y su madre?

B. Para escribir

En parejas resuman el *argumento* de esta historia en menos de cinco líneas e inventen un nuevo título que refleje la *idea central* del texto.

C. Para comentar

Este fragmento de *La plaza del Diamante* nos muestra una relación de pareja desigual. En grupo comenten lo siguiente.

1. ¿En qué momentos se muestra que la relación entre Natalia y Quimet es desigual, es decir, que sólo uno de ellos tiene el poder y el control de la relación?

2. ¿Es ésta una relación problemática? ¿Por qué? ¿Qué futuro le ven a esta pareja?

3. Si Natalia y Quimet tienen hijos, ¿qué tipo de valores aprenderán los niños al ver la relación entre sus padres?

4. ¿Conocen alguna relación similar? ¿Cómo se podrían solucionar los problemas de la pareja?

5. ¿Cuáles son los diferentes tipos de violencia que aparecen en esta narración?

Situaciones _____

Recuerda una situación —familiar, o en la escuela, o en la universidad— en la cual las relaciones de poder fueran muy desiguales. ¿Quién era la persona que controlaba la relación? ¿Quién era la persona que estaba subordinada a ese control? ¿En qué se basaba este desequilibrio? Comparte tu experiencia con el resto de los/las compañeros/as.

Análisis literario

A. Para reflexionar

1. ¿Cómo es la narradora de este fragmento de *La plaza del Diamante*?

2. ¿Qué tono tiene la narración? ¿Simple? ¿Rebuscado? ¿Literario? ¿Poético? ¿Coloquial? ¿Irónico? ¿De protesta? ¿Ingenuo? Explica tu respuesta.

3. ¿Qué técnica se utiliza para unir los diferentes recuerdos de la relación entre Natalia y Quimet?

4. En varias ocasiones Natalia se sirve de elementos de la naturaleza para describir comportamientos o sentimientos. Dice que Quimet «se levantó como un chorro de agua»; que él se levantaba de la cama «como un torbellino» y habla de la «hinchazón del mar» para explicar indirectamente sus sentimientos en las excursiones en moto. Lee otra vez estos fragmentos y explica cómo ayudan esas imágenes a visualizan estas situaciones.

5. Compara las narradoras de «El mejor» y *La plaza del Diamante*. ¿En qué se parecen? ¿En qué se diferencian?

B. Para comentar

En grupo comenten el significado de los siguientes fragmentos del texto. ¿Por qué son importantes para comprender la idea central del texto que acaban de leer?

1. «Y cuando yo trataba nuevamente de salir por un lado o por otro, ¡plaf!, otra vez la mano en la cabeza, ¡castigada! Esta broma me la hizo después otras muchas veces».

2. «El mar no parecía de agua: era gris y triste, porque estaba nublado. Y la hinchazón que le venía de dentro era la respiración de los peces y la rabia de los peces era la respiración del mar cuando el mar subía más alto lleno de crestas y burbujas».

3. «Mientras tomábamos café, como una puñalada traicionera, otra vez, pobre María».

4. «Y siempre igual, Colometa, Colometa... Y su madre, ¿No hay novedad?»

C. Para escribir

Comparen a las dos protagonistas femeninas de los textos que han leído, Natalia y Eugenia. Comparen sus nombres, personalidad, a qué se dedican, dónde viven, su relación con los hombres, su actitud ante la vida.

Establece vínculos

Los textos que hemos leído anteriormente nos han ayudado a explorar las relaciones de poder que existen a distintos niveles en nuestra sociedad. En esta sección podrás expresar tu punto de vista y analizar las implicaciones que las relaciones de poder tienen en tu propia vida.

A. Tu opinión

En grupos de tres o cuatro estudiantes compartan sus ideas sobre lo siguiente.

1. ¿Qué sucesos violentos han tenido lugar últimamente a nivel nacional en el país de ustedes? ¿Y a nivel internacional? ¿Recuerdan eventos como la pareja de asesinos de Washington en el otoño de 2002 o la matanza de estudiantes en la escuela de Columbine? ¿Qué situaciones llevaron a esas personas a cometer estos crímenes? ¿Hubieran podido evitarse?

2. En numerosas películas de acción y videojuegos los héroes asesinan a todos «los malos» sin necesidad de seguir el proceso legal de detener y llevar a juicio a estas personas. Generalmente se encuentra mezclada la diversión con la violencia, el asesinato con el humor. ¿Creen que esto afecta los valores morales de los niños y jóvenes?

3. ¿Conocen a alguien que haya sufrido algún tipo de violencia de género? ¿Qué le sucedió? ¿Cómo se solucionó la situación?

4. Los medios de comunicación ejercen una insistente violencia simbólica al imponer modelos de belleza que son aparentemente naturales pero que, en realidad, son inalcanzables y responden simplemente a las campañas comerciales de la industria cosmética y de la moda. ¿Les afecta este tipo de violencia simbólica de los medios de comunicación? ¿Cómo se sienten después de leer revistas de moda o ver fotografías de actrices y modelos? ¿Se sienten satisfechos/as con su propia imagen o les dan deseos de cambiar? ¿Qué cambiarían en su apariencia personal? ¿Por qué?

5. ¿Creen que en la estructura familiar existen relaciones de poder entre los padres y los hijos? ¿Y entre los hermanos? ¿Responden las familias de ustedes a este modelo?

6. ¿Qué movimientos alternativos conocen además del feminista, antiglobalización y ecologista? ¿Cuál les interesa más? ¿Cuál consideran menos importante? Expliquen sus respuestas.

7. ¿Saben algo sobre medicina alternativa? En su opinión, ¿por qué hay personas que prefieren esta opción a la medicina tradicional? ¿Han ido o irían a ver a un médico de medicina natural? ¿Por qué?

8. Hay personas que consideran que el sistema educativo no funciona y prefieren educar a sus hijos en casa. ¿Qué opinas de esta alternativa? ¿Crees que es beneficiosa para los niños? ¿Preferirías educar a tus hijos en casa o en una escuela, en forma tradicional? ¿Por qué?

9. ¿Has participado o participas en grupos u organizaciones no gubernamentales? ¿Cuáles? ¿Cuáles son sus objetivos? ¿Qué hacías/haces tú?

B. En perspectiva

Anatomía de la violencia. En este cuadro se muestran diferentes tipos de agresiones contra el cuerpo femenino.

El género. A partir del uso de ecografías para determinar el sexo del feto la población femenina ha descendido enormemente en Asia al incrementarse el aborto de los fetos identificados como niñas en el vientre de su madre.

El rostro. Miles de mujeres son agredidas al arrojarles ácido en el rostro que les produce quemaduras de primer grado y, además de deformarles la cara, en muchos casos pierden la vista. El ácido es arrojado por hombres que han sido rechazados por estas mujeres y desean «salvaguardar su reputación». Este delito todavía está disculpado por las leyes en países como India y Pakistán.

La cabeza. En algunos países musulmanes, no cubrirse el pelo o toda la cara puede ser castigado con la muerte.

El cuerpo. Cientos de mujeres mueren cada año en la India a causa de las quemaduras provocadas por su propia familia. Cuando la novia o la familia de ésta no puede pagar la dote prometida en el momento del matrimonio, la familia del marido le arroja gasolina y le prende fuego. Esta práctica no está severamente penalizada por la justicia del país.

El sexo. En el norte y centro de África todavía se práctica la ablación, que consiste en la amputación del clítoris y labios de la vagina. En algunos casos se procede también a coser los labios para imposibilitar las relaciones sexuales hasta el momento del matrimonio y así preservar la virginidad.

El cuello. En Birmania, la tradición de las mujeres jirafa comenzó como símbolo de riqueza del marido o castigo para las adúlteras. Esta costumbre consiste en poner collares apretados en el cuello, brazos y piernas de las niñas y, conforme van creciendo, se van añadiendo más collares hasta conseguir que su cuello alcance la mayor altura posible. Hoy en día las mujeres jirafa se han convertido en un atractivo turístico más en su país.

La figura. La obsesión con la imagen ha llevado a miles de mujeres a desarrollar anorexia. Esta enfermedad psicológica puede ser mortal.

Los pies. Hace un siglo, en el Japón se solía romper los huesos de los pies de las niñas y luego vendarlos para impedir su crecimiento y así mantenerlos pequeños. Hoy en día el uso de zapatos de tacón provoca numerosos problemas en la columna vertebral y deforma los pies de las mujeres.

Comparte tus respuestas a lo siguiente con tus compañeros/as de clase.

1. ¿Sabes de algún otro tipo de agresión contra el cuerpo que no esté documentado en este cuadro? ¿Dónde se practica esta costumbre? ¿En qué consiste?

2. ¿Qué factores (educación, religión, cultura, medios de comunicación, etc.) influyen en los tipos de violencia mencionados en esta actividad? ¿Son similares o diferentes? ¿Crees que se deben respetar las tradiciones culturales de un país incluso cuando atentan contra los derechos humanos? ¿Qué soluciones puede haber para eliminar la violencia contra el cuerpo de la mujer?

3. En la clase de la fotografía se está explicando la violencia de género. ¿Por qué hacen falta este tipo de clases? ¿No es algo obvio reconocer cuando estamos sufriendo violencia? Observa con detenimiento la pizarra de la fotografía y elige tres de las palabras que consideres claves a la hora de definir la violencia de género.

Clase sobre la violencia de género

C. En la prensa

En grupo lean y comenten el siguiente ensayo aparecido, en *El País*, el 31 de agosto de 2002.

Globalización, antiglobalización

Está de plena actualidad el tema. Y no se refiere solamente al plano económico, sino a algo mucho más amplio. Es a la influencia mutua que hay en el universo, lo mismo en la Tierra a todos los niveles que en el cosmos.

Ya no somos solitarios porque no estamos aislados. El filósofo quizá mas importante del siglo XX, Husserl, terminó afirmando: «El mundo está hecho de interacciones recíprocas». Y desgraciadamente no es un conjunto ordenado de esas acciones mutuas, sino una verdadera maraña de ellas, porque los seres humanos nos hemos encargado por nuestra acción u omisión de desbaratar esa influencia mutua que no se ha sabido ordenar. (...)

Yo, que vengo del mundo de la ciencia, me sorprendo de que no se hayan dado cuenta de que esa relación recíproca es universal; y de ella se han hecho eco las más diversas ciencias. La física, la astrofísica, la bioquímica, la biología y la psicología se han percatado hace años de ello, y lo han dicho por activa y por pasiva, sin que se percatase la gente de ello. (...)

Y ahora hay que darse cuenta de que ‹legisladores, economistas y políticos deben hacer frente a la posibilidad de que sus decisiones produzcan oscilaciones violentas imprevistas con efectos acaso desastrosos, caóticos›, concluye con toda razón el profesor de Historia de la Ciencia Sánchez Ron.

Éste es el panorama de fondo, que no nos hemos percatado de él los ciudadanos que vamos tranquilamente por las mañanas a nuestro trabajo sin saber lo que se nos avecina.

Y encerrados en nuestras cuatro paredes, olvidamos nuestra responsabilidad en todo lo que ocurre; porque nos damos cuenta de que no estamos encerrados en nosotros mismos, sino que ‹el sujeto consiste en estar abierto a todas las cosas›, como señaló el filósofo español Xavier Zubiri, sin que esta gran verdad haya tenido repercusión en la educación recibida por cada uno de los ciudadanos corrientes. (...)

Y esta interrelación se descubre en tres niveles: 1) el técnico, 2) el sociológico, 3) el cultural (y dentro de éste, el religioso).

El primero es el de las nuevas técnicas de la comunicación, que afectan a los demás niveles con sus revolucionarios cambios, que hacen posible la relación inmediata de los más alejados, poniéndolos ante nuestros ojos sin dilación.

Pero en ello surgen muchos problemas, porque se ha desatado el imperialismo económico con la especulación que ocurre en cualquier punto del globo, sin control ninguno de las reacciones aventuradas e irresponsables que en pocas horas pueden hundir o levantar empresas y aun países enteros.

Y con la particularidad de que las grandes instituciones que debían controlar esta desbocada globalización no saben hacerlo, y frecuentemente la estropean guiados por los deseos de los países ricos, y dejando expoliados a los más pobres, cuando se nos había prometido que el gap entre ricos y pobres iba a disminuir y ha aumentado en pocos años al doble; y el resultado es que las 44 naciones más pobres están hoy peor que hace pocos años.

A lo cual se añade el SIDA, la falta de agua potable, la carencia de higiene y la explotación de la mujer, del niño y del trabajador, que en algunos países llega a la bochornosa esclavitud que creíamos superada, y ha aumentado ante los brazos cruzados de la ONU, que, dirigida por cómodos burócratas y naciones que se desentienden de ello, no sabe cumplir el cometido para la que fue creada.

En el plano sociopolítico tenemos, entre otros, el problema de la emigración creciente y los desplazados, que no sabemos abordar humanamente los países que somos más poderosos.

Y se produce el alarmante deterioro del medio ambiente, sin poner remedio eficaz a ello. O los defectos graves de las democracias que son de representación, pero no de partici-

pación. Y el terrorismo o la corrupción, que llega a todos los rincones. (...)

Y nada digamos del descenso de la cultura en nuestros países del desarrollo, y la falta de educación en los que deben estar en vías de desarrollo para poder valerse por sí mismos y salir de su pobreza con el apoyo de todos.

Debemos reflexionar acerca de todo lo que digo, porque nos va en ello el porvenir. (...)

ENRIQUE MIRET MAGDALENA

▌▌▶◀▌▌ D. Debate

¿En qué consiste la visión del mundo que nos plantea el teólogo Miret Magdalena? En grupo señalen cuáles son las ideas principales de este texto y cómo se relacionan con el tema de las relaciones de poder y la violencia que hemos tratado en esta unidad. Después debatan todos juntos si están de acuerdo o en contra de las ideas que plantea el ensayo.

E. ¿Estás de acuerdo?

Indica si estás a favor o en contra de las siguientes afirmaciones. Después, en grupo discutan las razones de su punto de vista.

	A favor	En contra
1. Las leyes de mi país protegen por igual a hombres y mujeres.	☐	☐
2. En todas las relaciones de pareja se mantienen las relaciones de poder.	☐	☐
3. No dudo que el presidente de mi país siempre toma las decisiones adecuadas.	☐	☐
4. Los países desarrollados han erradicado la violencia de género.	☐	☐
5. Las mujeres que permanecen en relaciones abusivas son masoquistas.	☐	☐
6. La educación permite que las persona reconozcan y eviten las relaciones de poder y control.	☐	☐
7. Las víctimas de la violencia pertenecen a los estratos económicos más pobres de la sociedad.	☐	☐
8. Los países ricos empiezan las guerras y las sufren los países pobres.	☐	☐

F. Temas para hablar y escribir

1. Asociaciones no gubernamentales. Ponte un contacto con alguna asociación local que se dedique a construir un mundo más justo. Entrevista a uno de sus miembros. Describe esta organización por escrito, su origen, sus objetivos, sus actividades y opina sobre su efectividad.

2. El control del entorno. En grupo reflexionen sobre su vida y las relaciones de control y poder que mantienen con otras personas: padres, hermanos, amigos, profesores, medios de comunicación. Identifiquen aquellos factores que controlan su identidad, su nivel de satisfacción e insatisfacción y propongan soluciones para los aspectos que consideren más conflictivos. Conpartan sus ideas con el resto de la clase.

Otras voces

«Esta broma me la hizo después otras muchas veces».

Mercé Rodoreda

INFORMACIÓN BIOGRÁFICA

Alejandro Amenábar es, pese a su juventud, un director de cine con fama dentro y fuera de España. Se dio a conocer internacionalmente en el año 2002 con la película *The Others* producida por Tom Cruise e interpretada por Nicole Kidman. Anteriormente, Tom Cruise había producido y protagonizado *Vanilla Sky*, una versión hollywoodense de *Abre los ojos*, una película que Amenábar había escrito y realizado en España.

Tesis (1995) fue el primer largometraje de Alejandro Amenábar. Escribió el guión cuando sólo tenía 21 años y era estudiante en la facultad de periodismo e imagen en la Universidad Complutense de Madrid. Además de escribir y dirigir la película, Amenábar compuso la música de este film. La película tuvo un éxito inmediato de público y ganó además siete premios «Goya», el equivalente de los «Oscar» en el cine español.

La película sigue las convenciones del género de suspenso. Ángela, una estudiante de la facultad de periodismo e imagen, está haciendo una tesis de doctorado sobre el efecto de las imágenes violentas en el entorno familiar. En el curso de esta investigación, Ángela entra en contacto con dos compañeros de la universidad, Chema y Bosco, quienes la introducen en el mundo de las películas «snuff» (imágenes reales, no simuladas, de acciones violentas como, por ejemplo, tortura, mutilaciones y asesinatos).

Ángela termina por investigar una serie de crímenes que se filmaron en vídeo aún cuando sabe que ella podría ser la siguiente víctima. Las películas «snuff» son, por consiguiente, el desencadenante del cuestionamiento que se hace de la violencia en el cine y los medios de comunicación. Ese subgénero de películas se utiliza en *Tesis* tanto para resolver los asesinatos que han tenido lugar como para presentar la atracción y repulsión que ejercen las imágenes violentas en el ser humano.

A. Para contestar

Debes mirar la película *Tesis* antes de contestar lo siguiente.

1. ¿Dónde tiene lugar la primera secuencia de la película? ¿Qué importancia tiene esta secuencia para el desarrollo posterior de la película?

2. ¿Qué le pide Ángela a Figueroa, el director de su tesis?

3. ¿Por qué crees que Chema ayuda a Ángela?

4. ¿Qué le sucede a Figueroa mientras Ángela ve películas «snuff» en casa de Chema?

5. ¿Cúal es el descubrimiento que hacen Ángela y Chema y cómo hacen ese descubrimiento?

6. ¿Por qué Ángela le hace una entrevista a Bosco?

7. ¿Cómo se enteran Ángela y Chema de que Castro está implicado en los crímenes?

8. ¿Qué sucede en los túneles del sótano de la facultad?

9. ¿Por qué sospecha Ángela de Chema?

10. ¿Siente Ángela atracción hacia Bosco? ¿Qué nos indica el sueño que tiene Ángela?

11. ¿Dónde tiene lugar la última secuencia de la película? ¿Qué se le dice al espectador en esta última secuencia?

B. Para comentar

En parejas discutan lo siguiente.

1. ¿Por qué le interesa a Ángela investigar la violencia? ¿Crees que es una «voyeur» como Chema y Bosco y que le fascina ver imágenes violentas o que ella siente otro tipo de atracción o repulsión por esas imágenes?

2. En la película hay muchas instancias de *cine dentro del cine*, es decir, que en la película se utiliza y se alude a diferentes tipos de imágenes filmadas. ¿Puedes dar algunos ejemplos? ¿Qué función tienen esas otras imágenes?

3. ¿Cómo aparece el tema de la violencia en el cine y en los medios de comunicación en la película? ¿Crees que se trata el tema de una manera responsable o hay aspectos que pueden considerarse problemáticos desde una perspectiva ética?

4. Se ha dicho que la primera y última secuencias (en el metro y en el hospital) funcionan como prólogo y epílogo de la película. ¿Podrías explicar en qué sentido funcionan de ese modo?

5. Parte del éxito de la película se debe a que presenta imágenes simuladas de violencia. ¿No hay cierta contradicción entre esta realidad y el hecho de que la película critique precisamente el uso de imágenes violentas en la pantalla?

6. Natalia califica de broma la agresión de Quimet, como señala la cita al comienzo de esta sección. En la pelicula *Tesis*, la violencia es tratada como espectaculo/diversión. ¿Qué opinan de este tema? ¿Son la agresión y la diversión opuestos o están entrelazados en ocasiones?

C. Para escribir

Lee la siguiente secuencia tomada del guión de la película. Escribe luego un breve ensayo en el que expliques con tus propias palabras cuál es el argumento de Castro sobre la violencia y el espectáculo. Expresa tu propia opinión sobre este tema citando ejemplos de otras películas.

SECUENCIA 79. En el despacho de Castro. Interior/Día

[...] CASTRO: (*Sin dejar de mirar la carpeta.*) ¿Por qué te interesa la violencia?

ÁNGELA: No lo sé... Bueno, sí, la violencia es... es algo cotidiano en el cine y la televisión... Nos hemos acostumbrado demasiado a ella.

CASTRO: ¿Y...?

ÁNGELA: Me preocupa.

CASTRO: ¿Por qué?

ÁNGELA: Pues... como a casi todo el mundo, no me gusta la violencia.

CASTRO: (*Su vista vuelve a la carpeta.*) ¿La rechazas?

ÁNGELA: Claro.

CASTRO: ¿...Siempre? (*Silencio*)

ÁNGELA: Sí.

CASTRO: Pero la violencia es también... algo innato en nosotros. No podemos estar siempre censurando las películas.

ÁNGELA: No, pero el realizador debe ser consciente de lo que hace...

CASTRO: El realizador no debe hacer más que lo que el público le pide. Es el principio básico de cualquier espectáculo... ¿O es que tú rechazas el espectáculo?

Bibliografía

Chacón, Dulce. *Algún amor que no mate.* Barcelona: Editorial Planeta, 2002.

Devalle, Susana. *Poder y cultura de la violencia.* México: El Colegio de México, 2000.

Ferreira, Gabriela. *Hombres violentos, mujeres maltratadas: aportes a la investigación y tratamiento de un problema social.* Buenos Aires: Editorial Sudamericana, 1992.

Foucault, Michel. "The Subject and Power." *Critical Inquiry 8* (Summer 1982): 777–795.

Hernández, Ángela. *¿Por qué luchan las mujeres?* Santo Domingo. República Dominicana: Centro de Investigación y Apoyo Cultural, 1985.

———. *Las mariposas no temen a los cactus.* Santo Domingo. República Dominicana: Editora Universitaria, 1988.

———. *Telar de rebeldía: Poesía.* Santo Domingo, República Dominicana: S.N.,1998.

Poniatowska, Elena. *Las mil y una...: La herida de Paulina.* Barcelona: Plaza y Janés, 2000.

Rabinow, Paul. ed. *The Foucault Reader.* New York: Pantheon Books, 1984.

Rodoreda, Mercé. *La plaza del diamante.* Barcelona: Edhasa, 1988.

UNIDAD 6

Voces silenciadas

Introducción al tema

La realidad política mundial a principios del siglo XXI se caracteriza por el protagonismo de un reducido número de países que controlan los recursos que les ofrece su poder económico en detrimento del resto de naciones que forman parte de la comunidad internacional. Si imaginamos, para visualizar mejor la distribución de ese poder, una pirámide formada por los países que hay en el mundo, los Estados Unidos de América ocuparían la cúspide, como la única superpotencia avalada por su inmenso poder militar. Los siguientes segmentos de la pirámide estarían adjudicados al llamado G-8; un grupo de ocho países —Canadá, Inglaterra, Francia, Alemania, Italia, Japón y Rusia, además de los Estados Unidos— cuyas economías representan más de las dos terceras partes de la riqueza del planeta. El resto de los países, hasta un total de alrededor de 180, se alinearían en orden de su importancia geoestratégica y económica hasta ocupar la totalidad de la pirámide. Con alguna excepción, como en el caso de China, puede afirmarse que el poder económico confiere a los países más desarrollados poder político e influencia a nivel mundial en equitativa proporción.

Dentro de cada país puede hablarse igualmente de una distribución desigualitaria del poder económico y político. La base de esa nueva pirámide la configuran generalmente las poblaciones consideradas «minorías» en esos países, además de los grupos de inmigrantes recién llegados desde otros países dada la generalización del fenómeno migratorio. En el caso de los Estados Unidos, las principales minorías son los hispanos, afroamericanos y amerindios. Si consideramos los países hispanohablantes de las Américas, las diferentes etnias indígenas son los grupos sociales que tienen menor representación política, aunque también hay una importante presencia afrohispana en algunas áreas geográficas. En España, son los gitanos, un grupo étnico establecido en la península ibérica desde hace más de seiscientos años, los que apenas cuentan con representación a nivel institucional.

Desde la colonización europea de los territorios americanos hasta la actualidad, estas minorías se han visto obligadas a luchar por su supervivencia. Muchas culturas aborígenes desaparecieron con relativa rapidez por las epidemias que propagaron los invasores o, más lentamente, durante el proceso de explotación de sus tierras. Otras tuvieron que ocultar y hasta renunciar a su propia identidad para sobrevivir o, en el caso de los más afortunados, para asimilarse a la cultura de la mayoría. Durante siglos estos pueblos no sólo han sido excluídos de participar en la política y el gobierno de los países a los que pertenecen de modo involuntario en su gran mayoría, sino que también el conjunto de estas culturas han sido reprimidas con el propósito de conseguir una uniformidad «racial» y cultural a nivel nacional. A pesar de la mordaza que se les impuso y siguen imponiendo a esas culturas, hay un gran número de «voces silenciadas» cuyo testimonio se ha hecho oír a lo largo de la historia. Se trata de voces

Marcha de un millón de mujeres

que expresan, además de la denuncia de su situación, la búsqueda de su identidad étnica que se conjuga, en el caso de las escritoras, con la búsqueda de su identidad como mujeres.

Para comenzar

1. Describe tu universidad étnica y racialmente. ¿Hay diversidad? ¿Es multicultural?

2. ¿Cuál es el origen de tu familia? ¿Cómo te defines tú racialmente? ¿Cómo ha influido tu raza, etnia o religión en la formación de tu personalidad? En tu opinión, ¿qué ha marcado más tu identidad: tu sexo, tu raza o tu religión?

3. En la fotografía se muestra a mujeres participando en la marcha conocida como «La marcha de un millón de mujeres» en Filadelfia. ¿Qué sabes de este evento? ¿Qué piden estas mujeres? ¿Crees que las marchas son un medio eficaz para expresar o manifestar opiniones? ¿Por qué? ¿Has participado alguna vez en un evento de este tipo?

PRIMERA LECTURA

A continuación vas a leer cuatro poemas de mujeres que representan diferentes grupos étnicos en América. Su poesía sirve para dar voz a sus experiencias como mujeres y denunciar las injusticias a las que se ven sometidas.

INFORMACIÓN BIOGRÁFICA

Caly Domitila Cane'k es quizás la mujer indígena que mejor representa la poesía de carácter político y testimonial escrita en Guatemala con motivo de las violentas dictaduras que sufrió este país centroamericano en las últimas décadas del siglo pasado. Al igual que la, también, guatemalteca y premio Nobel de la paz, Rigoberta Menchú Tum, Domitila Cane'k sufrió personalmente la represión de los gobiernos militares contra los indígenas de Guatemala, quienes constituyen el 60 por ciento de la población del país. En 1980, tuvo que huir de su comunidad después de que sus tres hermanos fueron asesinados. Domitila Cane'k escribe en lengua maya cakchiquel, una de las veintidós lenguas habladas en Guatemala. El poema que se incluye en esta antología es una traducción del maya original.

Edelma Zapata Pérez. Poeta y antropóloga afrocolombiana. Ha trabajado como asesora e investigadora en antropología, asistente de relaciones públicas del Centro de estudios afrocolombianos y directora del programa de radio Afro-Colombia. Edelma describe su despertar a la poesía y su quehacer poético en los siguientes términos: «Mi escarceo poético se caracterizó por ser un grito del despertar de mi conciencia. El fluir de este río fue lento y tortuoso a lo largo de angustiosos años. Mis poemas de hoy son la voz interior que me habla del hombre, de sus soledades, de su deshumanización, luz y oscuridad. Mi verso es esa pequeña brasa que mantengo encendida por sobre el devenir de los tiempos, un canto danza cósmica en la búsqueda mágica de la palabra...» En 1999 publicó el volumen de poesía titulado *Ritual con mi sombra* al que pertenece el poema «Volver al pasado».

Cristina Rodríguez Cabral. La poetisa afro-uruguaya Cristina Rodríguez Cabral es, junto a la cubana Nancy Morejón y la ecuatoriana Luz Argentina Chiriboga, una de las escritoras afrohispanas más importantes de las últimas décadas. Para Rodríguez Cabral la poesía constituye «un arma de resistencia cultural, una trinchera». Ha publicado numerosos libros de poesía, tres ensayos y un cuaderno de viajes. El poema «Cimarrones» pertenece al libro *Desde mi trinchera* publicado en 1993.

Sandra María Esteves. La poeta y artista gráfica Sandra María Esteves, de origen puertorriqueño y dominicano, es una de las fundadoras del movimiento poético nuyorican. El término «nuyorican» alude a la población puertorriqueña que vive en la ciudad de Nueva York donde la escritora nació y se crió. Esteves ha publicado hasta la fecha seis libros de poesía de entre los que destaca *Finding Your Way* (2001). «Not neither» alude a la búsqueda de identidad de quienes viven entre dos culturas sin identificarse plenamente con ninguna de ellas.

 Para obtener más información sobre este tema visita www.prenhall.com/mujeresdehoy.

Actividades de pre-lectura

A. Para contestar

1. A continuación vas a leer poemas de mujeres indígenas, afroamericanas y latinas. ¿Cuáles son los desafíos que todas ellas deben enfrentar?

2. ¿Qué diferencias puede haber entre ellas en cuanto a su experiencia y su posición en la sociedad?

B. Para comentar

Comparte y comenta con un/a compañero/a tus respuestas a la actividad anterior.

Mientras leemos

1. Subraya los versos de cada poema que contengan las ideas más importantes.

2. Ampliación de vocabulario. Anota en tu cuaderno las palabras nuevas que encuentres y las que te faciliten la comprensión del contenido de los poemas.

Ellos destruyeron la casa de mi madre

Caly Domitila Cane'k

Ellos destruyeron la casa de mi madre,
destruyeron mi pueblo,
destruyeron nuestras vidas,
desolaron mis vecinos,
como a esos de Xibalbá me acosaron,
traumatizaron a mis padres,
los atajaron en la oscura casa de la noche,
secuestraron a mis hermanos,
a mis hermanos de sangre,
los torturaron,
colgaron,
quemaron
y vivo, medio enterraron a uno,
así, volvían añicos las esperanzas de mis padres
el futuro que son los hijos.

Y ahora, son mártires
muertos perversamente,
inocentes de las atrocidades
y culpables porque son pobres,
culpables porque son cristianos,
culpables porque son humildes,
sencillos como usted.

Mis padres andan cubiertos con la mortaja del dolor
    por mis hermanos,

por los vecinos, por mi ausencia.
Desnudos y fríos caminan las calles
porque añoran el calor de su rancho
porque añoran el aire fresco de su tierra
porque están hambrientos
por eso...

Huérfanos están mis padres
pesarosos por la cruel matancina de sus hijos,
por su rancho ardido,
están aflijidos porque son viejos
¿Quién los va a cuidar?
¿Quién va a sepultarlos?
Ellos los dejaron vivos
pues ya no podían criar más hijos
y han tenido que correr como los otros.

Cristianos,
las catástrofes son igual que granizada,
que epidemia contagiosa.
Y entre tanta atrocidad
seguimos orando
vamos a seguir fiando y loando a Dios,
estamos sedientos de paz y de entendimiento
en el mundo,
necesitados de la mano amiga del mundo entero,
de esos que tienen ojos, oídos,
compasión y espíritu.

Volver al pasado

Edelma Zapata Pérez

Volver al pasado,
interrogar a nuestra sangre,
¿quiénes somos, de dónde venimos?
Porque al fin por humildes que seamos
no podemos vivir en la disolución:
picando un poco aquí, un poco allá,
siempre ajenos, distantes de nosotros.

Bucear aquello que siempre perdura
en la riqueza cotidiana de la raza.
Esa que se extingue en este mar de violencia.
¡Tantas muertes vanas
en cada mano que empuja el puñal de la vergüenza
en la zozobra cotidiana que acecha la esperanza!

Recobrar la humildad que late en el corazón del pueblo.
A ese que inclina amoroso la cabeza en la tierra,
que encorva lentamente la espalda
en la incertidumbre frágil del futuro.
De la lluvia que demora, de la Naturaleza que duerme.

Cimarrones

Cristina Rodríguez Cabral

Cuando miro hacia atrás
y veo tantos negros,
Cuando miro hacia arriba
                          o hacia abajo
y son negros los que veo,
que alegría vernos tantos
                          cuántos;
y por ahí nos llaman «minorías»
y sin embargo
nos sigo viendo.
Esto es lo que dignifica nuestra lucha
ir por el mundo
y seguirnos viendo,
en Universidades y Favelas
en Subterráneos y Rascacielos,
entre giros y mutaciones
barriendo mierda
pariendo versos.
Si serán grandes los viejos,
los ancestros,
que descansan fuera
que caminan dentro
en el silencio de la noche larga
en el rugido de mi pecho hambriento.
El africano que despierta y canta
es el que habita mi cuerpo
es el que recorre la América mestiza
cargando cocos, semilla y tiempos;
es el que teje la historia americana
es el dueño de mis versos
es el que plantó sudor y fuerzas
la bandera de nuestro pueblo.
Es el que junto a las manos del indio
alzan sus voces, rugen al viento;
hemos roto las fronteras impuestas
mis hermanos indios
                          mis gemelos negros,

somos la gran mayoría en pie,
fíjate bien, que no te confundan
los slogans,
es siempre el mismo africano
solidario y cimarrón
el que sobre el camino encuentro.

Not neither

Sandra María Esteves

Being Puertorriqueña Dominicana
Born in the Bronx, not really jíbara
Not really hablando bien
But yet, not Gringa either
Pero ni portorra, pero sí portorra too
Pero ni que what I am?
Y que soy, pero con what voice do my lips move?
Rythms of Rosa wood feet dancing Bomba
Not even here, but here, y Conga
Yet not being, pero soy, and not really
Y somos, y cómo somos?
Bueno, eso sí es algo lindo
Algo muy lindo

We defy translation
Ni tengo nombre
Nameless, we are a whole culture once removed
Lolita alive for twenty-five years
Ni soy, pero soy Puertorriqueña como ella
Giving blood to the independent star
Daily transfusions into the river of La Sangre Viva.

Análisis del contenido

A. Para contestar

1. En el poema de Caly Domitila Cane'k, ¿a quién se refiere la voz lírica cuando acusa a «ellos» de destruir la casa de su madre? ¿De qué otras acciones los acusa?

2. ¿Por qué los hermanos de la autora se han convertido en mártires?

3. ¿A quién se refiere cuando usa «usted»? ¿A nosotros? ¿A sus compatriotas? ¿A su comunidad?

4. ¿Qué necesita saber de su pasado la voz lírica de la poesía «Volver al pasado»? ¿Por qué?

5. ¿Qué significa el término «cimarrones» que da título al poema de Cristina Rodríguez Cabral?

6. ¿Por qué menosprecia el poema el concepto de «minoría»?

7. ¿Quién habita en el cuerpo de la voz lírica? ¿Cómo la influye?

8. ¿Qué herencia racial y cultural tiene la voz lírica del poema de Sandra María Estevez?

9. ¿Por qué se contradice constantemente el yo poético?

B. Para escribir

En parejas relacionen los títulos de los poemas con la idea central de cada uno de ellos. Después, revisen las partes subrayadas de los textos y las ideas que anotaron mientras los leían.

C. Para comentar

En grupo comenten los poemas que acaban de leer. ¿Qué problemas plantean? ¿Presentan los poemas soluciones? ¿Cuáles son? ¿Son soluciones posibles o muy difíciles de conseguir? ¿Por qué?

Situaciones _____

Imagina que acabas de conocer a una persona de un país remoto. ¿Cómo le explicarías las percepciones y valores que se asocian con tu raza o etnia? ¿Te identificas con ellos? ¿Los rechazas? Explica tu punto de vista a un/a compañero/a. Luego él/ella presentará a la clase tus ideas. Decide si explicó bien lo que tú querías decir o alteró tus opiniones inconscientemente al presentarlas en la clase.

Análisis literario

A. Para reflexionar

1. Examina el título del poema «Ellos destruyeron la casa de mi madre». ¿Qué significa literalmente? ¿Y de modo figurado?

2. ¿Qué imágenes se usan en el poema para describir a los padres? ¿Qué implican estas imágenes visualmente? ¿Cómo las interpretas?

3. ¿Qué es lo que le permite a la voz poética mantener la esperanza al final del poema?

4. ¿A qué se refiere Edelma Zapata cuando afirma en su poema que no se puede vivir en la «disolución»?

5. Explica la metáfora «este mar de violencia». ¿A qué realidades alude?

6. Comenta la última estrofa de «Volver al pasado». ¿Qué imagen crea? ¿Qué significa?

7. ¿Qué estrategias utiliza el poema «Cimarrones» para criticar el término «minoría»?

8. ¿Qué simboliza la figura del africano?

9. ¿Con qué tono concluye este poema?

10. ¿Por qué la autora utiliza el inglés y el español en el poema «Not neither»?

11. ¿Cómo define el poema a la voz lírica?

12. ¿A qué se refiere cuando habla de «the independent star»?

B. Para comentar

En grupo comenten el significado de los siguientes fragmentos de los poemas anteriores.

1. «...necesitados de la mano amiga del mundo entero,
   de esos que tienen ojos, oídos,
   compasión y espíritu».

2. «¡Tantas muertes vanas
   en cada mano que empuja el puñal de la vergüenza
   en la zozobra cotidiana que acecha la esperanza!»

3. «...mis hermanos indios
   mis gemelos negros,
   somos la gran mayoría en pie,
   fíjate bien, que no te confundan
   los slogans»

4. «Y qué soy, pero con what voice do my lips move?»

C. Para escribir

Elige uno de estos poemas y analízalo en detalle de acuerdo al siguiente esquema.

1. ¿Qué información nos comunica este texto literario? Resume en un máximo de dos líneas la idea principal que la autora quiere transmitir en su poema.

2. ¿Qué medios ha utilizado la poeta para hacer que su poema sea una obra de arte? Analiza la estructura, los elementos de la versificación y las figuras literarias.

3. ¿Qué otras manifestaciones artísticas se podrían relacionar con este poema? ¿Cuáles son las semejanzas? ¿Y las diferencias? ¿De qué modo este poema nos hace reflexionar acerca de las relaciones entre este texto literario y la vida?

El mundo en que vivimos

«Pero ni que what I am?
Y qué soy, pero con what voice do my lips move?»

Sandra María Esteves

¿Cómo afecta a la vida de las mujeres el pertenecer a un grupo étnico distinto al europeo? El siguiente texto ofrece algunas ideas interesantes sobre este tema.

Mientras leemos

1. Anota las razones que ofrece el texto para considerar a las mujeres de ciertos grupos étnicos «doblemente silenciadas».

2. Escribe en tu cuaderno una lista con los términos que aparecen en el texto que consideres esenciales para poder expresar tus ideas sobre este tema con soltura.

Raza e identidad

Los términos raza y etnia no son fijos y estables, por el contrario, son conceptos fluídos que varían no sólo de nación a nación sino de una época a otra. Por ejemplo, en los Estados Unidos, la identidad racial de una persona está determinada por la genealogía. Es decir, no importa la apariencia física. Si uno cuenta entre sus antepasados un negro o un indígena se considera que pertenece a ese grupo racial minoritario, aunque en porcentaje el número de antepasados europeos sea mayor. Por el contrario, en Hispanoamérica, la identidad racial no está determinada por el pasado, por la genealogía, sino por la apariencia física. No importa que los padres pertenezcan a un grupo minoritario: cuando una persona tiene rasgos europeos es considerada «blanca» y viceversa. La hibridación, extendida por el mestizaje, hace que las fronteras raciales en los países hispanos sean difíciles de determinar.

Las escritoras pertenecientes a un grupo racial específico muestran en su literatura una gran preocupación por la búsqueda de identidad. Su literatura se centra en quiénes son, según la región de origen, en oposición a la mayoría o minoría privilegiada blanca que es la que tiene acceso a la educación superior y controla la riqueza y los recursos del país.

Junto a este tema aparece la preocupación por promover la solidaridad entre los seres humanos de distintas razas así como la acción política. La poesía suele ser autobiográfica y testimonial, sobre todo la de las mujeres indígenas mayas, para quienes el tema central es el genocidio que ha sufrido y sigue sufriendo su pueblo. Sus poemas son una versificación de sus experiencias y sirven de testimonio a la vez que de denuncia. Las escritoras afrohispanas se esfuerzan en reivindicar su dignidad y valor como individuos y su derecho a participar en la construcción de una sociedad más justa donde exista igualdad de oportunidades para todos.

Sin embargo, la obra de estas mujeres no ha tenido apenas difusión si descartamos el caso de Rigoberta Menchú, que ha tenido más publicidad por haber recibido el premio Nobel. Su escasa difusión se debe a varios motivos. En primer lugar, las casas editoriales, por lo general, prefieren publicar a escritores por lo que, en los mejores casos, tan solo un 20% de los autores publicados son mujeres. Por otro lado, la mayoría de las mujeres que logran ser publicadas pertenecen a un estrato social privilegiado. Se trata de mujeres que han tenido acceso a la educación y disfrutan de cierto bienestar económico que les permite dedicarse a escribir, por lo tanto, son en su mayoría de origen europeo o blancas. Sus experiencias y sus historias no representan a la totalidad de la población femenina de su país sino a las mujeres de su clase social. Sólo algunas escritoras como la mexicana Rosario Castellanos o la nicaragüense Gioconda Belli han intentado dar voz a la mujer indígena en sus obras. También ha habido periodistas o investigadoras que han recogido testimonios y los han publicado, como es el caso de quienes dieron a conocer a Rigoberta Menchú o a Domitila Barrios. Sin embargo, se ha caracterizado esta mediación de «ventriloquía», es decir, aparentemente se da voz a estas mujeres silenciadas pero, en realidad, se las usa como instrumento para adquirir fama o difundir determinadas ideas políticas o culturales.

Es por ello que las mujeres indígenas, africanas, gitanas, han sufrido una doble marginación y silenciamiento: por ser mujeres y por pertenecer a un grupo racial minoritario. Esta falta de difusión y de contacto hace que unas y otras repitan los mismos temas, o cuestionen problemáticas similares en su literatura. Son como voces aisladas que nunca llegan a encontrarse y que, por desgracia, son pronto olvidadas. De este modo cada una de ellas se siente en la obligación espiritual de empezar de cero en lugar de seguir el camino ya abierto por sus predecesoras.

A. Para contestar

1. ¿Por qué define el texto el concepto de raza como «fluído»?
2. ¿Cómo se determina la identidad racial en Estados Unidos? ¿Y en Hispanoamérica?
3. ¿A qué se debe la preocupación de estas autoras por los problemas sociales?
4. ¿De qué manera los términos raza y recursos económicos son relacionados? ¿Sucede lo mismo en tu país?
5. ¿Con qué dificultades se encuentra una mujer indígena, afroamericana o gitana para publicar su obra?
6. ¿Por qué la mayoría de la autoras que publican no representan a todas las mujeres de su país?
7. ¿A qué se refiere el texto con el término «ventriloquía»?

Andrea Pitolesi
«Camino al mercado en Perú»

B. Para comentar

En grupo intercambien su opinión sobre lo siguiente.

1. ¿Cuál es la diferencia entre los conceptos de raza y etnia?

2. ¿Les parece práctico usar la expresión «mujer doblemente silenciada» o ese término resulta redundante?

3. ¿Qué soluciones puede haber para dar voz a estas voces silenciadas?

4. ¿Cómo se relaciona la cita que encabeza esta sección con el texto que acabas de leer?

5. La fotógrafa Andrea Pitolesi nos muestra a unas mujeres de camino al mercado en el valle de Urubamba, Perú. ¿Qué elementos de su atuendo —ropa y peinado— las caracterizan. ¿Cuáles te parece que provienen de su herencia cultural indígena? ¿Cuáles son occidentales?

 Para obtener más información sobre este tema visita www.prenhall.com/mujeresdehoy.

Testimonio

> «...que alegría vernos tantos
>   cuántos;
> y por ahí nos llaman «minorías».

Cristina Rodríguez Cabral

El testimonio que sigue pertenece al libro *Si me permiten hablar... Testimonio de Domitila una mujer de las minas de Bolivia*. El libro recoge la experiencia de Domitila Barrios de Chungara, una mujer mestiza casada con un minero y madre de siete hijos, y su lucha por conseguir justicia social en su país. En este fragmento Domitila narra su encuentro con mujeres de todo el mundo cuando fue invitada al Congreso Internacional de la Mujer en México.

Mientras leemos

1. Subraya en el texto todas aquellas secciones en las que Domitila percibe la diferencia entre ella y las demás mujeres que participaban en el Congreso Internacional de la Mujer.

2. Haz una lista con toda la información que este testimonio ofrece sobre la vida y las experiencias de Domitila.

De *Si me permiten hablar....*

Domitila Barrios de Chungara

En la Tribuna aprendí mucho también. Y en primer lugar, aprendí a valorar más la sabiduría de mi pueblo. Allí cada cual que se presentaba al micrófono decía: «Yo soy licenciada, represento a tal organización...» Y bla-bla-bla, echaba su intervención.

«Yo soy maestra», «yo soy abogada», «yo soy periodista», decía otra. Y bla-bla-bla, empezaba a dar su opinión.

Entonces yo me decía: «Aquí hay licenciadas, abogadas, maestras, periodistas que van a hablar. Y yo... ¿Cómo me voy a meter?» Y me sentía un poco acomplejada, acobardada. E incluso no me animaba a hablar. Cuando por primera vez me presenté al micrófono frente a tantos títulos, como cenicienta me presenté y dije: «Bueno, yo soy la esposa de un trabajador minero de Bolivia.» Con un temor, todavía, ¿no?

Y me animé a plantear los problemas que estaban siendo discutidos en ahí. Porque esa era mi obligación. Y los he planteado para que todo el mundo nos escuche a través de la Tribuna.

Esto me llevó a tener una discusión con la Betty Friedman, que es la gran líder feminista de Estados Unidos. Ella y su grupo habían propuesto algunos puntos de enmienda al «plan mundial de acción». Pero eran planteados sobre todo feministas y nosotras no concordábamos con ellos porque no abordaban algunos problemas que son fundamentales para nosotras las latinoamericanas.

La Friedman nos invitó a seguirla. Pidió que nosotros dejáramos nuestra «actividad belicista», que estábamos siendo «manejadas por los hombres», que «solamente en política» pensábamos e incluso ignorábamos por completo los asuntos femeninos, «como hace la delegación boliviana, por ejemplo» —dijo ella.

Entonces yo pedí la palabra. Pero no me la dieron. Y bueno, yo me paré y dije:

—Perdonen ustedes que esta Tribuna yo la convierta en un mercado. Pero fui mencionada y tengo que defenderme. Miren que he sido invitada a la Tribuna para hablar sobre los derechos de la mujer y en la invitación que me mandaron estaba también el documento aprobado por las Naciones Unidas y que es su carta magna, donde se reconoce a la mujer el derecho a participar, a organizarse. Y Bolivia firmó esta carta, pero en la realidad no la aplica sino a la burguesía.

Y así, seguía yo exponiendo. Y una señora, que era la presidente de una delegación mexicana, se acercó a mí. Ella quería aplicarme a su manera el lema de la Tribuna del Año Internacional de la Mujer que era «Igualdad, desarrollo y paz». Y me decía:

—Hablaremos de nosotras, señora... Nosotras somos mujeres. Mire, señora, olvídese usted del sufrimiento de su pueblo. Por un momento, olvídese de las masacres. Ya hemos hablado bastante de esto. Ya la hemos escuchado bastante. Hablaremos de nosotras... de usted y de mí... de la mujer, pues.

Entonces le dije:

—Muy bien, hablaremos de las dos. Pero, si me permite, voy a empezar. Señora, hace una semana que yo la conozco a usted. Cada mañana usted llega con un traje diferente; y sin embargo, yo no. Cada día llega usted pintada y peinada como quien tiene tiempo de pasar en una peluquería bien elegante y puede gastar buena plata en eso; y, sin embargo, yo no. Yo veo que usted tiene cada tarde un chófer en un carro esperándola a la puerta de este local para recogerla a su casa, y, sin embargo, yo no. Y para presentarse aquí como se presenta, estoy segura de que usted vive en una vivienda bien elegante, en un barrio también elegante, ¿no? Y, sin embargo, nosotras las mujeres de los mineros, tenemos solamente una pequeña vivienda prestada y cuando se muere nuestro esposo o se enferma o lo retiran de la empresa, tenemos noventa días para abandonar la vivienda y estamos en la calle.

Ahora, señora, dígame: ¿tiene usted algo semejante a mi situación? ¿Tengo yo algo semejante a su situación de usted? Entonces, ¿de qué igualdad vamos a hablar entre nosotras? ¿Si usted y yo no nos parecemos, si usted y yo somos tan diferentes? Nosotras no podemos, en este momento, ser iguales, aun como mujeres, ¿no le parece?

A. Para contestar

1. ¿Por qué se siente Domitila intimidada en la Tribuna?

2. ¿Por qué discute con Friedman?

3. ¿Qué le explica la representante mexicana?

4. ¿Cómo le responde Domitila?

5. ¿Cómo relacionarías los versos que encabezan esta sección con el testimonio de Domitila Chungara?

B. Para comentar

En grupos comenten lo siguiente.

1. Las mujeres del congreso quieren basarse en experiencias que las unan, es decir, en expresar una «experiencia universal» como mujeres. ¿Por qué? ¿Qué es lo que las hace sentirse iguales unas a otras?

2. Domitila Barrios de Chungara se basa en las diferencias. ¿Por qué?

3. ¿Cuál es tu opinión al respecto?

4. Si hubieras podido participar en ese debate, ¿qué hubieras dicho?

5. *Si me permiten hablar...* se ha traducido al inglés como *Let me speak!* ¿Reproduce este título el mismo tono y significado que las palabras originales de Chungara?

 Para obtener más información sobre este tema visita www.prenhall.com/mujeresdehoy.

SEGUNDA LECTURA

Los textos que hemos leído anteriormente representan los esfuerzos de mujeres indígenas, afroamericanas o latinas por explicarse y ser oídas y comprendidas por el grupo mayoritario que controla el poder y los recursos económicos y políticos de sus países. La lectura que sigue es una leyenda que forma parte de la tradición cultural de los indígenas Tikuna. En el texto se refleja la concepción del mundo de esa cultura y el carácter oral de su tradición.

| INFORMACIÓN BIOGRÁFICA |

La colonización y explotación de la Amazonia supuso la destrucción de numerosas etnias aborígenes que habitaban esa área geográfica desde tiempos inmemoriales. La mera supervivencia de algunas de esas etnias sólo se realizó a cambio de la pérdida de su identidad como pueblo. El texto siguiente pertenece a una recopilación de fuentes orales de distintas comunidades Tikuna, en la región amazónica colombiana. Los Tikuna se hallan en la actualidad en un proceso de reafirmación cultural a fin de recuperar su identidad étnica.

El encantamiento forma parte de una serie de leyendas articuladoras de la mitología y cosmovisión del pueblo Tikuna. Esas tradiciones aluden a la ceremonia de iniciación de las jóvenes Tikuna que tiene lugar después de su primera menstruación para ser aceptadas por la sociedad como mujeres adultas. La serie de pasos rituales que deben realizar las jóvenes rememoran los mitos sobre el origen de la etnia Tikuna.

 Para obtener más información sobre este tema visita www.prenhall.com/mujeresdehoy.

Sendero en la selva

Actividades de pre-lectura

A. Para contestar

1. ¿Conoces leyendas o historias de los primitivos habitantes de tu país? ¿Qué caracteriza sus creencias?

2. Observa con detenimiento la fotografía. En esta imagen se ve un entorno natural similar al que presenta la leyenda. Anota en tu cuaderno las ideas que te sugiera esta imagen.

B. Para comentar

En grupo compartan las leyendas indígenas que conozcan.

Mientras leemos

1. Subraya en el texto las secciones que contienen información sobre las condiciones de vida de los indígenas Tikuna.

2. Haz un resumen del argumento de esta leyenda.

El encantamiento

(Leyenda tradicional de los indígenas Tikuna)

Aún escucho la voz de mi abuela cuando en las noches contaba cómo le salvaron la vida a mi madre. Trato en vano de acariciarle el rostro con mis pensamientos, y tan sólo logro recuerdos difusos... Mi madre murió de viruela, muy joven, cuando yo recién nací.

Fue en la época de la esclavitud en las caucherías, de los Mafra en la parte del Brasil y de los Arana aquí en el trapecio.

Soy anciana, pero en mi mente sueño lo que contaba mi abuela con su voz ronca y serena. Recuerdo a mi madre con esta canción:

En este mundo me entregaron y en mi caserío moriré.
Madre, madre, esta canción es para contentar el mundo.
El mundo estaba oscuro, por eso no podían salir al monte.
Yo le canto al Padre.
El Padre está contento, porque celebraron tu fiesta.

Cómo olvidar la historia de mi madre...

Aquella vez todos en Tsaratu estaban sobresaltados; una lluvia persistente y liviana azotaba la comunidad donde vivía la familia de mi madre; en estas selvas llueve casi siempre, pero ese día no era igual. Desde muy temprano se presentía que algo sucedería; los perros, como en jauría, habían ladrado a la luna la noche anterior.

Era tiempo de luna llena, pero esa vez no había alumbrado; nadie en la comunidad pudo ayudarla tocando el tambor, porque el capataz del patrón no los dejaba; ellos sólo estaban preocupados por el caucho.

Se habían llevado a las familias jóvenes a vivir en las riberas del gran río Amazonas. Los viejos no participaban de la siringa[1], pues no le producían suficiente

---

[1]Extracción del jugo del árbol de la siringa. Este líquido se usa para la obtención de goma elástica.

al patrón; por eso vivían en la comunidad, aguas adentro, lejos del río, dedicados a sus cultivos.

Aquel día la abuela estaba inquieta, se escapó de la siringa y como estaba lloviendo, salió de madrugada a su chagra; mi abuelo pescaba desde la noche anterior en el lago, aprovechando la oscuridad.

A los patrones caucheros no les gustaba que las familias le dedicaran tiempo al cultivo y cuidado a las chagras, o que se fueran a pescar; ni hacer los bailes tradicionales; ni nuestras bebidas. Nada que no fuera trabajar para ellos sacando caucho en el monte. Tenían que salir escondidos, para que no los viera el capataz y no los castigara el patrón. En ese entonces a nosotros, los indígenas que vivíamos en estas tierras nos trataban como esclavos.

La abuela regresó a medio día; estaba emparamada por la lluvia y titiritaba del sudor frío que corría por su espalda. Había arrancado casi un panero de yuca, que traía atado a su frente. Descargó el canasto sobre el piso de esterilla de palma de pona; luego envainó la peinilla en medio de las rendijas de tabla que dan contra el patio.

Mientras secaba su rostro con una frazada desteñida que encontró colgada en el guindo del chinchorro, llamó con voz baja a mi madre, la mayor de sus tres hijos. De inmediato notó que mis tíos, quienes eran apenas unos niños pequeños, jugaban solos dentro de la casa, y se dirigió a ella diciendo:

—Deéna ¿qué estás haciendo? ¿Por qué no contestas?

Al escucharla, mis tíos salieron a abrazarla por las piernas; por poco tropieza. Levantó en brazos a mi tío, el menor, y salió en dirección a la quebrada. Cuando se disponía a bajar por la pequeña escalera, un presentimiento pasó por su mente; de inmediato giró bruscamente la cabeza y miró de manera inquieta hacia la pared que da al poniente, allí estaba el collar de pepas de palma de coquillo labrado que le había obsequiado la bisabuela a mamá.

No había duda... el día había llegado. Esa era la señal para que la abuela se enterara de que mi madre, siendo niña, había menstruado por primera vez: ya era muchacha.

Sin pensarlo, sacó unas cortezas de yanchama y las extendió colgadas en un rincón de la sala; luego corrió a casa de su comadre para dejarle los niños y salió a buscarla.

—No debe estar lejos —pensaba, mientras la llamaba discretamente en voz baja:
—Deéna... Deéna... ¡le dije que se escondiera cerca del camino!, —exclamó.

Como es nuestra costumbre, sólo la madre puede ver a su hija que ha menstruado por primera vez; por eso mi abuela había salido sola a buscarla, para luego encerrarla en el toldillo de yanchama.

Después de estar buscándola halló un rastro de pisadas en el camino:

—¡Huellas de pisadas! —exclamó.

Una tremenda angustia la enmudeció. La abuela decía que había comenzado a llorar porque en su pecho presentía el peligro por el que atravesaba mi madre. Sin pensar, tal vez guiada por su instinto materno, siguió las huellas en el barro fresco; las miraba detenidamente para no equivocarse. No había duda, la impresión en el lodo era la de un pie pequeño y poco profundo; tenía que ser el de mi madre. Sintió temor y corrió durante horas sin perderlas de vista gritando:

—Deéna... Deéna... Deéna... ¿dónde estás?

La voz retumbaba en medio de la espesura de la selva como un melancólico sonido. Corría sin parar; dejando atrás el lugar de las chagras, se dirigió al bosque; el tiempo transcurría y la lluvia no dejaba de caer, era extraño lo que sucedía, la lluvia se hacía más intensa por el follaje; poco a poco el camino se estrechaba, el barro le impedía moverse con agilidad. Al llegar cerca a un salado trató de descansar; en la orilla halló rastros de sangre, era menstruación; en vano intentó gritar porque sus palabras no salían, su respiración se hizo cada vez más agitada hasta desfallecer.

La abuela nunca supo cuánto tiempo estuvo allí. Al lograr reincorporarse, un aroma fuerte impregnaba el ambiente silencioso. Al fondo, como en un sueño profundo, escuchó una voz muy suave, un murmullo que brotaba del agua... era mi madre que gritaba.

—¡Madre... madre... ayúdame!, la gran boa negra, la dueña de los pescados me ha encantado..! ¡Madre... Madre!

La abuela sintió el deseo profundo de arrojarse al agua para rescatarla; aquellas fieras querían también dominarle la mente con pensamientos oscuros. Paró un instante, se sobrepuso y haciendo un esfuerzo extraordinario salió corriendo de aquel lugar.

—¿Ahora cómo voy a volver? —pensó en voz alta. Mientras que corría secaba con las manos su rostro cubierto de llanto.

Paró por un instante, luego se quitó su falda de corteza de yanchama y empezó a rasgarla por pedacitos halando con los dientes; así siguió corriendo, arrojando los trozos de tela por donde pasaba y quebrando las ramas y bejucos. Pensaba que así las fieras no podrían borrar los rastros.

Al alcanzar el camino de las chagras, estaba desnuda; ya era de noche. Se encontró con mi abuelo, quien preocupado por la demora había decidido salir en su búsqueda acompañado por varios de sus primos y hermanos. La abuela estaba transfigurada y no tenía fuerzas para emitir palabra. Pronto comprendieron lo que sucedía. Uno de los hermanos mayores de mi abuelo le prestó una frazada de yanchama para que se cubriera y la llevó de nuevo a casa.

Análisis del contenido

A. Para contestar

1. ¿Qué referencias temporales hay en el texto? ¿Qué indican acerca de la manera de medir el tiempo de los Tikuana?

2. En la narración se entremezclan recuerdos de la explotación a la que los indígenas Tikuna vivían sometidos. Revisa las secciones que subrayaste en el texto y cita algunos ejemplos.

3. ¿De qué manera los patrones destruían las tradiciones culturales de las comunidades indígenas?

4. ¿Qué rito de iniciación a la madurez describe la narración? ¿En qué consiste?

5. ¿Qué sucedió que causó la consternación de la abuela?

6. ¿Qué experiencia mágica tuvo la abuela mientras buscaba a su hija?

7. ¿Qué estrategia usó la abuela para no perderse?

B. Para escribir

En parejas resuman el *argumento* de esta leyenda en menos de cinco líneas e inventen un nuevo título que refleje la *idea central* del texto.

C. Para comentar

En grupo comenten las secciones del texto que les parecen más difíciles de comprender. Lean en voz alta esos fragmentos e intenten entre todos darles sentido.

Situaciones _____

Este texto trata de la experiencia de la primera menstruación como una parte importante en la vida de una mujer. ¿Cómo trata tu familia los temas relacionados con funciones biológicas? ¿Se habla de ellos sin tapujos? ¿Se utilizan eufemismos para evitar referirse a ellos directamente? ¿Qué diferencias existen entre tu propia cultura y la forma en que ciertas culturas indígenas —como la Tikuna— viven estas experiencias? ¿Cuál es tu opinión sobre el tema? Comparte tus ideas con el resto de la clase.

Análisis literario

A. Para reflexionar

1. ¿Qué elementos mágicos aparecen en la narración?

2. ¿Cómo participan los elementos de la naturaleza en la descripción de la vivencia de la abuela?

3. ¿Qué diferencias hay entre la concepción del tiempo presente en la narración y la de la sociedad en que vives? ¿Cuáles son las implicaciones?

4. ¿Qué elementos te parecen enigmáticos en este texto?

5. ¿De qué manera se presenta en esta leyenda una diferente concepción del mundo?

6. Este texto escrito es la traducción al español de un relato oral de una informante indígena. ¿Crees que el texto refleja el carácter oral del original o que ha sido tranformado para darle carácter literario?

7. Compara este testimonio con el de Domitila. ¿Cuál de los dos se asemeja más a un relato oral? Busca ejemplos en los textos para justificar tu respuesta.

B. Para comentar

En grupo comenten el significado de los siguientes fragmentos del texto. ¿Por qué son importantes para comprender la idea central de la leyenda?

1. «Soy anciana pero en mi mente sueño lo que contaba mi abuela con su voz ronca y serena».

2. «Era tiempo de luna llena, pero esa vez no había alumbrado; nadie en la comunidad pudo ayudarla tocando el tambor, porque el capataz del patrón no los dejaba; ellos sólo estaban preocupados por el caucho».

3. «Al fondo, como en un sueño profundo, escuchó una voz muy suave, un murmullo que brotaba del agua... era mi madre que gritaba».

4. «La abuela sintió el deseo profundo de arrojarse al agua para rescatarla; aquellas fieras querían también dominarle la mente con pensamientos oscuros. Paró un instante, se sobrepuso y haciendo un esfuerzo extraordinario salió corriendo de aquel lugar».

C. Para escribir

Rescribe esta historia bajo la perspectiva de la niña. Intenta respetar la diferente concepción del tiempo, la relación íntima con la naturaleza y las tradiciones que se expresan en el texto.

Establece vínculos

Los textos que hemos leído nos han ayudado a explorar el mundo de las llamadas «minorías». En esta sección podrás expresar tu punto de vista sobre el tema y analizar las implicaciones que tiene en tu propia vida.

A. Tu opinión

En grupos de tres o cuatro estudiantes compartan sus ideas con respecto a lo siguiente.

1. Generalmente se piensa que sólo las obras con temas universales perduran en el tiempo, por eso el tipo de literatura comprometida con la realidad que escriben las mujeres indígenas y afroamericanas será pronto olvidada porque se encuentra anclada en el presente. ¿Qué opinan al respecto?

2. Conocen alguna película que trate el tema del choque entre razas o etnias? ¿Qué conflictos se plantean? ¿Cómo se resuelven?

3. ¿Existen tipos de música que se puedan asociar con una raza determinada? ¿Cuáles? ¿Qué temas tratan las letras de sus canciones? ¿Conocen alguna en particular que enfoque la identidad racial?

4. ¿Qué clases han tomado en las que se estudian otras culturas desde su propia perspectiva?

5. Quienes critican los estudios de mujeres, latinos o afroamericanos opinan que estos cursos fueron originalmente destinados para que la población blanca aprendiera sobre los grupos minoritarios. Sin embargo, parece que no están cumpliendo con ese fin, ya que los estudiantes que asisten a ellos —en su mayoría— son miembros de estas minorías. ¿Cuál es el punto de vista de ustedes respecto a este asunto?

6. ¿Era la escuela primaria donde iban culturalmente diversa? ¿Y el barrio donde vivían cuando eran pequeños/as? ¿Han contribuido sus experiencias de la infancia en su percepción actual de otros grupos raciales, étnicos o religiosos? ¿Cómo?

7. ¿Cómo son las relaciones interraciales en la universidad de ustedes? ¿Hay separación entre los diferentes grupos? ¿A qué se debe esto según su parecer?

8. ¿Conocen a alguien que se haya sentido discriminado/a alguna vez a causa de su apariencia física, vestimenta, raza o sexo?

B. En perspectiva

El texto siguiente pertenece a la novela *Lo que está en mi corazón* de la chilena Marcela Serrano. Esta escritora ha vivido en México y siente un gran cariño por este país. En esta novela esta novelista muestra su preocupación por la situación de las mujeres indígenas mexicanas.

Paulina Cancino no sabe, como muchas otras de sus compañeras, cuántos años hace que nació, calcula que pueden ser más o menos veintisiete o veintiocho. Pero sí sabe que su madre sepultó su cordón umbilical bajo las cenizas del fogón, sellando así metafóricamente su destino; no en vano el cordón de su hermano fue llevado al monte y enterrado bajo la libertad de la naturaleza pura. Nació sabiendo que, a su contrario, ella nunca podría ser dueña de la tierra que trabajara, nunca obtendría un título de propiedad ni un préstamo, que no podría aspirar a un cargo de autoridad y que si alguna vez sufría la tragedia de ser violada, el violador pasaría a ser su dueño y señor. (...)

En casa de Paulina el piso era de tierra y la pared de palos y lodo. La lluvia entraba por arriba y por los lados. Nunca tuvo baño ni letrina ni agua. Sentía a su madre levantarse a las tres de la mañana para hacer tortillas y dejar la comida preparada. Su padre salía al amanecer montado en su caballo. Su madre lo seguía a pie, cargando al menor de sus hermanos. Los otros quedaban a cargo de las hermanas mayores, cualquier edad tuviesen éstas. Su madre lavaba la ropa de noche porque no tenía tiempo en el día. Paulina nunca la vio dormir más de cuatro horas. Su papá descansaba en la tarde del trabajo en el campo, pero ella había trabajado con él, igual que él, con el azadón y el machete en la milpa. Además cuidaba a los hijos, cocinaba, hacía tortillas, remendaba los vestidos y adecentaba la casa. Trabajaba más que él. Aun así, cuando él había bebido mucho aguardiente, llegaba a casa y la golpeaba, a veces brutalmente. (...)

Sin embargo, fue gracias a la Iglesia católica que el mundo comenzó a expandirse para Paulina, la única institución de la que no desconfiaba su comunidad. Era mal visto que las mujeres salieran de sus pueblos, las acusaban de ir a buscar marido a otros lugares, por lo que Paulina se contactó con los que llegaron a él: los catequistas. Soy católica, pero no creo cualquier cosa, dice Paulina hoy día. Se incluyó en distintos talleres, no sólo aprendió lo más importante para ella, leer y escribir, sino que estudió la historia de su pueblo desde la conquista, supo de sus raíces y su cultura y por primera vez fue capaz de discernir sobre lo bueno y lo malo de la vida de sus abuelos y sus padres. También estudió su condición de mujer, los efectos de la violencia y la pobreza, y le enseñaron a conocer su cuerpo. De allí se nutrió para más tarde elaborar y exigir, junto a sus compañeras, la Ley de las Mujeres Zapatistas, el primer brote de emancipación femenino que se oiría retumbar por siglos dentro de la profundidad de la selva, provocando, me imagino, verdaderas volteretas dentro de las tumbas a los huesos de sus ancestros (y una enorme violencia a los no zapatistas que viven en sus territorios). Cuando Paulina encontró al EZLN[2], sospechó que ella como mujer podía al fin eludir el destino de su raza.

Es lo que está en mi corazón, fueron sus palabras al terminar el relato de su vida, lo que suelen decir las mujeres mayas al cerrar una historia.

En grupos de tres estudiantes comenten lo siguiente.

1. Es este fragmento crítico con respecto a las tradiciones de los mayas? Citen ejemplos concretos.

2. ¿Considera la narradora que alterar la cultura y tradiciones de los indígenas es positivo o negativo? ¿Por qué?

3. ¿Por qué la iglesia católica fue clave en el cambio de Paulina?

4. ¿A qué se refiere Paulina cuando afirma que, por fin, puede «eludir el destino de su raza»?

5. ¿Cuál es la opinión de ustedes sobre este fragmento? ¿Están de acuerdo con las ideas que presenta?

 Para obtener más información sobre este tema visita www.prenhall.com/mujeresdehoy.

C. En la prensa

La autora de este artículo, publicado en la revista, *Fempress*, es una periodista colombiana.

---

[2]E.Z.N.L.: Ejército Zapatista de Liberación Nacional.

Se necesita coraje para que lo público y el bien común tomen sentido

Una caribeña con fortaleza de hierro, defiende el medio ambiente y la cultura de su pueblo. Abandera la construcción de un mejor futuro en el archipiélago de San Andrés.

En el costado occidental del mar Caribe flota como un caballito de mar la isla de San Andrés, acompañada por otras dos islas más pequeñas, Providencia y Santa Catalina, que desde hace más de 200 años han compartido su existencia con la Colombia continental.

Como parte de una minoría étnica conocida como «raizal», de carácter afro-anglo-colombiana, y con ancestros chinos según una mezcla muy corriente en el Caribe, June Marie Mow vivió muchas de las formas de discriminación que han tenido que padecer los suyos por causa de su lengua y religión. Eran épocas en las que aún se pretendía construir la nación desde el centro político y a través de una forzada homogeneidad cultural. Así, pese a que su lengua materna era el «creole», June Marie fue educada en español y, aunque era parte de una prominente familia bautista, se la obligó a recibir una educación católica. Por encima de ello se convirtió en pionera en muchos campos.

Estudió microbiología en Bogotá y luego biología marina en Alemania, pero no quiso quedarse fuera de su tierra y, desde mediados de los ochenta, retornó al archipiélago para dedicarse de lleno a su recuperación. Más tarde llegó a ser directora local del Instituto de Recursos Naturales (Inderena) y empezó una etapa de responsabilidades que le implicarían no pocos esfuerzos y muchos contratiempos. Pero a través de toda esa rica experiencia fue construyendo una enorme fortaleza y se fue convirtiendo en uno de los mejores símbolos de su región.

Por aquel entonces, la falta de planeación y control ambiental, la escasa preparación de la población nativa o la ausencia de su compromiso en la defensa y recuperación del medio, hicieron más difícil el proceso. La directora local del Inderena se armó de valor y, con sólidas razones ambientales, negó el permiso para montar un hotel de turismo masivo en una isla caracterizada por su frágil ecosistema, con unos recursos en vías de agotamiento y una población nativa marginada. Aunque la medida recibió el apoyo de grupos de derechos nativos y de organizaciones ambientalistas, las autoridades, que en más de una ocasión habían desautorizado o ignorado los conceptos técnicos de la seccional, concedieron la licencia para construir el megaproyecto y después desvincularon a la Mow de su cargo. Pero ella, a pesar de las amenazas y la oposición, sentó un primer precedente.

El despido de June Marie armó, en abril de 1988, un verdadero escándalo nacional. Tras el incidente, algunos de los que habían intentado sobornarla salieron a contar la lección aprendida y hasta abogaron en su defensa.

Depuesta de su cargo, se dedicó a diseñar un manejo de la zona costera y de los frágiles ecosistemas en pequeñas islas en relación con la sobrevivencia de la cultura nativa. Aprovechó esta oportunidad para incentivar la participación comunitaria en el diseño de un plan ambiental a partir de las realidades culturales de los nativos, pionero en metodología y planeación.

Luego vinieron tiempos aún más difíciles. Además del deterioro ambiental, social y cultural, en los años noventa el archipiélago vio llegar gentes vinculadas a las mafias de la droga en busca de refugio y de espacio para blanquear su dinero.

En ese contexto, en 1995 June Marie fue nombrada como primera directora de Coralina, nueva autoridad ambiental del gobierno regional, y fue reelegida en 1997 por tres años más. A su bien ganada reputación de integridad, se le suma ahora el mérito de haber ayudado a construir la institución ambiental más efectiva de Colombia.

No ha sido fácil, pero la lista de logros es larga. Entre los más destacados está el contar con una mayoría de nativos, en particular mujeres, en posiciones profesionales y técnicas de Coralina, que están estimuladas a estudiar para medir el impacto ambiental. Y también el de emprender un proceso de construcción del Plan de Ordenamiento Ambiental en una perspectiva multidisciplinaria y participativa para establecer los principios que permitan que el archipiélago sea declarado reserva de la biosfera.

En abril de 1997, se suscitó un nuevo plebiscito nacional en su favor luego de que formulara cargos contra el gobernador del archipiélago por descuidar la protección ambiental en el botadero de basuras. Luego, en plena temporada turística, ordenó el cierre de dos hoteles pertenecientes a poderosos grupos del país porque, a pesar de sucesivas advertencias, no habían implementado un adecuado manejo de aguas residuales. No faltaron quienes la acusaran de autoritarismo y rigidez, de fundamentalismo y extremismo, de confundir desarrollo sostenible con subdesarrollo. Le pusieron demandas penales y disciplinarias. Pero no la hicieron retroceder. El apoyo vino nuevamente de los grandes periódicos del país, de la comunidad raizal y de las restantes corporaciones autónomas regionales.

La decisión no era nada fácil de tomar y menos aún de sostener. La parálisis de los hoteles durante varios meses dejó centenares de desempleados en medio de una crítica situación de la isla; produjo retiro de inversiones, salida de turistas, etc. Además, las exigencias ambientales recién empiezan a entrar a la agenda pública, tocan demasiados intereses y no siempre logran concitar los apoyos públicos y cuentan aún con precarios recursos de poder.

Ahora bien, tres años después de la medida, aunque aún están en proceso de reparación del daño, estos hoteleros se confiesan orgullosos cumplidores de sus deberes ambientales y muy agradecidos con Coralina. La entidad, por su parte, ha emprendido un programa dirigido a un cambio de actitud de los hoteleros respecto de la cultura, el ambiente y los recursos naturales del archipiélago. Se trata de la entrega anual de estrellas ambientales a los hoteles que se esfuercen por aumentar el reciclaje; disminuir la producción de basura, el consumo de energía y del agua local; recolectar aguas de lluvia, tratar y recircular las aguas servidas.

Así, poco a poco, la integridad y el coraje de una mujer van abriendo la brecha.

SOCORRO RAMÍREZ

▐▶◀▌ D. Debate

En ocasiones se dan puestos de responsabilidad a miembros de grupos minoritarios pero se espera que éstos, en agradecimiento, no alteren las estructuras de poder existentes.

En grupo reflexionen sobre esta idea y anoten nombres de personas o eventos que la apoyen o la contradigan. Discutan su opinón sobre el tema dando ejemplos concretos para probar sus puntos de vista. Después compartan sus ideas con el resto de la clase.

E. ¿Estás de acuerdo?

Indica si estás a favor o en contra de las siguientes afirmaciones. Después, en grupo discutan las razones de su punto de vista.

	A favor	En contra
1. Es imposible conocer realmente la perspectiva de otros grupos étnicos o raciales porque los libros de historia, literatura, política, etc. están escritos por blancos de una clase social diferente.	☐	☐
2. Los conflictos raciales y la discriminación han existido siempre y no desaparecerán nunca.	☐	☐
3. A través de la literatura las escritoras de culturas minoritarias pueden expresar sus preocupaciones y concienciar a la sociedad en general.	☐	☐

	A favor	*En contra*
4. Las leyes de Acción Afirmativa son muy útiles para mantener una distribución más justa de los trabajos.	☐	☐
5. La educación bilingüe sólo consigue retrasar la asimilación de los niños/as a la cultura de su país de acogida.	☐	☐
6. Las escuelas todavía están segregadas racial y económicamente, lo que perpetúa la discriminación.	☐	☐
7. Las mujeres de culturas minoritarias deberían encontrar otros métodos diferentes a la literatura para poder llegar a más personas y hacer más conocida su lucha.	☐	☐
8. No son las minorías las que deben luchar para darse a conocer y obtener la igualdad de oportunidades sino el grupo mayoritario, es quien debe tomar la iniciativa y hacer posible la justicia social a través de las leyes.	☐	☐
9. El término «minorías» es práctico para describir una realidad social y cultural.	☐	☐

F. Temas para hablar y escribir

1. Identidad y educación. Entrevista a la consejera de una escuela de tu ciudad. Infórmate de los servicios que existen para ayudar a los estudiantes que pertenecen a grupos culturales o raciales minoritarios. ¿Hay un programa de educación bilingüe? ¿En qué consiste? ¿Cómo es la composición racial del profesorado? ¿Y del alumnado? ¿Qué otras actividades se ofrecen («Mes de la historia afroamericana», «Día de la Mujer», «Día de la Hispanidad», etc.)? ¿Existen clubes para diferentes grupos religiosos, culturales, raciales o étnicos? Organiza tus notas y escribe un ensayo en el que expongas los resultados de tu investigación y las conclusiones a las que has llegado.

2. La universidad y las organizaciones sociales. ¿Existen clubes o hermandades afroamericanas o latinas en tu universidad? Entrevista a uno de sus miembros para informarte sobre su fundación, sus actividades, sus miembros, los apoyos institucionales y económicos que recibe y sus planes para el futuro. Organiza tus notas y escribe un ensayo en el que expongas los resultados de tu investigación y las conclusiones a las que has llegado.

Otras voces

> *«Y entre tanta atrocidad*
> *seguimos orando*
> *vamos a seguir fiando y loando a Dios»*

Caly Domitila Cane'k

El siguiente fragmento forma parte de una recopilación de historias orales de mujeres gitanas realizada por la Asociación Educativa Barró. Se trata de una transcripción de un relato recogido en una grabadora por lo que se reproduce la manera personal de expresar y construir el relato de esas mujeres. La Asociación Educativa Barró lleva muchos años dedicada a proyectos de alfabetización e inserción social de la comunidad gitana del barrio de Vallecas, en Madrid.

Las gitanas Maruja y Alegría hablan en este fragmento de la manera de entender y expresar su religiosidad. Se menciona la palabra «culto» en alusión al culto evangélico que en los últimos años se ha introducido en el mundo gitano y en el que no se reconoce la devoción a la Virgen ni a los santos, en contraste con la religión católica practicada por la mayoría de los españoles y la gran mayoría de los gitanos. La letra P. usada en el diálogo indica la pregunta que se plantea a las mujeres.

Entrevista a Maruja y Alegría

P.: Y... ¿antes de que fuerais del culto cómo era la religión antes?

MARUJA: El gitano ha creído siempre en las vírgenes y en Dios. Mi padre antes creía mucho en la Virgen de Fátima, sí en la Virgen de Fátima. Pues mi padre arrogaba a esa virgen y decía: «Ay virgencita no sé qué, ampáranos o guárdanos», así. Y en Dios siempre han creído mucho, el gitano siempre ha sío mu creyente, yo creo que no he conocido a ningún gitano que sea ateo.

ALEGRÍA: Y se ha hecho cada penitencia que pa qué. Penitencias, se iban de rodillas, andando por una carretera que fuera mu grande y ensangrentaos.

MARUJA: En el mes de agosto andó mi hermana casi cuarenta kilómetros, para ir donde una virgen porque tenía un hijo mu malo y se le moría y se lo prometió así a la virgen, que si le curaba mi sobrino que hacía eso, en to el mes de agosto, ¡con unas ampollas en los pies! Y si se moría algún gitano se hacía la misa.

P.: ¿Sabéis que hay un beato gitano? ¿Qué pensáis de eso?

MARUJA: Pues que un hombre cuando se muere ¿qué se la va a hacer ya?, hacérselo en vida. A ver, yo ya me muero pa que me van a rezar a mí. Los gitanos antes cuando se moría un muerto se decían: «Ay fulano, guárdalos, mira», rezaban a ese muerto, le encendían velas a los muertos. El gitano siempre le ha encendío velas a los muertos y cuando ha pasado cualquier cosa, han pedío mucho, han tenío mucha fe en pedir a un muerto que han tenío ellos, por ejemplo, hay un gitano, que, ¿cómo le llaman? Al tío Ramón, «tío Ramoncito hermoso», que está por Talavera, yo estuve una vez.

Yo estuve un mes descalza, se lo prometí a Dios, el mes de diciembre, descalza todo el mes, por mi Silvia, porque estuvo mi niña mu malita, se me moría mi hija. Estuvo nueve días en la U.V.I.[3], yo le prometí: «Señor, cuando más frío haga, yo me descalzo». Estuve un mes descalza, fui hasta el juicio y todo descalza, en to el frío. Llevaba a mis niñas al colegio, ¡con una helás que había! y por toda la calle, a los hospitales, y fui donde el tío Ramón, que es la única vez que he ido en mi vida y le llevé un hachón.

---

[3]U.V.I.: Unidad de Vigilancia Intensiva.

ALEGRÍA: Eso es idolatría, porque siempre se ha visto, «mi abuela que buena era, qué lástima», era buena pero no era una santa, no era la Virgen ni nada de eso.

MARUJA: Yo entonces era una niña y no era del culto.

P.: ¿Y cómo entró el culto tanto en los gitanos?

MARUJA: Porque el gitano siempre ha sío de mente mu buena, mu sano, tiene mu buen corazón, es mu sensible el gitano. No es un hombre duro, el gitano en cuanto que le hablas se le pone el corazón como una malva. Y tiene piedad de todo el mundo, el gitano es mu sensible, no puede ver una lástima, ni en un payo[4]. Lo que pasa que también la vida nos ha golpeao mucho.

P.: ¿Y si tu hija se quiere casar con un negro?

MARUJA: Ah, eso no, ni con un payo, ¡qué Dios no me castigue!, ¡Dios mío! Aunque sea del culto, ningún embustero entre en el Reino de los Cielos, yo no quiero ningún payo en mi casa, ¡Dios me perdone! Si se me casa, oyes, no voy a matar a mi hija, pero yo, lo mismo que vosotras, ¿vosotras queréis un gitano en vuestras casas?, no, sed sinceras, con el corazón sincero decid la verdad, ¿a qué no? Nada, nada, yo no quiero un payo, si mi hija se tiene que casar, ¡ay Dios mío! Yo quiero para mis hijas un gitano que conoce mis leyes, que conoce mis cosas, que son mu diferentes, son mu diferentes en todo. Luego lo querré igual, si quiero a mi hija tendré que querer a mi yerno, pero vamos, que yo quiero para mi hija un gitano (...)

A. Para contestar

1. ¿Cómo era antes la religión de esta comunidad gitana?
2. ¿En qué se diferencia esa religión del culto evangélico?
3. ¿Qué son las promesas? ¿Por qué se hacen?
4. ¿Por qué no está Maruja a favor de los matrimonios mixtos entre gitanos y no gitanos?
5. ¿Cómo se relacionan los versos que encabezan esta sección con este testimonio?

B. Para comentar

Este texto intenta reproducir el habla de los gitanos. Haz una lista de palabras y expresiones que te llamen la atención. En algunos países, la pronunciación y el acento determinan la clase social e incluso las posibilidades de lograr un buen trabajo. ¿Está la adquisición de una pronunciación correcta ligada a la educación? ¿Cómo afecta esto a las mujeres? ¿Qué grupos de mujeres se encuentran más perjudicadas por esta situación? Comparte tus opiniones con un/a compañero/a.

 Para obtener más información sobre este tema visita www.prenhall.com/mujeresdehoy.

---

[4]Que no es gitano, en contraposición a la persona o cosa que lo es.

Bibliografía

Anglesey, Zoe. *Ixok amar go:poesía de mujeres centroanericanas por la paz /Central American women's poetry for peace*. Penebscot, Maine: Granite Press, 1987.

Asociación Barró. *Relatos de gitanas*. Madrid: Editorial Popular, 1998.

Barrios de Chungara, Domitila y David Acebey. Aquí también, *Domitila!: testimonios*. México, D.F.: Siglo Veintiuno Editores, 1985.

Camacho González, Hugo Amando y, Manduca López Abeca. *Maguta, la gente pescada por Yoi*. Santa Fé de Bogotá: Tercer Mundo Editores, 1995.

Morejón, Nancy. *Piedra pulida*. La Habana, Cuba: Editorial Letras Cubanas, 1986.

Rodríguez Cabral, Cristina. *Desde mi trinchera*. Montevideo, Uruguay: Ediciones Mundo Afro, 1993.

San Román, Teresa. *La diferencia inquietante: viejas y nuevas estrategias culturales de los gitanos*. Madrid: Siglo XXI, 1997.

Spivak, Gayatri Chakravorty. «Can the Subaltern Speak?» in *Marxism and the Interpretation of Culture*, ed. Cary Nelson and Lawrence Grossberg. Urbana: University of Illinois Press, 1988. 271–313.

Zapata Pérez, Edelma. *Ritual con mi sombra*. Santa Fé de Bogotá: El Astillero, 1999.

UNIDAD 7 *Un mundo de emigrantes*

Introducción al tema

No hay duda de que, a principios del nuevo siglo, la inmigración se ha convertido en un fenómeno de alcance global que plantea un reto de difícil solución. La realidad de la estructura de la población mundial muestra un profundo desequilibrio demográfico y económico. Las condiciones de pobreza en las que vive la mayor parte del planeta hacen que mucha gente vea la inmigración a los países más industrializados como la única alternativa para sobrevivir o, en el mejor de los casos, para mejorar las expectativas de calidad de vida. Por otro lado, las naciones más desarrolladas económicamente necesitan la mano de obra extranjera para realizar trabajos que muy poca gente de esos países quiere realizar. La inmigración laboral es consecuencia directa de este desequilibrio entre países ricos y pobres.

El establecimiento de grupos de emigrantes[1] en otros países implica generalmente la coexistencia de personas que hablan lenguas distintas y pertenecen a culturas diferentes. Para evitar los problemas que surgen en el proceso de integración de los emigrantes al país de acogida es necesario participar activamente como ciudadano y desarrollar lo que puede denominarse una «cultura del asilo». Esta cultura reconoce que la convivencia de grupos etnoculturalmente diferenciados, y no su mera coexistencia, es una meta que se debe construir entre todos. Para lograrla es necesario practicar no sólo la tolerancia hacia el otro, sino normas comunes de convivencia y la resolución pacífica de los conflictos que surjan en el proceso de adaptación a la nueva situación que se está construyendo.

El caso de España puede servir de ejemplo del fenómeno migratorio, ya que muchos españoles han experimentado en el transcurso de su vida las dos caras de este fenómeno. Esto se debe a que España ha pasado de ser un país de emigrantes, en las décadas de los 50 y 60 del siglo pasado, a un país receptor de inmigrantes a partir de los años 80. En la actualidad España necesita miles de trabajadores anualmente para ocupar numerosos empleos en los diferentes sectores económicos; desde las tareas domésticas y el cuidado de niños, enfermos y ancianos hasta trabajos en la construcción y el campo. A partir de este hecho concreto, la emigración a España, exploraremos el tema de la emigración desde el punto de vista de los individuos que emigran y la sociedad que los acoge para poder analizar y comprender este fenómeno cuya problemática no tiene fronteras porque nos afecta a todos.

---

[1]Emigrante es el término general que designa a la persona que abandona su país y familia y viaja a otro país con deseo de establecerse allí. Inmigrante es aquel que llega al país de la persona que emite el mensaje, es decir que cuando una persona habla de «inmigrantes», se refiere a los emigrantes que se han establecido en su país.

Dorothea Lange

Para comenzar

1. Describe esta fotografía de Dorothea Lange. ¿Qué sentimientos o impresiones te sugiere? Haz una lista con cinco preocupaciones que la mujer podría tener en su mente. ¿En qué lugares del mundo puede haber ocurrido una escena como ésta?

2. ¿Qué otras circunstancias, además de las económicas, puede llevar a una persona a abandonar su país y emigrar a otro?

3. ¿Qué emigraciones masivas han tenido lugar recientemente? ¿Por qué sucedieron?

PRIMERA LECTURA

La primera lectura de esta unidad sitúa a los lectores bajo la perspectiva de un emigrante, es decir, desde una posición de otredad con respecto a la cultura dominante. La narración presenta las dificultades de un emigrante, «Equis», para relacionarse con las personas del país donde ahora vive.

INFORMACIÓN BIOGRÁFICA

Cristina Peri Rossi nació en Uruguay en 1941. En Montevideo trabajó como profesora de literatura y publicó algunos artículos hasta que la terrible represión de la dictadura de Jorge Pacheco Areco la obligó a exiliarse de su país a los 22 años. Reside en Barcelona, España, desde 1972. De hecho, Cristina Peri Rossi ha vivido ya más tiempo en España que en su país natal. Sin embargo, el impacto que su emigración forzosa y su experiencia posterior como exiliada tuvieron en su vida han marcado claramente su producción literaria. Cristina Peri Rossi es licenciada en literatura comparada y colabora habitualmente en revistas y periódicos de España y Uruguay.

Las obras de Cristina Peri Rossi son muy innovadoras tanto por su contenido como por su estructura. Sus novelas y su poesía muestran su concepción del arte como un vehículo para plantear problemas, denunciar la injusticia social y concienciar al público de la necesidad de solidarizarse con los más oprimidos. Entre sus obras destacan su libro de poemas *Evohé* (1968) y sus novelas: *El libro de mis primos* (1969), *El museo de los esfuerzos inútiles* (1984), *Desastres íntimos* (1997) y *La nave de los locos* (1984). El fragmento que vas a leer a continuación «El viaje, IV: Historia de Equis» pertenece a esta última novela, que es considerada su obra más importante.

 Para obtener más información sobre este tema visita www.prenhall.com/mujeresdehoy.

Actividades de pre-lectura

A. Para contestar

1. Escribe diez palabras que se asocien generalmente con el término «extranjero/a». ¿Tienen esas palabras una connotación negativa o positiva?

2. ¿Te has sentido «extranjero/a» alguna vez? ¿Dónde? ¿Por qué?

3. ¿Conoces a alguna persona nacida en otro país? ¿De dónde es? ¿Qué sabes de su vida? ¿Ha tenido dificultades para adaptarse a la vida en su nuevo país?

4. ¿Cuál es la historia de tus antepasados? ¿De dónde eran originariamente? ¿Cuándo inmigraron a este país? ¿A qué ciudad llegaron? ¿Dónde vivieron? ¿En qué trabajaron?

B. Para comentar

Comparte tus respuestas del ejercicio anterior con un/a compañero/a. ¿En qué se parecen? ¿En qué se diferencian? ¿Tienen mucho en común?

Mientras leemos

1. Subraya todas las secciones del texto que te ofrezcan información sobre la vida y la personalidad de Equis.

2. Ampliación de vocabulario: Anota en tu cuaderno las palabras nuevas que vayas aprendiendo mientras lees. ¿Necesitas usar el diccionario o puedes adivinar su significado por el contexto?

El viaje, IV: Historia de Equis

Cristina Peri Rossi

A poco de llegar a una ciudad, Equis consigue trabajo —es muy hábil y puede ganarse la vida dictando clases acerca del romanticismo alemán o barriendo los andenes del metro, como taquígrafo en una empresa naviera o sirviendo platos en un restaurante—, alquila habitación, compra algunos libros (Equis se ha resignado a comprar los mismos libros en diversas ciudades), algunos discos (Equis adora la música de Wagner y sus días son mejores cuando puede oír *O sink hernieder* cantado por Kirsten Flagstad, versión que como ha podido comprobar, no se encuentra fácilmente en cualquier tienda) e instala dos o tres objetos familiares, carentes, en general, de cualquier valor que no sea el afectivo. No son siempre los mismos, porque Equis ha comprendido que en definitiva, su existencia, como la de casi todo el mundo, es una incesante dialéctica entre la pérdida y la conquista, donde muchas veces extraviamos —por azar, desgracia u olvido— cosas que amamos y ganamos cosas que nunca quisimos obtener —por error, suerte o indiferencia—. Pasando de ciudad a ciudad, Equis ha adquirido objetos y ha perdidos otros, y aunque a veces, a la mañana, despierta sorprendido, con una anhelante necesidad de volver a ver un objeto que recuperó en sueños, y que abandonó hace algunos años en una pieza de hotel o regaló a un amigo ocasional, y Equis sabe que esa angustia es muy intensa (como si de recuperarlo dependiera alguna clase de certeza, de fidelidad o de asistencia), puede decirse que el tránsito de los objetos, su fugacidad, es algo que acepta con naturalidad, inmerso en el fluir del tiempo como un pez en la corriente. Quizá por la misma razón, tampoco experimenta excesiva alegría cuando —instalado en otro lugar— vuelve a poseer algunos objetos.

1. Es falso decir que Equis ha encontrado trabajo rápidamente en todas las ciudades en las que ha vivido durante esta larga e inconclusa peregrinación. Son tiempos difíciles y la extranjeridad es una condición sospechosa. El hombre sedentario —el campesino o el hombre de ciudad que viaja sólo ocasionalmente, durante sus vacaciones o por asuntos de familia— ignora que la extranjeridad es una condición precaria, transitiva, pero también intercambiable; por el contrario, tiende a pensar que algunos hombres *son* extranjeros y otros no. Cree que se nace extranjero, no que se llega a serlo.

Una vez, caminando por la calle de una ciudad en la que no había nacido, Equis se encontró con una mujer que tenía un curioso parecido con otra, que había conocido años atrás, en otro lugar. Posiblemente el parecido era más ilusorio que real —Equis es un buen viajero y conoce perfectamente la sensación de *déjà vu*—; posiblemente, el parecido era fruto de la alucinación o de la nostalgia, de la soledad o del deseo, pero guiado por esa emoción que nacía en zonas ambiguas, Equis se acercó a la mujer, y con mucha delicadeza, la invitó a tomar un café.

—Discúlpeme —le dijo, con un acento que ella debió considerar extraño—. Usted me recuerda a una mujer que conocí hace tiempo, en otro lugar. No se sienta responsable por eso. ¿Podríamos sentarnos a tomar un café?

La mujer, más sorprendida que interesada, no atinó a rechazar la invitación, poco frecuente. Se sentaron frente a una mesa roja, en un abominable bar americano que Equis detestó de inmediato, pero fue elegido por ella y le pareció poco cortés de su parte resistirse. La música era estridente, y además, el lugar estaba lleno de máquinas tragamonedas. Las paredes olían a aceite, a sudor y por todas partes había relucientes fotografías de hot-dogs y patatas fritas. Ella pidió un helado de vainilla, con nata y chocolate. Equis, un café.

—¿Es usted extranjero? —le preguntó la mujer, como si eso tuviera mucha importancia. Equis se fastidió.

—Sólo en algunos países —le contestó— y posiblemente no lo seré durante toda la vida.

Ella lo miró con cierta sorpresa.

—No nací extranjero —le informó—. Es una condición que he adquirido con el tiempo y no por voluntad propia. Usted misma podría llegar a serlo, si se lo propusiera, aunque no se lo aconsejo. Por lo menos, no de una manera definitiva.

«De cada tres tipos que se me acercan, dos están completamente locos», pensó ella, que se consideraba una mujer de poca suerte. No atinaba a explicarse por qué. No era fea, había estudiado dos años en una universidad y su familia no tenía ninguna tara apreciable. En alguna parte había leído que los seres humanos emiten, igual que los animales, un efluvio químico, aparentemente imperceptible, pero que actúa como poderoso influjo de atracción o de rechazo. Con seguridad, el suyo atraía a los locos. Y el mundo estaba lleno de locos sueltos. Seguramente no los encerraban a todos porque no había espacio suficiente, y muchos hacían una vida aparentemente normal, hasta que el efluvio químico aparecía y entonces la particularidad se desencadenaba. Dejaban libres a los más tranquilos, a los menos peligrosos, pero igual, deberían obligarlos a llevar un distintivo, una marca, como los alérgicos o algo así, para que la gente no estuviera expuesta a toparse con ellos y tratarlos como individuos normales.

—Hace años, precisamente —continuó Equis— conocí a una mujer muy parecida a usted, si me permite la irreverencia de una comparación.

Hablaba de una manera muy retórica y algo arcaica; ella pensó que a lo mejor se debía a que los extranjeros aprenden la lengua de una manera menos espontánea; o quizá fuera un síntoma de su locura.

—Hace muchos años —insistió Equis—. Yo sólo tenía seis.

Ahora sólo faltaba que le contara toda su infancia. Los locos tienen tendencia a refugiarse en la niñez. ¿Cómo haría para ponerse de pie e irse sin provocar una escena violenta?

—Es muy curioso: era extranjera, y tal vez por eso me enamoré de ella.

—¿A los seis años? —preguntó ella, alarmada, y olvidándose momentáneamente de que estaba hablando con un loco.

—Fue mi primer amor —respondió Equis, algo orgulloso. Se arrepintió enseguida. ¿Por qué iba a sentirse orgulloso de eso? —Pero lo importante —señaló— es que se trataba de una extranjera.

A ella eso le pareció sin ninguna importancia.

—¿Comprende? Era una mujer alta, espigada, de cabellos castaños, que hablaba con dificultad nuestra lengua. A mí, a los seis años, me parecía delicioso oír el rumor de sus erres y el silbido de sus zetas.

«Está completamente loco. ¿Será mejor que me ponga de pie y le diga, por ejemplo: —Discúlpeme, debo irme, llegaré tarde al trabajo, o huiré directamente por la puerta de la izquierda? Nunca se sabe cómo puede reaccionar un loco.»

Súbitamente, Equis se sintió muy melancólico. Tanto, que dudó frente al relato iniciado, no supo si continuar o no.

—Usted, por ejemplo, ¿cuántos amigos extranjeros tiene?

Había perdido su oportunidad. Pudo haberse levantado en el momento en que él calló y salir corriendo por la puerta abierta. No le importaba correr. Además, era cierto que se le estaba haciendo tarde.

El silencio de la mujer aumentó su melancolía.

—El otro día vi a una anciana en el metro —comenzó a contar, súbitamente—. Iba sentada frente a mí. Una anciana deliciosa, debo decir. Tenía los cabellos blancos y una sonrisa muy fresca; los ojos, que eran muy vivaces, también sonreían. Miraban con curiosidad y ternura, con cierto regocijo interior. Tenía un bolso en la mano, con verduras. Parecía algo pesado. Me sonrió espontáneamente, y esa sonrisa me conmovió por completo. ¿Sabe usted? Los emigrantes tenemos una vida emocional muy inestable.

«Me lo imaginé —pensó ella—. Ahora me va a contar toda la historia del hospital, su internación, cómo huyó y yo tendré que llamar a la policía, con lo que detesto meterme en problemas.»

—Nos volvemos hipersensibles —aclaró Equis—. Pensé en una tía que tengo. Una vieja tía que cuando era chico me tejía pulóveres y me preparaba pasteles, adornados con frutas. Hace muchos años que no la veo. De modo que me puse a mirar a la anciana como si se tratara de ella, y la ternura que me invadió fue tanta que se me llenaron los ojos de lágrimas. Quería demostrarle mi cariño, ayudarla, subir juntos la escalera, hacer la sopa y escuchar la radio; quería conversar con ella acerca del verano y del invierno, el sabor de los tomates y de las lechugas, el precio del azúcar y la decadencia de las costumbres. Aunque usted no pueda creerlo, la anciana me miraba con ternura, comprendía, algo comprendía, algo que estaba más allá del silencio y que podríamos llamar complicidad. ¿No cree que la complicidad es lo mejor que podemos tener con alguien? Y sentados uno frente al otro, en el viejo vagón de metro que chiflaba demasiado, como un asmático, los dos establecimos esa suerte de complicidad, ella me sonreía, con cierta picardía (una picardía que sobrevolaba las naranjas de la bolsa y los tallos de apio) y yo le sonreía y había un pequeño territorio de paz y de cordialidad, de armonía, de modo que cuando llegó mi estación no se me ocurrió bajarme, no me importaba adónde me conducía, porque mi tía estaba allí, entre la media docena de higos negros y la falda meticulosamente planchada, con el olor de los limones y del pastel de nata, viajábamos sin prisa sonriéndonos mutuamente en la penumbra del vagón, soportando con comodidad los malos olores, la suciedad y el encierro, de modo que ella me alargó media manzana (la había partido con una pequeña navaja) y yo me la comí.

«A lo mejor es un maniático que siente una pasión malsana por las ancianas», pensó la mujer. «Eso, me evitaría problemas. Es posible que me parezca a alguien que conoció en su infancia, pero de ninguna manera me puede confundir con una anciana.»

—Cuando ella se bajó —continuó Equis— descendí detrás suyo. Me ofrecí a llevarle el bolso. Sonrió con un gesto radiante. ¿Comprende usted la palabra? ¿Sabe lo que quiero decir?

Además de ser extranjero, presumía de conocer bien la lengua y estaba dispuesto a darle clases. Esto la irritó.

—Por supuesto que entiendo —contestó, malhumorada.

—Me dio el bolso y caminamos juntos hasta la puerta de su casa. Me invitó a subir. Yo tuve deseos de llorar.

«¿Los locos lloran o no lloran?» Eso, ella no lo sabía. Pero era probable que sí.

—Iba a subir, pero desistí. Pensé que si subía, no iba a querer irme nunca más de allí.

Se dio cuenta de que él miraba hacia afuera, posiblemente evocando la escena. Aprovechó la oportunidad para huir.

Análisis del contenido

A. Para contestar

1. ¿Quién es Equis? ¿Qué sabemos de él? Revisa las secciones que subrayaste en el texto para poder responder a estas preguntas.
2. ¿Cuál es la rutina de Equis cada vez que llega a una ciudad diferente? ¿Qué nos indica esto sobre su vida?
3. ¿Siente Equis deseo de poseer muchas cosas?
4. ¿Por qué decide Equis hablar con la mujer?

5. ¿Por qué le molesta a Equis que ella le pregunte si es extranjero?

6. ¿Qué piensa ella de él? ¿Por qué? ¿Qué podemos deducir de la personalidad de la mujer a través de sus pensamientos?

7. ¿De quién se enamoró Equis cuando tenía seis años? ¿Por qué le gustaba esa mujer?

8. Equis narra su encuentro con una anciana en el metro. ¿Qué intenta explicar con ese relato?

9. Según este texto de Peri Rossi, ¿cómo se sienten los extranjeros?

B. Para escribir

En parejas resuman el *argumento* de esta historia en menos de cinco líneas e inventen un nuevo título que refleje la *idea central* del texto.

C. Para comentar

Este relato nos muestra un problema de falta de comunicación entre un emigrante y un miembro de la sociedad que lo acoge. En grupo discutan:

1. ¿Por qué existe una falta de comunicación entre la mujer y Equis?

2. ¿Cómo podría superarse la incomunicación?

3. ¿Quién necesita cambiar: Equis, la mujer o ambos? ¿Qué deberían hacer? Escriban tres recomendaciones para cada uno de ellos. Luego compartan sus recomendaciones con el resto de la clase.

Situaciones ————————————————————————————

En parejas, y sin mirar el texto, recreen la situación entre Equis y la mujer que encuentra en la calle. No se preocupen si no recuerdan las palabras exactas o el orden de los temas en la conversación. Basándose en la historia pueden inventar un nuevo diálogo y, por supuesto, un final diferente para el cuento.

Análisis literario

A. Para reflexionar

1. Analiza las características de la voz narrativa. ¿Cómo es el narrador? ¿Es omnisciente? ¿Es objetivo o subjetivo? Busca ejemplos en el texto que apoyen tus afirmaciones.

2. ¿Qué técnica tipográfica se usa en el texto para que el/la lector/a distinga claramente los pensamientos de Equis, los de la mujer y el diálogo entre los dos?

3. El protagonista de esta historia se llama Equis. En tu opinión, ¿por qué le dio este nombre la autora? ¿Aparece algún nombre propio en esta historia? ¿Por qué? Explica tu respuesta.

4. Se dice que los protagonistas de Cristina Peri Rossi son andróginos porque, aunque tienen nombres masculinos, su sensibilidad y comportamiento responden más a la sicología femenina. ¿Piensas que esto ocurre en el texto que has leído?

B. Para comentar

En grupo discutan el significado de los siguientes fragmentos del texto. ¿Están de acuerdo o no con el contenido de estas afirmaciones? Expliquen su razonamiento.

1. «...Equis ha comprendido que en definitiva, su existencia, como la de casi todo el mundo, es una incesante dialéctica entre la pérdida y la conquista».

2. «...el tránsito de los objetos, su fugacidad, es algo que acepta con naturalidad, inmerso en el fluir del tiempo como un pez en la corriente».

3. «Son tiempos difíciles y la extranjeridad es una condición sospechosa».

4. «El hombre sedentario (...) tiende a pensar que algunos hombres son extranjeros y otros no. Cree que se nace extranjero, no que se llega a serlo».

C. Para escribir

En parejas, rescriban la escena de la anciana del metro utilizando la voz narrativa de ésta de acuerdo a los pasos siguientes.

1. Lean otra vez el texto de Peri Rossi y hagan una lista de la información que la narración nos da sobre la anciana.

2. Imaginen la información que no nos proporciona la autora. ¿Por qué la anciana le ofrece comida a Equis? ¿Qué piensa de él?

3. Redacten su propio cuento con una longitud de una página a doble espacio (250 palabras).

4. Compartan su cuento con el resto de la clase. Después de escuchar las versiones de sus compañeros/as voten cuál les ha parecido más original o más auténtica.

El mundo en que vivimos

> *«Son tiempos difíciles y la extranjeridad es una condición sospechosa».*
>
> *Cristina Peri Rossi*

El objetivo de la siguiente lectura es familiarizarnos con los cambios sociales y políticos que han acontecido en España durante las últimas décadas debido a la transformación multiétnica y multicultural de su población.

Mientras leemos

1. Identifica las oraciones que contienen las ideas principales del texto y subráyalas.

2. Anota en tu cuaderno los términos que consideres necesarios para poder hablar con soltura de este tema.

La emigración a España

La inmigración a España procede de países en regiones geográficas muy diferentes: el Caribe, América del Sur, el norte del continente africano, la zona subsahariana y Europa del Este son las áreas de mayor procedencia de inmigrantes. Ecuatorianos y marroquíes constituyen los colectivos de extranjeros que más han crecido en los últimos años debido, sin duda, a la proximidad cultural y lingüística en el caso de los primeros y a la proximidad geográfica en el de los segundos. La poca distancia que separa la Península Ibérica del norte de África ha tenido un efecto de llamada para muchos inmigrantes que diariamente intentan cruzar de modo ilegal, en embarcaciones rudimentarias que reciben el nombre de «pateras», el estrecho que separa España de Marruecos. Muchos mueren ahogados, otros son detenidos al llegar a las costas españolas y devueltos a su país de origen.

La emigración hace aflorar problemas de discriminación, explotación y racismo en el país que acoge a los inmigrantes. La aparición de brotes xenófobos tiene una relación directa con la concentración de trabajadores extranjeros en un lugar determinado. Éste fue, por ejemplo, el caso de los enfrentamientos violentos entre españoles y trabajadores extranjeros que tuvieron lugar en el pueblo de El Ejido, en la provincia de Almería, hace sólo unos años. El Ejido, con una población de 52.000 habitantes, tenía en esos momentos más de 17.000 emigrantes trabajando en la agricultura intensiva que caracteriza la economía de esa zona geográfica del sur de España. El homicidio de una muchacha del pueblo por parte de un inmigrante marroquí con problemas mentales, desencadenó una ola de violencia, que se prolongó por varios días, ante la pasividad de las autoridades gubernamentales. Los sucesos de El Ejido demostraron tanto la situación precaria en la que viven muchos emigrantes como la necesidad, a nivel local y nacional, de establecer mecanismos y prácticas de integración de los inmigrantes a la sociedad de acogida.

La afluencia masiva de inmigrantes en las dos últimas décadas ha tenido como consecuencia la redacción de la llamada Ley de Extranjería, que entró en vigor el 23 de enero de 2001. La ley intenta regular la entrada y permanencia en España de ciudadanos de otros países que, en su mayoría, entran de modo ilegal en el país en busca de trabajo. La Ley de Extranjería se aprobó a pesar de las críticas de muchos partidos políticos y de organizaciones no gubernamentales que la consideraban muy restrictiva. Desde la entrada en vigor de la ley, miles de inmigrantes han regularizado su situación mediante la consecución de un permiso de trabajo y de residencia. Por otra parte, la ley ha servido también de instrumento para expulsar del país a muchos otros inmigrantes. Después de más de dos años de vigencia, la Ley de Extranjería no ha acabado con la inmigración ilegal y tampoco ha reducido el número de inmigrantes sin documentos de trabajo. La mayoría de los especialistas en el tema comparten la idea de que una política migratoria debe dirigirse tanto a las sociedades de origen de los inmigrantes como a las de acogida si es que se desean lograr consecuencias prácticas a largo plazo. Para ser éticamente aceptable, la ley debe beneficiar la economía de todas las partes afectadas y tener siempre en cuenta los inevitables efectos sociales y culturales de la inmigración en el país receptor.

Un factor que permite tener una perspectiva más completa del fenómeno de la emigración es que España tiene una de las tasas de natalidad más bajas del mundo. Si la tendencia de las parejas españolas a no tener ningún hijo o sólo uno continúa, este país se convertirá en el año 2050 en el país más viejo del planeta. El problema de la falta de mano de obra en muchas regiones españolas aparece, por lo tanto, vinculado en un futuro cercano al del mantenimiento de la estructura productiva y del llamado «Estado de bienestar». Es decir, se necesita que haya suficientes personas jóvenes para mantener en funcionamiento con su trabajo y con el pago de los impuestos la seguridad social y el sistema de pensiones de una población de personas mayores de 65 años que va en aumento. Puede afirmarse entonces que, desde un punto de vista práctico y egoísta, la inmigración beneficia considerablemente a la economía española.

A. Para contestar

1. ¿De dónde son los emigrantes que llegan a España?

2. ¿Qué son las «pateras»?

3. ¿Cuándo se redactó la Ley de Extranjería? ¿Por qué? ¿Ha resuelto todos los problemas de emigración en España?

4. ¿Qué tipo de conflictos surge en las comunidades con mayor número de extranjeros?

5. ¿A qué se denomina «Estado de bienestar»?

6. ¿Plantea este texto alguna solución al problema?

B. Para comentar

En grupo intercambien su opinión sobre lo siguiente.

1. ¿Qué tipo de narrador presenta este texto? ¿Está a favor o en contra de la emigración a España? Cita ejemplos para explicar tu respuesta.

2. ¿Cómo se relaciona el texto que acaban de leer con la cita de Peri Rossi que lo encabeza?

3. ¿De que manera «Historia de Equis» nos muestra las dos partes del conflicto: el emigrante y la actitud de la sociedad de acogida?

 Para obtener más información sobre este tema visita www.prenhall.com/mujeresdehoy.

Testimonio

> «*No nací extranjero (...). Es una condición que he adquirido con el tiempo y no por voluntad propia*».
>
> *Cristina Peri Rossi*

El flujo migratorio de mujeres dominicanas a España, principalmente a Madrid, es un hecho muy reciente que empezó en 1989 y que se inscribe en el amplio proceso de la emigración internacional de los dominicanos, como respuesta al deterioro de las condiciones de vida en este país caribeño. El número de dominicanos fuera de la República Dominicana se aproxima al millón, de una población total de 7 millones de habitantes. Las dominicanas en Madrid trabajan fundamentalmente en el servicio doméstico, en calidad de internas (empleadas domésticas que limpian, cocinan y cuidan de los niños a cambio de un modesto salario, casa y comida). El siguiente testimonio, que apareció en la página de la red de AMDE (Asociación de Mujeres Dominicanas en España), recoge la experiencia de Dalia, una joven de la República Dominicana, un año después de su llegada a España.

Mientras leemos

1. Anota en tu cuaderno los datos que reflejan el tipo de vida que tenía Dalia en su país.
2. Haz una tabla de dos columnas. Anota en una las dificultades y en la otra los beneficios que Dalia encontró desde su llegada a España.

Pasé mi trabajito

Dalia

Me llamo Dalia y yo nací en Santo Domingo. Cuando tenía ocho años ya cuidaba una niña; lo que me daban era ropa y zapatos.

Me casé a los trece años y mi esposo tenía treinta y cinco. Era un señor mayor que yo, lo conocí en el autobús que me llevaba de Santo Domingo a Yamasá. Yo no quería a ese hombre, un primo mío era el que me agitaba. Yo quería seguir trabajando en la capital donde estaba.

Después —con mi marido— vinimos para Santo Domingo, ahí compramos un solar e hicimos una casa. De ahí me puse otra vez a trabajar, a lavar y a planchar, e hicimos la casa que todavía está ahí. A los quince años tuve la primera niña, a los diecisiete la segunda y así hasta cinco.

Yo vine aquí porque tuve cinco hembras... lo que yo ganaba allá no me daba para mantenerlas y darle la educación que yo quiero, quiero que estudien, que se hagan profesionales pa´ que no se queden igual que yo porque si mis padres no me hubiesen puesto a trabajar desde pequeña, si me hubieran puesto a estudiar yo no estuviera hoy en estas condiciones y yo eso es lo que no quiero de mis hijos.

Para España me vine porque entonces estaba trabajando con una chica española que estaba estudiando odontología y unos amigos de ella necesitaban una chica y me mandó para acá. Ha sido demasiado buena conmigo. Su familia me ha dado ropa. La ropa de frío yo no tuve que comprar una, toditos fue su familia que me la consiguieron.

Pero sucede que la gente con la que me mandaron no salieron como ellos pensaban. Era un chalet lejísimos. Estaba en ese chalet y pasaba el día desde las ocho de la mañana hasta las nueve de la noche trabajando. Un chalet de cuatro plantas y estaba sola porque ellos se iban y hasta la noche no volvían. El sueldo era muy bajo y era mata´ como una perra. Y tenía que lavar a mano: tenían lavadora y no ponían la lavadora, tenían lavavajillas y no ponían lavavajillas porque eso gastaba luz y también querían que usara agua fría habiendo agua caliente. Esa gente fueron muy malos. Ahí duré un mes y cinco días.

Me fui con unos vecinos suyos. Tanto ella como sus hermanos son muy buenos pero lo que pasa es que no pagan dinero. Me pagan 50.000 pesetas. Tengo que limpiar el polvo, lavar el baño, planchar, guisar, lavar los cacharros, llevar el niño al cole, irlo a buscar. Hago la comida y todo.

Yo creía que España era otra cosa. Pensaba que la vida era otra cosa y que los trabajos no eran así tan fuertes porque en mi país uno trabaja pero no son como aquí, los trabajos de allá son más suaves.

¡La vida!, lo que está duro es para los que estamos ilegales pero si yo estuviera legal estuviera trabajando y ganando dinero. Pues mira, hoy me llamó una amiga para trabajar en un restaurante pero como no tengo papeles, ¿cómo entro? Si lo primero que me dicen cuando llamo es que si tengo la residencia y como no la tengo... Me iban a dar 125.000 pesetas al mes, yo te digo...

Por lo demás, aquí se come otra clase de comida. Allá usamos «la bandera dominicana»; arroz, habichuelas y carne y la ensalada. Pero aquí se come mucha verdura y mucho marisco. Allá marisco lo comen los que pueden, la gente rica, que los que no pueden no comemos marisco. Yo no extrañé la alimentación porque he trabajado con mucha gente extranjera. Bueno, lo único, tú ves, es que la fruta de aquí no sabe como la de allá y los plátanos no se parecen en nada. Mira allá uno prepara un «morir soñando» de naranja y eso se da espeso y aquí si lo preparas lo que parece es agua, no sabes si tiene naranja.

Yo creía que lo iba a pasar más mal, que yo pensaba que si no aguantaba me marchaba a mi país porque como no me botaron de allá puedo volver cuando quiera. Pero como tuve buenos abrigos, buenos jerséis, buenas cosas, no sentí tanto frío y en la casa buena calefacción... yo ya me adapté a esto. Lo más difícil aquí es la vivienda porque no es igual que Santo Domingo que tú puedes llegar y cualquiera te deja pasar una noche o estar una semana en su casa pero aquí no. Aquí hasta la respiración cuesta dinero; hasta para alquilar un piso te exigen la residencia y el que viene y no sabe vivir viene a pasar trabajo y por eso se mete en la droga y hacen de todo porque no encuentran dónde meterse, no tienen dónde vivir y se meten debajo del Metro,[2] no sé dónde. Eso aquí es lo difícil.

A. Para contestar

1. Revisa tus notas y explica cómo era la vida de Dalia en la República Dominicana.

2. ¿Por qué decidió Dalia emigrar a España?

3. ¿Con qué problemas se encontró Dalia en su trabajo?

4. ¿Qué diferencias encuentra Dalia entre la vida en su país y la vida en España?

5. Examina las dos columnas que hiciste mientras leías el testimonio de Dalia. ¿Se queja Dalia de su situación o se considera con suerte? ¿Por qué?

6. ¿Para quién puede resultar más difícil emigrar a otro país: para un hombre o para una mujer? Explica tu respuesta.

7. Ambos, Equis y Dalia, son emigrantes, ¿son sus situaciones similares o diferentes? ¿Quién parece tener más recursos para sobrevivir? ¿Tienen el mismo o diferente nivel cultural? ¿En qué basas tu respuesta?

8. ¿Qué relación tiene la cita de Peri Rossi, que encabeza esta sección, con el testimonio de Dalia?

9. Compara las voces narrativas del texto literario de Cristina Peri Rossi y el testimonio de Dalia.

---

[2]Abreviación de «Metropolitano». Nombre que se le da a la red de transporte subterráneo en España.

Clases de inglés

B. Para comentar

En grupo comenten lo siguiente.

1. ¿Qué solución ven a la situación de Dalia? ¿Creen que se integrará en la sociedad española o que terminará volviendo a la República Dominicana?

2. ¿Qué podrían hacer las familias para las que trabaja Dalia para ayudarla?

3. ¿Qué podría hacer Dalia para mejorar su situación?

4. En la fotografía al inicio de la página se ve a un grupo de mujeres que está tomando clase de una segunda lengua. ¿De qué manera puede beneficiar aprender la lengua del país al que se emigra? ¿Con qué dificultades se pueden encontrar las mujeres emigrantes para poder asistir a clases de idiomas?

 Para obtener más información sobre este tema visita www.prenhall.com/mujeresdehoy.

SEGUNDA LECTURA

En las lecturas anteriores se presentaba la reciente problemática de España como país receptor de inmigrantes. El siguiente texto se sitúa en México, un país con una larga tradición de acogida de emigrantes de todo el mundo. La autora describe las experiencias de dos hermanas que intentan adaptarse a la cultura mexicana para sentirse plenamente aceptadas.

INFORMACIÓN BIOGRÁFICA

Elena Poniatowska nació en París en 1932. Es hija de una exiliada mexicana y de un descendiente de la familia real de Polonia. En 1941, a consecuencia de la Segunda Guerra Mundial, la madre de la escritora decidió volver a México con sus dos hijas mientras su padre permaneció luchando en el ejército francés hasta el final del conflicto cuando se reunió con su familia en México, donde se establecieron tras la guerra.

    Desde muy joven Elena Poniatowska se ha dedicado al periodismo y a la literatura. Es una ardua defensora de los derechos humanos y sus obras siempre intentan dar voz a los oprimidos ya sean mujeres, indígenas o personas de las clases más humildes. Entre sus obras destacan *Querido Diego, te abraza Quiela* (1978), *La noche de Tlatelolco* (1971) y *La flor de Lis* (1988), una obra autobiográfica. El siguiente fragmento pertenece al cuento «El volcán y su volcana» publicado en el periódico español *El País* del 1 de septiembre de 2002.

 Para obtener más información sobre este tema visita www.prenhall.com/mujeresdehoy.

Actividades de pre-lectura

A. Para contestar

1. Escribe diez palabras que generalmente se asocian con el término «volcán».
2. ¿En qué partes del mundo hay volcanes activos? ¿Recuerdas el nombre de algún volcán famoso? ¿Dónde está?

B. Para comentar

Compara tus respuestas al ejercicio anterior con las de un/a compañero/a. ¿Son similares o muy diferentes?

Mientras leemos

1. Subraya en el texto las secciones que muestren los sentimientos y emociones de las dos hermanas.
2. Escribe un resumen de la leyenda de Popocatepetl con tus propias palabras.

El volcán y su volcana

Elena Poniatowska

Realmente ni ella ni yo sabíamos a dónde íbamos. A las niñas no se les dan tantas explicaciones, se les dan sus besos. Lo que sí nos ofrecían era un país nuevo, distinto, en que no éramos más que unas cochinas extranjeras. «Lárguense a su tierra»

—nos decían en la calle. Cuando mamá salía subíamos a la azotea a rezar por los que se habían quedado en la Guerra. Entonces las mujeres que descolgaban la ropa del tendedero porque iba a caer la noche nos decían: «Pinches fuereñas ¿qué hacen aquí chupándole la sangre a nuestro país?».

Sin embargo, ni ella ni yo nos sentíamos forasteras a pesar de que nos consideraban gabachas.[3] «Miren, las metecas ésas comen chile. Ahora segurito se van a zampar un mole de Oaxaca». Al contrario, queríamos pertenecer, lo deseábamos con desesperación pero no nos dábamos cuenta de la gravedad de nuestra angustia hasta que en una pollería vimos un calendario lascivo de Jesús Helguera en glorioso technicolor: los dos volcanes que presiden la vida del valle de México.

Emocionadas, escuchamos al pollero contarnos la historia de un cacique traicionado que emprendió una guerra a muerte contra el emperador azteca y para ello buscó al Popocatepetl. Él le dijo que sí, a cambio de la Ixtacihuatl, su hija, a quién amó desde que la vio por primera vez. Ixtacihuatl murió, quizá porque su padre prefirió matarla a entregarla en premio. «Has ganado pero de mi hija sólo puedo darte el cadáver». Popocatepetl tomó a la princesa en sus brazos y la llevó hasta la cima nevada. Allí tendió el cuerpo de la amada, cruzó sus brazos sobre su pecho como se les hace a todos los muertos y encorvado bajo el peso de su tragedia se arrodilló a su lado. Dobló la cabeza y veló la noche entera. A la mañana siguiente ya no eran hombre y mujer sino volcán y volcana. Él era capaz de estallar, ella dormiría de aquí a la eternidad.

El pollero entró en éxtasis al contar la leyenda y nosotras decidimos reencarnarla. «Tú vas a ser mi volcana» —le dije a ella. «Vamos a demostrarles a estos señores que no somos despreciables por venir de fuera». Para conseguirlo, fuimos al corazón del volcán a preguntarle si teníamos vocación de montañas. Como respuesta volcán nos abrió la mente. Nos hizo entender que si de algo somos es de la tierra, que el mar se desborda, cubre todo el planeta y se tiende por igual ante las ventanas pero que los volcanes son la única posibilidad de desahogo de la tierra, a través de ellos suspira y tiene sus catarsis.

Después ya no fuimos las mismas. Comprendimos que no pertenecíamos al país de donde habíamos venido ni tampoco a éste. Quisimos entrar al volcán para volvernos mexicanas y lo que descubrimos fue una manera distinta de pertenecer. Volcán nos abrazó: «Ustedes son mías como yo soy de la tierra». Bajamos al pueblo alucinadas y con un único deseo: volvernos montañas.

Análisis del contenido

A. Para contestar

1. ¿Alguien les explicó a las niñas adónde se mudaban y por qué?
2. ¿Se sienten ellas aceptadas en el nuevo país? ¿Por qué?
3. ¿De dónde vienen las dos niñas? ¿Por qué emigraron a otro país? ¿Dónde viven ahora?
4. ¿Por qué se sienten angustiadas?

---

[3]Término despectivo para denominar a las persones de origen Francés

5. El pollero narra la leyenda de Popocatepetl. ¿Quién era Popocatepetl? ¿Qué le sucedió? Repasa tu resumen antes de responder esta pregunta.

6. Muchas leyendas tienen la función de dar explicaciones a fenómenos de la naturaleza. ¿Qué fenómeno geológico intenta explicar esta leyenda?

7. Los dos volcanes del valle de México, D. F. son parte de la identidad de la ciudad y por ello se consideran símbolos de la ciudad misma. En este cuento el volcán *habla* con las niñas. ¿Qué les explica? ¿Por qué sus palabras son tan importantes para ellas?

8. ¿Cómo contrasta la manera en que «volcán» trata a las dos niñas con el comportamiento de los demás mexicanos?

9. Al final de la narración, ¿todavía se sienten angustiadas las niñas? ¿Por qué? ¿Qué han aprendido?

B. Para escribir

En parejas resuman el *argumento* de este cuento en menos de cinco líneas e inventen un nuevo título que refleje la *idea central* del texto.

C. Para comentar

En grupo comparen las narraciones de Peri Rossi y Poniatowska.

1. ¿Qué elementos en común tienen las narraciones de Peri Rossi y de Poniatowska?

2. ¿Tratan de manera similar o distinta el problema del emigrante?

3. ¿Cuál de estas lecturas te parece más optimista? ¿Por qué?

4. ¿Ofrecen soluciones estos textos o sólo plantean conflictos?

Situaciones _____

En la narración que acabamos de leer, la visita al volcán transforma a las niñas. Ellas aprenden a sentirse diferentes. Piensa ahora en tu propia experiencia, ¿has sentido alguna vez que un elemento de la naturaleza —una puesta de sol, un paisaje, las estrellas, una montaña, el mar, etc— te hayan hecho pensar en tu vida y aprender algo nuevo sobre ti mismo/a? Comparte tu experiencia con tus compañeros/as de clase.

Análisis literario

A. Para reflexionar

1. Comenta las características de la voz narrativa de «El volcán y su volcana». ¿Qué tipo de narrador es? ¿Es omnisciente? ¿Es objetivo o subjetivo? Busca ejemplos en el texto que demuestren tus afirmaciones.

2. Tanto en la narración de Peri Rossi como en la de Poniatowska aparece otra historia intercalada dentro de la narración principal. ¿Cuál es el objeto de esta técnica literaria?

3. En la narración aparecen tres símbolos tomados de la naturaleza: el mar, el volcán y la montaña. ¿Qué representa cada uno de ellos?

4. El volcán cobra vida en la historia y la narradora pasa a llamarlo «volcán», sin el artículo, para convertirlo en nombre propio. En tu opinión, ¿por qué Poniatowska elige al volcán para ayudar a las niñas?

5. Al final del cuento las niñas deciden «convertirse en montañas». ¿Qué significan esas palabras?

B. Para comentar

En grupo discutan el significado de los siguientes fragmentos del texto. ¿Por qué son importantes para comprender la idea central?

1. «Realmente ni ella ni yo sabíamos a dónde íbamos. A las niñas no se les dan explicaciones, se les dan sus besos».

2. «Sin embargo, ni ella ni yo nos sentíamos forasteras a pesar de que nos consideraban gabachas».

3. «Comprendimos que no pertenecíamos al país de donde habíamos venido ni tampoco a éste».

4. «Quisimos entrar al volcán para volvernos mexicanas y lo que descubrimos fue otra manera de pertenecer. Volcán nos abrazó: Ustedes son mías como yo soy de la tierra».

C. Para escribir

En parejas, escriban una historia basándose en la perspectiva de una de las mujeres que va a tender ropa a la azotea de la casa donde viven las protagonistas. Pueden seguir los siguientes pasos:

1. Lean con cuidado la información que la narración da sobre las personas que rechazan a las dos niñas y lo que dicen.

2. Imaginen la información que no nos proporciona la autora: ¿Qué tipo de vida tiene la mujer de la azotea? ¿Por qué rechaza a las niñas? ¿Por qué no muestra comprensión hacia su situación?

3. Redacten su propio cuento con una longitud de una página a doble espacio (250 palabras).

4. Compartan su cuento con el resto de la clase. Después voten para escoger el más original o el más auténtico.

Establece vínculos

A continuación vamos a establecer vínculos entre las lecturas, los conceptos aprendidos y nuestras experiencias personales.

A. Tu opinión

En grupos de tres o cuatro estudiantes compartan sus ideas con respecto a lo siguiente.

1. ¿Has tenido alguna vez la experiencia de sentirte solo/a o aislado/a de las personas que te rodean? ¿Cuándo? ¿Por qué te sentías así?

2. ¿Cuál es el sitio más lejano que has visitado? ¿Por qué fuiste? ¿Cómo fue tu experiencia?

3. Si tu familia —tus padres y hermanos— tuviera que dejar el país donde vive, ¿en qué país sería más fácil su adaptación e integración? ¿Qué tendrían en cuenta antes de mudarse? ¿Preferirían un país de habla inglesa o no les importaría?

4. Si tú tuvieras que emigrar solo/a a un país de habla hispana, ¿cuál preferirías? ¿Por qué? ¿Qué sabes de ese país? ¿En qué países de habla hispana no te gustaría vivir? Explica por qué.

5. Si tuvieras que emigrar mañana mismo a otro país, ¿qué trabajos podrías desempeñar?

6. ¿Tienes parientes, amigos o conocidos en el extranjero? ¿Dónde viven? ¿En qué trabajan? ¿Son de ese país o emigraron hace poco tiempo? ¿Crees que podrías contar con su apoyo si te mudaras allí?

7. ¿Qué recomendaciones le darías a una persona que no habla español que tuviera que emigrar a un país de habla hispana?

8. Equis compra libros y música cada vez que llega a una ciudad. Si tuvieras que irte de tu país y sólo pudieras llevar una bolsa de mano, ¿qué objetos te llevarías? ¿Por qué? ¿Tienen esos objetos valor sentimental o práctico?

9. En una entrevista, Cristina Peri Rossi describe su exilio como: «una experiencia larga, dolorosa, totalizadora. Un exilio que fue una pasión, tan fuerte como el amor». ¿Qué podemos deducir de estas palabras? ¿Fue fácil su integración en España? ¿Por qué compara la autora su experiencia del exilio con un sentimiento?

Campo de refugiados

10. En la fotografía de la página anterior podemos ver un campamento de refugiados que podrían provenir de alguna zona conflictiva de la Europa del Este o de Oriente Medio. ¿Qué retos tendrá el niño que nos mira desde el primer plano? ¿Con qué problemas se enfrentará en el presente? ¿Qué problemas lo esperan en el futuro? ¿Qué emociones despierta esta fotografía en la persona que la observa? ¿Qué es lo que más te impresiona a ti? ¿Crees que esa era la intención del fotógrafo?

B. En perspectiva

En grupos de tres estudiantes comenten lo siguiente.

1. Según el artículo «La emigración laboral en España» (páginas 171–73) ¿De qué otras partes del mundo se emigra hacia España?

2. ¿Qué factores pueden facilitar la integración de un/a emigrante en la sociedad que lo/la acoge?

3. Basándote en su respuesta anterior, ¿qué grupos piensan que encuentran más dificultades en integrarse a la sociedad española? ¿Por qué? ¿Qué facilitaría su adaptación?

4. ¿Podrían situar a Equis en el mapa? ¿De dónde viene? ¿De qué raza es? ¿A qué país emigró? ¿Por qué? ¿Es esta ambigüedad un accidente? ¿Podrían identificarlo con alguna de las personas de las fotografías que aparecen en esta unidad? ¿Con quién?

Dibuja líneas que conecten el lugar de origen y el destino de los siguientes emigrantes, grupos de emigrantes o hechos relacionados con el tema de la emigración: Cristina Peri Rossi, Elena Poniatowska, los padres de Poniatowska, Dalia, los sucesos de El Ejido en Almería, las personas de las fotografías al comienzo de la unidad.

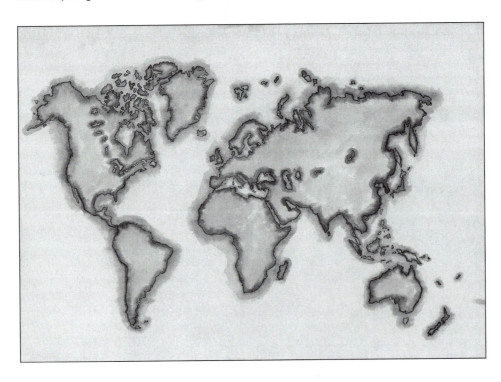

C. En la prensa

Lean y comenten la siguiente noticia aparecida el 26 de febrero de 2002 en el periódico español *El País*. La firma la periodista Rosa Montero.

Melva es una chica ecuatoriana de 24 años que, en noviembre de 2000, en mitad de la noche y del frío invernal, buscó refugio en el madrileño parque del Retiro para parir. Puedo imaginar su miedo y su soledad, mientras se acurrucaba entre las matas como un animalillo perseguido. Después de dar a luz se desmayó; el bebé, desatendido, falleció. Hace poco, un jurado español condenó a Melva a diecisiete años y seis meses de prisión por haber abandonado al recién nacido. El jurado decidió por unanimidad y ni siquiera empleó media hora en deliberar antes de aplastar a Melva con una pena tan formidable. Se diría que el caso de una inmigrante paupérrima, sin papeles y casi sin palabras, no les pareció lo suficientemente sustancial como para dedicarle una reflexión más tamizada, una cuota mayor de pensamiento.

Y, sin embargo, es importante saber que Melva tuvo que ponerse a trabajar a los ocho años; que se entrampó para venir a España con esos usureros que comercian con el sudor y la sangre de los inmigrantes. Que un mes antes de viajar la violaron y llegó a nuestro país embarazada. Que con su trabajo como doméstica tenía que pagar a los usureros y mantener a sus nueve hermanos en Ecuador. Aterrada ante la posibilidad de perder el empleo, Melva ocultó su estado a todo el mundo. Estaba sola, sin amigos y sin familia, en situación legal irregular. Por no saber ni siquiera sabía que tenía derecho a una asistencia médica: «Pensé en ir a un hospital, pero no tenía cómo pagarlo». Esa monumental indefensión, en fin, se ha visto coronada ahora por una sentencia abrumadora.

Podían haber acusado a Melva de negligencia (de uno a tres años de cárcel), pero echaron sobre ella los delitos más duros: homicidio con premeditación, alevosía de abandono y agravante de parentesco. Una curiosa ferocidad condenatoria, si tenemos en cuenta que, por ejemplo, los maridos maltratadores y torturadores reciben a menudo sentencias ridículas. Estoy convencida de que, si Melva está en la cárcel, es porque nadie se molestó en preguntarse qué circunstancias de desamparo absoluto la llevaron a una tragedia así una noche de invierno. Hay un recurso de apelación pendiente. Tal vez aún podamos remediarlo.

D. Debate

Dividan la clase en dos grupos y preparen la defensa o acusación para Melva. ¿Están de acuerdo con la decisión del jurado? ¿Piensan que el castigo de Melva fue justo o demasiado duro? Imaginen que Uds. hubieran tenido la oportunidad de estar en la sala del tribunal. ¿Qué habrían dicho para defender o acusar a Melva? Presenten a la clase sus conclusiones. Finalmente, decidan por votación cuál de los dos planteamientos es el más completo y convincente.

E. ¿Estás de acuerdo?

Indica si estás a favor o en contra de las siguientes afirmaciones. Después, en grupo discute las razones de tu punto de vista.

	A favor	En contra
1. Cuanto mayor es el nivel cultural del inmigrante, más fácil es adaptarse a la vida en otro país.	☐	☐
2. Un país debe mantener cuotas para limitar la entrada de inmigrantes.	☐	☐
3. No deberían existir las fronteras.	☐	☐
4. Los extranjeros les quitan el trabajo a las personas del país.	☐	☐
5. Los movimientos migratorios van de sur a norte.	☐	☐
6. Los inmigrantes no pagan impuestos pero se benefician de los servicios sociales que pagan los ciudadanos del país.	☐	☐
7. Si emigras a un país donde se habla tu lengua no tendrás problemas de adaptación.	☐	☐
8. Los extranjeros no aprenden la lengua del país porque no tienen interés en integrarse a la sociedad.	☐	☐

F. Temas para hablar y escribir

1. La historia de mi familia. Habla con miembros de tu familia para investigar la historia de uno de tus antepasados que haya emigrado. Escríbela y no dejes de incluir el proceso de integración y adaptación a la cultura del nuevo país.

2. Entrevista a un estudiante extranjero. Ponte en contacto con un/a estudiante extranjero/a a través de la oficina de estudiantes internacionales de tu universidad. Prepara un cuestionario para hacerle una entrevista. Incluye preguntas sobre su vida en su país de origen, su vida ahora, su adaptación al nuevo país, etc. Entrevístalo/la y graba o toma nota de sus respuestas. Organiza tus notas y redacta la entrevista en forma de narración.

Otras voces

«Los emigrantes tenemos una vida emocional muy inestable».

Cristina Peri Rossi

El cine español más reciente ha intentado mostrar algunas de las facetas menos conocidas de la inmigración a España. Algunas de estas películas son *Said* (1998), *En la puta calle* (1998), *Cosas que dejé en La Habana* (1999) y *Flores de otro mundo* (1999) de la joven actriz y directora Icíar Bollaín.

Flores de otro mundo muestra las relaciones sentimentales que mantienen tres parejas en Santa Eulalia, un pequeño pueblo de la provincia de Guadalajara. La historia de una muchacha dominicana, Patricia, que se casa con Damián, un agricultor, da tono unitario al conjunto de las tres historias. Las otras dos, la de Marirrosi, una mujer española y Alfonso, el cultivador del vivero del pueblo, y la de Milady, una joven cubana negra y un constructor, Carmelo, sirven de contrapunto a la historia principal.

El caso del pueblo de la película, Santa Eulalia, es sintomático de la dramática despoblación del campo en determinadas regiones españolas en los últimos 25 años. Este problema se agrava por la masculinización de la población rural de esas zonas que se concentra, además, en el grupo central de edad; es decir de los 20 a los 49 años de edad con lo que se reduce la natalidad.

La elección de una puesta de escena rural sirve también para criticar la oposición binaria que construye generalmente el discurso dominante entre dos modelos culturales que se clasifican ideológicamente como el mundo tradicional y el moderno: el de los países desde los que se emigra y el del país al que se inmigra, en este caso España. Esta oposición otorga a la sociedad receptora un papel de superioridad. Por el contrario, las poblaciones inmigrantes quedan caracterizadas como provenientes de un mundo tradicional y portadora de un sistema de valores arcaico y desigualitario. *Flores de otro mundo* muestra no sólo la falsedad de esa oposición sino, lo que es más importante, la necesidad que tienen las personas de distintas culturas de comunicarse y negociar su identidad en ese proceso.

Debes mirar la película *Flores de otro mundo* antes de realizar las actividades siguientes.

A. Para contestar

1. ¿Cuáles son los personajes femeninos principales de la película? ¿De dónde vienen? ¿Con qué problemas se enfrentan? ¿Cómo termina la historia de cada una de ella?

2. ¿Cómo perciben los hombres del pueblo a las dos muchachas extranjeras? ¿Qué comentarios hacen sobre ellas?

3. ¿Cómo acogen las mujeres del pueblo a las dos jóvenes? ¿Por qué?

4. Cita algunas diferencias culturales que crean conflictos entre los españoles y las muchachas caribeñas.

5. ¿Qué provoca la pelea entre Patricia y Damián? En tu opinión, ¿quién tiene razón?

6. Algunos personajes evolucionan en el transcurso de la película mientras que otros permanecen estancados en sus ideas. ¿Cuáles son los personajes principales que evolucionan y cuáles los que no? Da ejemplos que apoyen tus ideas.

B. Para comentar

En parejas comenten lo siguiente.

1. ¿Qué problemas de la sociedad y la economía de la España actual se reflejan en la película?

2. Generalmente se presupone que los inmigrantes provienen de una sociedad «inferior» o «menos avanzada» que la del país al que emigran. ¿Qué piensas sobre esta afirmación? ¿De qué manera *Flores de otro mundo* la contradice? Cita ejemplos.

3. Los estereotipos de la sociedad hispanoamericana suelen sugerir que es mucho más conservadora y patriarcal que la sociedad española. ¿Se confirma en la película esta idea o se refuta?

4. Explica el título de la película en relación al tema que trata.

5. Equis, el personaje de Peri Rossi, asegura que: «los emigrantes tenemos una vida emocional muy inestable». ¿Es ese el caso de Milady y Patricia? ¿Cómo se explica esa inestabilidad? ¿Está ligada a la personalidad de ellas o a su condición de emigrantes?

C. Para escribir

Escribe una narración en forma de diario bajo la perspectiva de uno de los personajes de la película. Puedes seguir los siguientes pasos:

1. Escoge a uno de los personajes de la película.

2. Haz una lista de toda la información que la película nos ofrece sobre ese personaje.

3. Imagina la información que no conoces.

4. Escribe una narración (dos páginas a doble espacio) en primera persona en la que cuentes las experiencias del último año.

> *«La extranjeridad es una condición precaria».*
>
> *Cristina Peri Rossi*

INFORMACIÓN BIOGRÁFICA

El dominicano **Juan Luis Guerra** es uno de los cantautores más populares y apreciados en el mundo hispano. Una de sus cualidades es su gran habilidad para combinar temas controvertidos con música atractiva, alegre y bailable. En la canción que sigue el autor denuncia la problemática de la enorme emigración hacia el extranjero que sufre su país utilizando el ritmo del «merengue», un baile caribeño.

Visa para un sueño

Juan Luis Guerra

Eran las cinco de la mañana
un seminarista, un obrero
con mil papeles de solvencia
que no le dan pa' ser sinceros

Eran las siete de la mañana
y uno por uno al matadero
pues cada cual tiene su precio
buscando visa para un sueño

El sol quemándoles la entraña
un formulario de consuelo
con una foto dos por cuatro
que se derrite en el silencio

Eran las nueve de la mañana
Santo Domingo, 8 de enero
con la paciencia que se acaba
pues ya no hay visa para un sueño

Buscando visa para un sueño
buscando visa para un sueño
Buscando visa de cemento y cal
y en el asfalto quién me va a encontrar

Buscando visa para un sueño
buscando visa para un sueño
Buscando visa, la razón de ser
buscando visa para no volver

A. Para contestar

1. ¿De dónde son las personas que desean obtener una visa?

2. ¿Por qué se usa el término «matadero» para referirse a las oficinas del consulado que da las visas?

3. ¿Cómo sugiere la canción que es difícil obtener una visa para emigrar a otro país?

4. ¿Cómo explicarías el verso «y en el asfalto quién me va a encontrar»? ¿Podrían ser Equis y/o Dalia ejemplos del sentimiento que nos quiere transmitir esta canción? Explica tu respuesta.

5. ¿A qué se refiere Juan Luis Guerra cuando dice «visa para un sueño»? ¿Qué buscan los emigrantes cuando salen de su país? ¿Qué esperan encontrar? ¿Suelen tener éxito?

6. ¿Cómo termina la canción? ¿Es éste un final esperanzador o pesimista?

7. Relaciona el tema de la canción con la cita de Peri Rossi que encabeza esta sección.

B. Para comentar

En grupo, comenten lo siguiente.

1. ¿Qué quiere decir que «la extranjeridad es una condición precaria»?

2. Citen ejemplos que ilustren esta situación de los distintos textos sobre este tema que han leído.

3. ¿Qué cantantes famosos de su país escriben o cantan canciones con temas políticos? ¿Qué problemas suelen tratar sus canciones? ¿Recuerdan la letra de alguna de ellas?

Bibliografía

Flanders, Stephen. *Atlas of American Migration*. New York: Facts on File, 1998.
González, Juan. *Harvest of Empire: a History of Latinos in America*. New York: Viking, 2000.
Italiano, Silvia. *Un aire de familia*. Barcelona: Seix Barral, 1995.

Livi Bacci, Massimo. *Inmigración y desarrollo: comparación entre Europa y América*. Barcelona: Fundación Paulino Torras Domènech, 1991.

Parada, Soledad. *Women and Demographic Change: Statistics and Indicators*. United Nations, Economic Commission for Latin America and the Caribbean, 1989.

Peri Rossi, Cristina. *La nave de los locos*. Barcelona: Seix Barral, 1989.

Poniatowska, Elena. *La flor de lis*. Barcelona: Plaza & Janés, 2001.

Santiago, Esmeralda. *Casi una mujer*. New York: Vintage español, 1999.

Sartori, Giovanni. *La sociedad multiétnica: pluralismo, multiculturalismo y extranjeros*. Madrid: Grupo Santillana de Ediciones, 2001.

Suro, Roberto. *How Latino Immigration Is Transforming America*. Washington, D.C.: IDB Cultural Center, 1998.

Ecología y pobreza

Introducción al tema

Si bien existe desde hace tiempo consenso en la comunidad científica sobre la progresiva degradación del entorno natural en que vivimos, no ha sido posible alcanzar un compromiso a escala global para generar alternativas de desarrollo que sean ecológicamente sostenibles y socialmente justas. A ello ha contribuído la divergencia de posturas respecto al tema del medio ambiente. Hay, por un lado, amplios sectores de opinión que han adoptado una actitud catastrofista y auguran un porvenir apocalíptico para el futuro del planeta. Otros, por el contrario, niegan esas previsiones y se limitan a asistir indiferentes al aumento, con el paso del tiempo, del deterioro ambiental.

La ecología se ha convertido en los últimos años en tema de estudio y debate y, sin duda, en uno de los principales problemas políticos en muchas partes del mundo. Nos hemos habituado a ver imágenes y escuchar noticias en los medios de comunicación sobre el agujero en la capa de ozono, el efecto invernadero (el calentamiento de la tierra), la deforestación, la emisión de gases nocivos y el vertido de desechos tóxicos con la consiguiente contaminación del aire y del agua, la escasez de los recursos naturales y la pérdida de la biodiversidad. La degradación del medio ambiente ha supuesto una grave amenaza para la supervivencia de numerosas comunidades que, o han sido desplazadas, o se han visto obligadas a alterar sustancialmente su modo de vida. Otra consecuencia ha sido el empobrecimiento de más de la mitad de la población mundial que depende estrechamente del ecosistema que habita para subsistir.

Una de las principales causas de la degradación del medio ambiente la constituye la acumulación de bienes materiales en los países occidentales, a pesar de que la consecución de esos bienes comporta la degradación y en muchos casos la destrucción de recursos naturales y formas de vida. Resulta razonable plantearse la relación existente entre el deterioro del medio ambiente y la ideología del consumo prevalente en los países occidentales, que siguen un modelo de progreso y desarrollo basado exclusivamente en el incremento de los beneficios económicos. Las amenazas crecientes para la salud presente y futura del planeta exigen medidas que limiten la producción y consumo desorbitados en los países ricos. Se necesita la voluntad social y política que promueva mediante el control de las grandes empresas, la promulgación de leyes y la difusión de campañas informativas y educativas, un cambio de mentalidad que haga posible la conservación del medio ambiente y la erradicación del hambre y la pobreza.

Para comenzar
Describe la fotografía de la página siguiente y comenta con un/a compañero/a la relación que tiene con el tema de esta unidad.

1. ¿En qué pasíses del mundo pueden estar ocurriendo escenas como ésta?
2. ¿Cómo afecta esta situación al presente de estas niñas?
3. ¿Cómo influirá en su futuro?

PRIMERA LECTURA

La literatura ha expresado la preocupación por el deterioro del medio ambiente y el futuro de nuestro planeta desde principios del siglo XIX cuando las consecuencias para la naturaleza de la revolución industrial despertaron la inquietud de escritores e intelectuales. La primera lectura de esta unidad plantea el tema de la extinción de especies animales en Argentina.

INFORMACIÓN BIOGRÁFICA

La escritora **Eleuteria Demitrópulos** nació en la provincia de Jujuy, en Argentina. Se la conoce, sin embargo, como Libertad, que es la traducción al español de su nombre griego. Se graduó en Filosofía y Letras de la Universidad de Buenos Aires. En 1953 publicó un libro de poemas titulado *Muerte, animal y perfume*. A pesar de haberse dedicado toda su vida al periodismo y la poesía, se la conoce más como novelista. Algunas de sus novelas son *La flor de hierro* (1978), *Sabotaje en el álbum familiar* (1984), *Un piano en Bahía Desolación* (1994). En 1996 se reedita su novela *Río de las congojas* (1980) considerada una de las mejores de la literatura argentina, a la que se le concede el premio Boris Vian, otorgado por otros escritores. Libertad Demitrópulos es también autora de una biografía novelada de Eva Perón. La escritora murió en 1998.

Para obtener más información sobre este tema visita www.prenhall.com/mujeresdehoy.

Actividades de pre-lectura

A. Para contestar

1. El quirquincho es un animal en peligro de extinción que pertenece a la familia de los armadillos. Su caparazón se emplea para construir el instrumento musical llamado charango. ¿Conoces otras especies de animales que también se encuentren en peligro?

2. Muchos animales se convierten en símbolos de naciones como, por ejemplo, el toro en España. ¿Qué animal puede considerarse simbólico de tu país? ¿Qué valores representa?

3. Los protagonistas del cuento que vas a leer son animales. ¿Has leído otras historias cuyos protagonistas sean animales? ¿Cuál era el tema que trataban?

4. En tu opinión, ¿por qué algunos autores utilizan animales como protagonistas de sus cuentos? ¿Qué propósito tiene usar animales en vez de personas en las obras de ficción?

B. Para comentar

Comparte y comenta con un/a compañero/a tus respuestas al ejercicio anterior.

Mientras leemos

1. Subraya todas las secciones del texto donde encuentres información sobre los animales que se mencionan en el cuento.

2. Resume en un párrafo corto la idea central del cuento.

Ocre, el quirquincho

Libertad Demitrópulos

Al anochecer salían los peludos de sus madrigueras e iban a reunirse en un claro del chaco con sus parientes el pichiciego, la mulita y el mataco o bolita. Estaban muy agitados porque la cosa se estaba poniendo fea para ellos. Ya no se podía vivir tranquilo. Pasaban el día adentro de las galerías que excavaban cerca de los hormigueros y nidos de comejenes para tener próxima la comida y el que se aventuraba a sacar la punta de la nariz corría el peligro de ser atrapado. Aun la noche era peligrosa para ellos.

Que estaban muy agitados es un decir, porque la verdad es que ellos en ningún momento perdían su pasividad, salvo uno llamado Ocre que era el alborotador del lugar.

—Ya no son solamente los indios y paisanos los que nos atacan para comernos y luego hacer charangos con nuestro caparazón —decía Ocre—, sino que ahora han aparecido unos hombres que nos buscan para llevarnos como piezas de museo; dicen que para estudiarnos. Ellos nunca sabrán de nosotros lo que nos cuentan nuestros abuelos, quienes, a su vez, lo han oído de sus abuelos...

Pero los hombres que buscaban cazar a los peludos, tatús y otros armadillos, sabían muchas más cosas con respecto a estos animales que lo que ellos mismos sabían. Que eran los representantes de especies extinguidas que hace millones de años poblaban la República Argentina. Que sus abuelos habían sido el gliptodonte, el megaterio y el nylodon, todos más grandes que los elefantes y rinocerontes. Estos abuelos habían recorrido las llanuras arenosas de nuestra patria y sus campos extensos cercanos a la selva espesa, aunque nunca se habían internado en ella. A veces un labrador que araba su campo o un albañil que excavaba los cimientos de una casa, encontraban algún esqueleto de esos abuelos. Entonces venían los hombres de ciencia y se llevaban el esqueleto para estudiarlo. Y así pudieron descubrir el origen de los primitivos pobladores de esta tierra.

A Ocre, el peludo agitador de masas, no le importaba un comino lo que buscaban esos hombres, más bien detestaba que anduvieran metiéndose en las vidas ajenas. ¿A quién molestaban ellos, vamos a ver? ¿A quién podría importunar la vida sosegada de los armadillos?

Los pichiciegos, peludos y bolitas estaban alborotados y discurrían todas las noches sobre la forma de capear la situación. En realidad el único que discurría era Ocre porque los otros siempre permanecían en silencio durante las reuniones y luego regresaban cabizbajos a sus madrigueras donde vivían solos pues no les gusta vivir en común. A la noche siguiente otra vez Ocre los convulsionaba con sus arengas:

—Ayer se llevaron a Ñanderú, el bolita que vivía al lado de mi madriguera. Como el día estaba nublado Ñanderú salió a buscar comida. Los hombres se habían escondido entre las plantas y Ñanderú no los olfateó, cosa rara. Lo dejaron caminar un trecho y de pronto aparecieron en tropa. No tuvo tiempo de escapar y, aunque encogió las patas y clavó en el suelo los dientes del caparazón, ellos hicieron fuerza con unas palas y lo arrancaron. Yo veía todo desde una galería de mi casa y no pude hacer nada. Es otro que se nos va. Y si se extingue nuestra raza, hermanos, ¿hemos sobrevivido tantos siglos para que ahora nos exterminen?

Los otros miraban con sus ojitos semidormidos y movían la cabeza. Se quedaban pensativos un rato, después emprendían la retirada. No parecían muy convencidos de los alarmantes discursos de Ocre.

Pasaba el tiempo y en cada invierno y en cada primavera nacían pequeños armadillos, ya fueran quirquinchos, mulitas o pichiciegos, que pasaban a ocupar el lugar de los desaparecidos. Pero Ocre insistía:

—¿No ven que nos estamos extinguiendo? Los indios y los hombres de ciencia (y los músicos, no olvidarse de los músicos) terminarán con nosotros. Somos los últimos representantes de nuestra raza. Hay que reaccionar, hermanos. Debemos organizar algo.

Ocre ya tenía bandas de su caparazón medio desarticuladas de tan viejo que estaba.

Como el período de lactancia entre ellos es muy corto, no tardaban de salir al aire libre los pequeños que habían nacido en la estación anterior. Abandonaban a la madre y a los otros hermanos y se iban a vivir solos en madrigueras que construían.

Un día Ocre percibió con su agudo olfato el olor del hombre blanco. «Este es el fin», se dijo, y empezó a cavar hacia dentro de las galerías de su casa. Picos y palas resonaron sobre el techo de tierra y pronto tuvo que prenderse con toda la fuerza de sus uñas y estirar lo más que pudo los cíngulos de la espalda hasta hacerse una bola dura prendida a la tierra. Después de mucho forcejear lo arrancaron. Lo pusieron en una carretilla y a poco de andar lo cargaron en una camioneta metido dentro de una jaula. En el trayecto le dieron de comer gusanos, langostas, lombrices y hormigas. Cuando sacaba la cabeza veía cambiar el paisaje: de las llanuras arenosas pasaron a la montaña y finalmente llegaron a la región de los bosques fríos y lagos.

—Hemos llegado al Parque Nacional, antiguo caballero —le dijeron.

Lo bajaron. «Este es el fin», seguía diciéndose, para adentro, Ocre.

—¿Qué traen? —preguntó el guardia.

—Un ejemplar formidable de quirquincho. Se resistió como un rinoceronte. No sabe que aquí estará como un bacán.

El guardián abrió el portón y se acercó a mirarlo admirado.

—Abajo, viejo, que hay que ficharte —le dijo.

La camioneta entró hasta el fondo del Parque. En el centro del Parque Nacional, dentro de un aula clara y muy amplia, el profesor y los alumnos lo esperaban. Lo pusieron arriba de una mesa. Todos admiraron sus dos hermosos caparazones de color ocre unidos entre sí por seis bandas móviles articuladas.

Como sus oídos son algo torpes no entendía bien lo que el profesor empezó a decir. Hizo un gran esfuerzo para comprender. El profesor decía: «Peludo de seis bandas, también llamado quirquincho, tatú, podyu y gualacate». Luego tomó la tiza y escribió leyendo en voz alta «Euphractus sexcintus o dasypus sexcintus. Clase: mamíferos. Subclase: placentarios. Orden: desdentados. Familia: dasipódidos».

Ocre se rió para sus adentros por la ignorancia de los científicos que todo lo arreglan con nombres raros. ¿Qué sabían de su raza, aparte de esas menudencias como las que estaba diciendo en aquel momento ese profesorcito de tres por cuatro? ¡Si al menos sus parientes los armadillos hubieran hecho caso de sus predicciones y de sus fundados temores! Los intrusos no habrían invadido la tierra propia de ellos. «Este es el fin», se dijo por centésima vez. «Soy el último representante de los quirquinchos, el último sobreviviente de una raza milenaria, soy el último, el último»...

En ese momento le llegó la voz del profesor; decía:... «Su caparazón produce el extraño y dulce sonido del charango... Este animal es América. Nunca morirá»...

Suspiró hondo y se durmió tranquilo sobre la mesa, en medio del murmullo de palabras que seguían sonando a su alrededor.

Análisis del contenido

A. Para contestar

1. ¿Cómo se llaman los diferentes tipos de armadillos? ¿Cómo viven? ¿Cómo son? Repasa la información que subrayaste en el cuento.

2. ¿Quién es Ocre? ¿Es similar o diferente al resto de su especie?

3. ¿Quiénes buscan a los armadillos? ¿Por qué?

4. ¿Cuál es la historia de esta especie animal?

5. ¿Para qué se reúnen los diferentes miembros de esta especie?

6. ¿Cómo capturaron a Ocre? ¿Qué hizo el quirquincho para defenderse?

7. ¿A dónde llevaron al armadillo?

8. Los cuidadores del Parque piensan que Ocre va a estar feliz bajo su cuidado, ¿por qué?

9. ¿Por qué repite Ocre que este va a ser su fin?

10. ¿Cómo termina este cuento? ¿Tiene un final esperanzador?

B. Para escribir

Revisa el resumen que escribiste mientras leías el cuento. Luego, en parejas resuman el *argumento* de esta historia en menos de cinco líneas e inventen un nuevo título que refleje la *idea central* del texto.

C. Para comentar

En grupo comenten la relación entre la información que encontraron en la red (www.prenhall. com/mujeresdehoy) sobre las especies en peligro de extinción y el cuento que acaban de leer. ¿Existen soluciones a este problema? ¿Cuáles son? ¿Son soluciones posibles o muy difíciles de conseguir? ¿Por qué?

Situaciones _____

En parejas comenten de qué manera uds. contribuyen día a día a mejorar o deteriorar el medio ambiente. ¿Qué actividades forman parte de su rutina diaria o de su vida que tienden a aumentar el deterioro? ¿Cuál de los/las dos miembros de la pareja parece más consciente de este problema? Dialoguen sobre posibles medidas a tomar.

Análisis literario

A. Para reflexionar

1. Se ha dicho que este cuento es realmente una fábula. Las fábulas son narraciones en las que bajo un relato en apariencia superficial subyace una verdad importante o una enseñanza moral. ¿Qué crees que nos quiere enseñar esta fábula?

2. Según tu opinión, ¿por qué Libertad Demitrópulos escogió a un animal como protagonista de su historia?

3. ¿Plantea este cuento sólo el problema de la extinción de las especies animales o también su solución?

4. Este cuento describe cómo funciona la sociedad de los diferentes tipos de armadillos. ¿Qué paralelos se podrían establecer entre esta sociedad animal y la humana?

5. ¿Posee este cuento un final abierto o cerrado? Explica tu respuesta.

6. ¿Qué tipo de narrador tiene este cuento?

7. ¿Cuál es, en tu opinión, el clímax de la narración?

B. Para comentar

En grupo comenten el significado de los siguientes fragmentos del texto. ¿Por qué son importantes para comprender la idea central de este cuento?

1. «Los pichiciegos, peludos y bolitas estaban alborotados y discurrían todas las noches sobre la forma de capear la situación. En realidad el único que discurría era Ocre porque los otros siempre permanecían en silencio durante las reuniones y luego regresaban cabizbajos a sus madrigueras donde vivían solos pues no les gusta vivir en común».

2. «...han aparecido unos hombres que nos buscan para llevarnos como piezas de museo; dicen que para estudiarnos. Ellos nunca sabrán de nosotros lo que nos cuentan nuestros abuelos, quienes, a su vez, lo han oído de sus abuelos...».

3. «Su caparazón produce el extraño y dulce sonido del charango... Este animal es América. Nunca morirá»...

4. «Suspiró hondo y se durmió tranquilo sobre la mesa, en medio del murmullo de palabras que seguían sonando a su alrededor».

C. Para escribir

Escribe una fábula cuyos protagonistas sean animales. Primero decide cuáles van a ser los personajes y cuál es la moraleja que deseas transmitir. Luego desarrolla un argumento que ayude a expresar el mensaje de tu fábula.

El mundo en que vivimos

> «—los niños se van a la cama hambrientos.
> —los viejos se van a la muerte hambrientos».

Blanca Varela

El deterioro del medio ambiente se encuentra íntimamente ligado a la explotación de recursos naturales, en muchos casos provenientes de países del tercer mundo, que son consumidos por los países más ricos del mundo. El texto siguiente explica la seriedad de este problema.

Mientras leemos

1. Subraya las ideas más importantes de este texto y anota en tu cuaderno los datos y cifras más significativos.

2. Ampliación de vocabulario. Escribe en tu cuaderno los términos que consideres necesarios para poder hablar con soltura de este tema.

Geografía de la pobreza

Para empezar a entender la magnitud del problema de la pobreza es necesario utilizar las estadísticas como punto de partida. Sólo de ese modo puede el ser humano tomar conciencia de lo que, sin duda, constituye la característica más terrible de la civilización del siglo XXI. La mitad de la población del planeta, aproximadamente unos 3.000 millones de personas, vive con menos de 2 dólares al día. Casi la mitad de éstos, con menos de 1 dólar diario. Por el contrario, el 5 % de los ciudadanos más ricos de los Estados Unidos, el país más próspero del mundo, disponen de casi el 50% de la renta nacional del país. Más ilustrativo aún resulta conocer los ingresos de personas como Michael Eisner, director general de Disney, quien en 1998 cobró por su trabajo 576,6 millones de dólares o Bill Gates quien dispone de más riqueza que casi la mitad de los hogares estadounidenses. Puede decirse que, si bien siempre existió una gran mayoría pobre y una minoría rica, en los últimos veinticinco años ha aumentado la desigualdad entre ricos y pobres en proporciones que merecidamente pueden calificarse de escandalosas.

La principal consecuencia de esa desigualdad es el desequilibrio del mundo por los peligros que esta situación conlleva. Si, forzadas por la pobreza, muchas personas emigran a otros países con la esperanza de mejorar su calidad de vida, otras recurren a la violencia, para expresar su indignación frente a la injusticia.

La pobreza está, además, indisolublemente unida, desde las dos últimas décadas, a la extensión de la epidemia de SIDA (Síndrome de Inmuno Deficiencia Adquirida). ¿Qué opciones de vida y de construir un futuro digno le quedan entonces a esa mitad de la población mundial que se ve obligada a luchar por su supervivencia diaria en condiciones tan adversas?

No hay, es cierto, motivos para esperar un cambio dramático de la situación actual. Y, sin embargo, las propuestas de ciertos individuos y organizaciones abren un resquicio a la esperanza y una razón para romper el ciclo de miseria y riqueza que se ha llegado a aceptar como normal. Pierre Sane, subdirector general de la UNESCO (Organización de las Naciones Unidas para la Educación, la Ciencia y la Cultura), propuso recientemente declarar la abolición de la pobreza para acabar con la indiferencia que han mostrado los gobernantes ante el problema de la miseria. Sane propone instituir con carácter jurídico la ilegalidad de la pobreza al igual que, por ejemplo, se hizo con la esclavitud en el siglo XIX. De este modo, los gobiernos del mundo estarían legalmente obligados a combatir con todo tipo de medios las causas que generan condiciones de pobreza. Subyace bajo esta propuesta el reconocimiento de que la miseria supone una violación de los derechos humanos ya que condiciona y restringe la libertad de las personas.

A. Para contestar

1. Los versos que encabezan este texto pertenecen a un poema que vas a leer más adelante. ¿Qué impresiones y sensaciones te producen? ¿Cómo se relacionan con el texto que leíste?

2. ¿Qué realidad revelan las estadísticas que se presentan en el primer párrafo? Revisa tus notas.

3. ¿Por qué se menciona la epidemia del SIDA en este texto?

4. ¿En qué consiste la propuesta del subdirector general de la UNESCO?

5. ¿Cuál es tu opinión de esa propuesta? ¿Cree que es posible llevarla a cabo? ¿Qué problemas prevés para su realización?

6. Observa con detenimiento la fotografía de Sebastião Salgado. ¿Qué relación familiar podría existir entre las niñas y la mujer? ¿Qué sugiere la idea de situarlas en el umbral de una puerta vacía? ¿Y en un paisaje yermo y desolado? ¿Qué emociones se reflejan en sus rostros?

B. Para comentar

En grupo intercambien sus opiniones sobre lo siguiente.

1. ¿Creen que la pobreza es «la característica más terrible de la civilización del siglo XXI» o que se trata de una exageración? ¿Hay otras características que pueden considerarse iguales o más terribles que la pobreza?

2. ¿Cuál es la experiencia personal que ustedes tienen sobre la realidad de la pobreza? ¿Conocen a personas pobres? ¿Han participado en proyectos o campañas realizadas por voluntarios para ayudar a personas necesitadas? ¿En qué consistió su participación?

Sabastião Salgado

3. ¿Hay diferentes tipos de pobreza? ¿Es lo mismo ser pobre en tu país que en un país del tercer mundo?

4. ¿Creen que la lucha contra la pobreza es un asunto del que deben ocuparse principalmente los gobiernos o es, por el contrario, un asunto para las iglesias y las instituciones benéficas y filantrópicas?

 Para obtener más información sobre este tema visita www.prenhall.com/mujeresdehoy.

Testimonio

INFORMACIÓN BIOGRÁFICA

Rigoberta Menchú Tum nació en 1959 en una pequeña aldea en la montañas de Guatemala. Su imagen publica simboliza, para muchos, la defensa de los derechos humanos de los pueblos indígenas latinoamericanos. En 1992 recibió el Premio Nobel de la Paz. El fragmento que van a leer pertenece a *Rigoberta: La nieta de los Mayas*, un testimonio en el que Rigoberta Menchú reflexiona sobre los valores de la cultura occidental y la cultura maya a la que ella pertenece.

Mientras leemos

1. Subraya las secciones donde se explica el significado del término «cooperativismo».

2. Haz en tu cuaderno una tabla sobre la generosidad. Divídela en dos columnas, una donde anotes las características de la generosidad de las personas pudientes, y otra para anotar la de los pobres.

De *Rigoberta, la nieta de los Mayas*

Rigoberta Menchú Tum

En ausencia de las grandes instituciones, los indígenas hemos desarrollado el cooperativismo. Es una manera de integrar a la sociedad en una responsabilidad colectiva. No sólo se basa en el progreso económico. Yo defiendo el valor cooperativo, el valor de la comunidad. Es una cultura normal lo que está ahí. Es un modo de vivir, es un sistema de organización. En el mundo, los pobres viven porque entre ellos hay una gran cooperación, hay un buen nivel de solidaridad para poder enfrentar los desafíos más grandes de la injusticia social y de la distribución injusta de la riqueza. En los barrios, en las vecindades, en los municipios, día a día se enfrenta la adversidad, desde la muerte de un hermano, desde la enfermedad de un pariente, desde la orfandad de un niño, para sentir y palpar la vida como solamente los condenados de la Tierra lo saben hacer. Los altruistas programan su contribución, los pobres están dispuestos a dar un servicio o a contribuir las veinticuatro horas del día. Los altruistas eligen quiénes son los pobres que quieren apoyar y los pobres no tienen la oportunidad de elegir. Ya nacen con un corazón solidario. No sólo es un valor de los indígenas. Por eso afirmo que la lucha de los indígenas tiene una razón y es la de representar a los oprimidos del mundo. Si fuéramos sólo nosotros tal vez cambiaríamos la manera de proceder. Porque hemos tenido la sabiduría para medir las coyunturas que han pasado sobre nuestras espaldas. Pero es un hecho que la pobreza no sólo es un asunto de indígenas, sino que es un asunto de negros, de mestizos; un asunto de los pueblos desposeídos. El sufrimiento de los pobres rompe todas las fronteras del mundo.

A. Para contestar

1. ¿En qué consiste el cooperativismo al que alude el texto? Revisa las secciones que subrayaste.

2. ¿Cuál es la diferencia entre la ayuda que dan los «altruistas» y la que prestan los pobres? Repasa tus notas.

3. ¿A qué «sabiduría» alude Rigoberta Menchú como característica de los pueblos indígenas?

4. ¿A quién se refiere Rigoberta Menchú cuando habla de los «pueblos desposeídos»?

5. En la siguiente fotografía se muestra a unas mujeres indígenas del altiplano de Bolivia recogiendo papas. ¿Qué preocupaciones pueden tener estas mujeres? ¿Cuáles serán sus sueños? ¿Tienes algo en común con ellas?

Trabajo productivo

B. Para comentar

En grupo comenten el significado de las siguientes afirmaciones que realiza Rigoberta Menchú.

1. «En ausencia de las grandes instituciones los indígenas hemos desarrollado el cooperativismo».

2. «...sentir y palpar la vida como solamente los condenados de la Tierra lo saben hacer».

3. «Por eso afirmo que la lucha de los indígenas tiene una razón y es la de representar a los oprimidos del mundo».

4. «El sufrimiento de los pobres rompe todas las fronteras del mundo».

 Para obtener más información sobre este tema visita www.prenhall.com/mujeresdehoy.

Segunda lectura

Simone Weil (1909–1943) fue una de las pensadoras más originales de la primera mitad del siglo XX. La mayoría de sus ensayos tratan de la opresión y el sufrimiento del ser humano, las injusticias sociales y políticas. En 1942 Weil tuvo que exiliarse a los Estados Unidos debido a la invasión nazi de Francia. Sin embargo, regresó ese mismo año a Inglaterra para continuar su lucha contra el fascismo. En 1943 es internada, enferma de tuberculosis, en un sanatorio donde muere a los pocos meses al negarse a comer. Entre sus libros destaca *La gravedad y la gracia*, un conjunto de ensayos en los que postula la necesidad del ser humano de amar y de autoaniquilarse para cambiar el sentido de la «gravedad», fuerza que separa y aleja al ser humano de Dios. El tema del poema que sigue es un diálogo poético entre la autora y Simone Weil.

INFORMACIÓN BIOGRÁFICA

Blanca Varela, una de las mejores poetas en lengua española, nació en Lima, Perú, en 1926. Su encuentro en París con el poeta mexicano Octavio Paz fue decisivo en su carrera. Ella misma reconocería años más tarde que fue Paz quien le animó a dedicarse a la poesía. Blanca Varela vivió entre 1957 y 1960 en Washington, D.C., donde trabajó como traductora y periodista. Su poesía figura en antologías nacionales y extranjeras y ha sido traducida a varios idiomas. Para Varela, la creación poética consiste en un largo viaje de exploración de lo desconocido. Su obra poética ha sido recopilada en dos volúmenes: *Canto villano* (México, 1996) y *Con Dios en la nada* (Madrid, 1999).

 Para obtener más información sobre este tema visita www.prenhall.com/mujeresdehoy.

Actividades de pre-lectura

A. Para contestar

1. ¿Te gusta la poesía? ¿Lees poesía con frecuencia? ¿Has memorizado alguna vez los versos de un poema? ¿De cuál? ¿Por qué los memorizaste?

2. El título del poema que vas a leer alude a una «conversación» entre la voz poética y Simone Weil. ¿Cuál puede ser el contenido de esa conversación?

3. ¿Crees que la poesía puede denunciar las injusticias sociales o que esos temas se prestan más a otros géneros como el teatro, la novela o el ensayo? Explica tu respuesta.

B. Para comentar

Contesta estas preguntas y luego comenta tus respuestas con un/a compañero/a. ¿Cuáles son los problemas que actualmente te preocupan más? ¿Hablas con alguien de esos problemas? ¿Alguna vez has preferido expresar tus preocupaciones en el papel, escribiendo, por ejemplo, un poema o redactando un diario?

Mientras leemos

1. Anota en el margen las ideas que te sugieren las diferentes estrofas del poema.

2. Subraya las secciones que contengan las ideas más importantes.

Conversación con Simone Weil

Blanca Varela

—los niños, el océano, la vida silvestre, Bach.
—el hombre es un extraño animal.

En la mayor parte del mundo
La mitad de los niños se van a la cama
    hambrientos.

¿Renuncia el angel a sus plumas, al iris,
a la gravedad y la gracia?

¿Se acabó para nosotros la esperanza de
    ser mejores ahora?

La vida es de otros.
Ilusiones y yerros.
La palabra fatigada.
Ya ni te atreves a comerte un durazno.

Para algo cerré la puerta,
di la espalda
y entre la rabia y el sueño olvidé muchas
    cosas.

La mitad de los niños se van a la cama
    hambrientos.

—los niños, el océano, la vida silvestre, Bach.
—el hombre es un extraño animal.

Los sabios, en quienes depositamos nuestra
    confianza,
nos traicionan.

—los niños se van a la cama hambrientos.
—los viejos se van a la muerte hambrientos.

El verbo no alimenta. Las cifras no sacian.

Me acuerdo. ¿Me acuerdo?
Me acuerdo mal, reconozco a tientas. Me equivoco.
Viene una niña de lejos. Doy la espalda.
Me olvido de la razón y el tiempo.

Y todo debe ser mentira
porque no estoy en el sitio de mi alma.

No me quejo de la buena manera.
La poesía me harta.
Cierro la puerta.
Orino tristemente sobre el mezquino fuego de
    la gracia.

—los niños se van a la cama hambrientos.
—los viejos se van a la muerte hambrientos.

El verbo no alimenta.
Las cifras no sacian.

—el hombre es un extraño animal.

Análisis del contenido

A. Para contestar

1. ¿Qué llama la atención de la enumeración que se hace en el primer verso?

2. ¿Por qué afirma la voz poética que «ya ni te atreves a comerte un durazno»? ¿A qué sentimiento se alude con este verso frente a la situación de hambre y pobreza que denuncia?

3. ¿A qué se refiere la poeta cuando escribe «la palabra fatigada»?

4. ¿Quiénes pueden ser «los sabios» que menciona el poema?

5. ¿Qué significa el verso «El verbo no alimenta. Las cifras no sacian».

6. ¿Qué indica que la voz poética diga: «porque no estoy en el sitio de mi alma»? ¿A qué desdoblamiento se refiere?

7. ¿Por qué el poema centra su preocupación en los niños y los viejos?

8. Explica con tus propias palabras el verso con que finaliza el poema.

B. Para escribir

Repasa tus notas del margen y después completa los siguientes espacios con palabras, diferentes de las del poema, pero que consideres apropiadas para mantener el sentido y mensaje del texto de Blanca Varela.

1. —los niños, el océano, la vida silvestre, _____.

   —el hombre es un _____ animal.

2. Ya ni te atreves a comerte un _____.

3. y entre la rabia y el sueño olvidé muchas _____.

4. Los sabios en quienes depositamos nuestra

   confianza,

   nos _____.

5. La poesía me _____.

6. El verbo no _____.

   Las cifras no _____.

C. Para comentar

En grupo comparen la información que obtuvieron sobre Simone Weil en la página de la red (www.prenhall.com/mujeresdehoy). ¿Piensan que los ayuda a comprender mejor el poema? ¿Qué versos se pueden explicar más fácilmente teniendo en cuenta la vida y el pensamiento de Simone Weil?

Situaciones ——————————————————————————————

En grupo imaginen que pueden mantener una conversación con una persona que Uds. admiran por su labor para conseguir un mundo mejor: Martin Luther King, Madre Teresa, Nelson Mandela, por ejemplo. ¿Qué preguntas le harían? ¿Qué le contarían de su propia vida, de sus planes para el futuro, de su activismo en temas que les preocupan?

Análisis literario

A. Para reflexionar

1. ¿Cuál es el tema de «la conversación» entre la voz poética y Simone Weil?

2. ¿Cuál es el tono que predomina en este poema?

3. ¿Qué función tiene el uso repetido de interrogaciones? ¿Y la repetición periódica de los mismos versos?

4. En este poema hay varios encabalgamientos; es decir, que el verso interrumpe una estructura sintáctica de modo que continúe en el verso siguiente. Busca los diferentes encabalgamientos para analizar con qué intención se emplea este recurso expresivo.

5. ¿Qué verso expresa, en tu opinión, la idea central del poema? Revisa las secciones que subrayaste.

6. Según Octavio Paz, la poesía de Blanca Varela «no explica ni razona. Tampoco es confidencia. Es un signo, un conjunto frente, contra y hacia el mundo, una piedra negra tatuada por el fuego y la sal, el amor, el tiempo, la soledad.» ¿Cómo interpretas estas palabras?

B. Para comentar

En grupo comenten el significado de los siguientes fragmentos del texto. ¿Por qué son importantes para comprender la idea central del poema?

1. «Para algo cerré la puerta,
   di la espalda
   y entre la rabia y el sueño olvidé muchas cosas».

2. «Los sabios, en quienes depositamos nuestra confianza,
   nos traicionan».

3. «El verbo no alimenta. Las cifras no sacian».

4. «—el hombre es un extraño animal».

C. Para escribir

Escribe un ensayo sobre los sentimientos y/o ideas que te sugieren los versos del poema siguiente. ¿A qué se refiere su título? ¿A qué historia fantástica alude el contenido? ¿Qué aspectos tienen en común los dos poemas de Blanca Varela?

Poderes mágicos

Blanca Varela

No importa la hora ni el día
se cierran los ojos
se dan tres golpes con el
pie en el suelo,
se abren los ojos
y todo sigue exactamente igual.

Establece vínculos

Las lecturas anteriores nos han preparado para hablar de los retos con los que nuestros países se enfrentan para luchar contra la pobreza y el deterioro del medio ambiente. A partir de ahora tendrás oportunidad de exponer tu punto de vista mientras sigues explorando este tema.

A. Tu opinión

En grupos de tres o cuatro estudiantes compartan sus ideas sobre lo siguiente.

1. ¿Cuál es el salario mínimo en el país de ustedes? ¿Cuántas horas necesita trabajar una persona para poder vivir dignamente?

2. Muchas organizaciones internacionales que ayudan en el tercer mundo se enfrentan con el conflicto de tener que cubrir necesidades materiales urgentes o implementar planes de desarrollo a largo plazo. ¿Que debería tener prioridad?

3. En algunos países hispanohablantes como España, por ejemplo, la educación y la salud se consideran un derecho del individuo, no un privilegio, y por consiguiente están subvencionadas por el estado. ¿Cúal es la situación en el país de ustedes? ¿Podría mejorarse? ¿Cómo?

4. La alimentación de la madre durante el embarazo y del niño durante su infancia son determinantes en el desarrollo de las conexiones entre las neuronas del cerebro en crecimiento. ¿Cómo afectan entonces las epidemias de hambre al futuro de un país?

5. Numerosos pueblos indígenas de América consideran que el genocidio empezado hace quinientos años todavía continúa. ¿Qué motivos tienen para pensar así?

6. ¿Por qué en general la gente no se impresiona ni conmueve por más de unos segundos cuando ve en la televisión o en periódicos imágenes de gente que vive en la miseria? ¿Por qué resultan esas imágenes tan fáciles de olvidar?

7. ¿Se encuentra el país de ustedes en un momento de crisis o de bienestar económico? ¿Cómo ha afectado a Uds. o a su familia?

8. ¿Se preocupa el gobierno del país de ustedes por el medio ambiente? ¿Cuál es la figura política más interesada en esta cuestión? ¿Qué aspectos le interesan más? ¿Y a ustedes, les interesa este tema?

9. En septiembre de 2003, la Conferencia Ministerial de la OMC (Organización Mundial del Comercio) celebrada en Cancún (México) conluyó sin haber alcanzado un acuerdo. Una de las principales razones fue la falta de consenso entre Europa/EE.UU. y los países más pobres sobre el tema de los subsidios agrícolas. ¿Qué sabes de este tema? ¿Cómo pueden afectar a la agricultura de los países africanos e hispanoamericanos los subsidios estatales a los agricultores estadounidenses y europeos? ¿Qué puede hacerse al respecto?

10. Observen la fotografía de la página siguiente y anoten tres ideas que les sugiera esta imagen. Comparen sus observaciones con el resto de la clase. ¿En qué ideas coincidieron la mayoría de los miembros de la clase?

Campesinas

B. En perspectiva

Lee las siguientes citas de representantes de naciones de todo el mundo que asistieron a la Cumbre de Copenhague para debatir el tema de la pobreza.

> *«Muchos niños, hijos a su vez de otros niños, tienen hambre. Cada noche en el país más rico del mundo hay de cinco a ocho millones de niños que se acuestan con hambre. Son los mismos que cada mañana van a la escuela con hambre. Muchos niños de nuestro país tienen mala salud o no reciben asistencia médica. Muchos niños que nacen en los hospitales son abandonados allí; muchos niños viven en hospicios: no han sido previstos ni deseados y no están seguros del amor de sus padres. Nadie se ocupa de ellos. A veces en nuestro país es más fácil tener droga que besos... Debemos actuar de tal modo que todo niño que nace en el mundo pueda crecer con buena salud, recibir educación y ser motivado y henchido de esperanza por su futuro».*

Jocelyn Elders, antigua Ministra de Salud de Estados Unidos
Sesión Pública de América del Norte

> *«Cuarenta y siete años de independencia y muchas promesas. En la India, la mayoría de las personas no saben si mañana tendrán un empleo, si su hijo estará todavía vivo, si las mujeres tendrán alguna seguridad de su salud y de su vida».*

Imrana Qaader, India
Sesión Pública de Asia del Sur

«Para mejorar la calidad de vida de los pobres, es necesario resolver simultáneamente varios problemas. Ya no queremos ver en las calles a gente que no tiene donde alojarse; ya no queremos oír decir que hay gente que tiene hambre; ya no queremos ver mujeres que no pueden ser atendidas y que mueren por aborto o por enfermedades de transmisión sexual o por cualquier otra razón, porque tenemos capacidad de evitar todo esto, de ir a la luna y de fabricar armas capaces de borrar la raza humana de la faz de la tierra. Nosotros no hemos sabido resolver esta paradoja».

Cece Modupe Fadope, Estados Unidos
Sesión Pública de América del Norte

«Los pobres tienen sueños también; han resuelto una enorme cantidad de problemas; han sobrevivido como han sobrevivido los pueblos indígenas. Pueden proponer soluciones».

Rigoberta Menchú, Guatemala
Sesión Pública de América Latina

Decía Mahatma Gandhi: «*Cuando toméis una decisión tened ante los ojos la imagen del hombre más pobre que nunca os hayáis encontrado, y preguntaos si le va a ayudar esa decisión. Si la respuesta es ‹sí› tomadla sin dudar. Este consejo es justo eterno y universalmente».*

Nirmala Buch, India
Sesión Pública de Asia del Sur

«La lucha contra la pobreza está hoy en el corazón de la relación que existe entre la población y la calidad de vida. Cuanto más gravitamos en torno de cuestiones sectoriales como la educación, la sanidad o la violencia, más chocamos con la pobreza como el primer punto donde hay que atacar... América Latina no es un continente pobre; es un continente marcado por la injusticia».

Rosiska Darcy de Oliveira, Brasil
Sesión Pública de América Latina

«Tengo catorce años y soy el mayor de cinco hijos de un zapatero. Era uno de los ocho niños que trabajaban en la fábrica de sardinas de Young's Town desde las siete de la mañana hasta las cuatro del día siguiente; a veces uno se desvanecía en el trabajo, y con frecuencia no teníamos más que dos horas de sueño. Comíamos fideos (nuestro patrón tenía también una fábrica de fideos) en los que a veces se encontraban gusanos, o comíamos los que había dejado la familia. Metíamos pescado en latas hasta 3.000 sardinas diarias. Nos heríamos con el metal de las latas o con las aristas y a veces la sangre chorreaba sobre las sardinas. Después del trabajo nos encerraban en un dormitorio y no podíamos salir ni el domingo ni en los días libres. Durante

meses no cobrábamos salario porque el patrón retenía el precio del viaje en autobús que habíamos tenido que hacer para llegar desde nuestras provincias y que, decía, le debíamos. La Oficina Nacional de Inspección hizo una visita a la fábrica y nos liberó».

Josie Caberos, Manila, Filipinas
Sesión Pública del Sudeste Asiático

«La calidad de vida del pueblo depende en realidad de una mala distribución; sólo en parte está ligada al crecimiento de la población. La insistencia en el crecimiento demográfico a veces es contraria a los intereses de las personas cuando los políticos incapaces y la elite dominante intentan servirse de ella como una coartada».

Devendra Raj Ponday, Nepal
Sesión Pública de Asia del Sur

«En la ciudad de Quezón, Payatas es un vertedero de basuras que ha atraído a numerosos pobres urbanos. Sus 635.000 habitantes viven de la busca entre los desperdicios; muchos mueren o tienen que ser hospitalizados. Estas personas no pueden escapar de su espantosa pobreza».

Anita N. Celdrán, Filipinas
Sesión Pública del Sudeste Asiático

En grupo comenten las citas anteriores. Seleccionen las tres que consideran más reveladoras o impactantes y expliquen por qué.

C. En la prensa

En grupo lean y comenten la noticia siguiente publicada en Internet el 8 de julio de 2001.

Indígenas amazónicos luchan por su supervivencia

El pueblo zápara de la Amazonia de Ecuador y Perú parece revivir luego que su cultura fuera declarada por la Unesco Obra Maestra del Patrimonio Oral e Inmaterial de la Humanidad.

La decisión de la Unesco (Organización de las Naciones Unidas para la Educación, la Ciencia y la Cultura) también trajo a luz el riesgo de extinción de otros pueblos indígenas de la Amazonia que, como el zápara, se aferran a su cultura para no desaparecer.

Ricardo Ulcuango, vicepresidente de la Confederación de Nacionalidades Indígenas del Ecuador (Conaie), señaló que varios pueblos nativos de esa región desaparecieron y que otros podrían seguir el mismo camino.

El líder indígena explicó que los principales problemas de esos nativos son la explotación indiscriminada de los recursos naturales de la selva, la contaminación de los ríos, la transmisión de enfermedades por parte de los colonos y la reducción del territorio que habitan.

Hacia 1680, el pueblo zápara estaba conformado por casi 100.000 personas, pero sólo quedan 114 en Ecuador y 200 en Perú. Los záparas fueron divididos en 1941, durante la guerra entre Ecuador y Perú, que inició un largo conflicto entre los dos países.

La Organización de la Nacionalidad Zápara de Ecuador, ante el peligro de que la etnia perdiera su identidad, creó en 1996 el proyecto Autorrecuperación Cultural, destinado a investigar y recobrar las raíces y el acervo cultural de ese pueblo.

En el marco del plan, cuatro «viejos» indígenas záparas se encargaron de difundir su idioma y sus costumbres como una forma de preservar y rescatar la cultura. También se planificó el reencuentro de las comunidades residentes en Ecuador y Perú.

Así, el presidente de la nacionalidad zápara en Ecuador, Bartolo Ushigua, propuso en diciembre de 1999 que «volvieran a reunirse» los dos fragmentos de ese pueblo «roto por la guerra».

Para Ushigua, el reencuentro que se llevó a cabo meses después fue una forma de recuperar identidad, lengua, historia y memoria.

Los acuerdos de paz entre Ecuador y Perú, firmados en 1998 en Brasilia, «fueron la posibilidad para la resurrección zápara», mientras que el reconocimiento de Unesco permitió «consolidar esa resurrección», comentó el investigador Javier Ponce.

Sin embargo, Ponce alertó sobre el peligro que corren todos los pueblos amazónicos afectados por «la fiebre» de extraer los recursos naturales de la Amazonia, aunque eso cueste la extinción de las culturas ancestrales.

El investigador detalló que el primer antecedente fue lo ocurrido en el siglo XVI con el pueblo quijo, en lo que hoy es Ecuador, perseguido hasta desaparecer tras levantarse contra las autoridades coloniales.

Pero fue durante el siglo XX que varios pueblos autóctonos de la Amazonia desaparecieron o quedaron al borde de la extinción.

«La Amazonia fue atacada y dividida entre las grandes empresas petroleras, madereras, agrícolas y mineras, y sus pueblos sufrieron las consecuencias», al igual que el ambiente, aseguró Ulcuango.

El dirigente de la Conaie agregó que el Plan Colombia, de lucha contra el narcotráfico y que contempla algunos planes de desarrollo en ese país, se constituyó desde su puesta en marcha el año pasado en un nuevo peligro para los nativos amazónicos. El mayor riesgo lo afrontan los pueblos ecuatorianos «que viven en zonas cercanas a la frontera colombiana», añadió.

«Con el Plan, la guerra (civil) de Colombia se trasladó a Ecuador y ya tenemos más de 300 personas desplazadas de sus hogares de las comunidades shuar, achuar y quichuas por la acción de paramilitares que los amenazaron para que abandonen sus tierras», indicó.

Ulcuango aseguró que la fumigación masiva con glifosato a plantaciones de coca en territorio colombiano cercano a la frontera con Ecuador también afecta a las comunidades indígenas.

A ello se agrega la construcción del nuevo oleoducto para el transporte de petróleo pesado de Ecuador desde la Amazonia hasta la costa del océano Pacífico, apuntó. «Esa es otra amenaza de contaminación para las zonas habitadas por nuestros pueblos», dijo.

Historiadores precisan que antes de la llegada de los españoles a América la Amazonia ecuatoriana era habitada por cinco millones de indígenas, mientras que ahora no superan los 300.000, distribuidos en ocho pueblos.

En Ecuador, la nacionalidad shuar está integrada hoy por 65.000 personas, la achuar por 5.000, los quichua son 110.000, la siona y la secoya juntas suman 1.500, la cofán 900, la huaorani, integrada también por tagaeris y tharomenanes, alcanza a unas 900 personas y la zápara la integran 114. «Esos números reflejan el peligro que corren los pueblos amazónicos que han sobrevivido», puntualizó Ulcuango. (...)

El sacerdote y antropólogo Miguel Angel Cabodevilla, quien vivió muchos años en la Amazonia, aseguró que los pueblos amazónicos han sido desconocidos y maltratados desde los tiempos de la colonia española.

«Si hay en Ecuador una región poblada de seres que llegaron a ser fantasmales por el desprecio con el que los agravió la cultura oficial, es sin duda la amazónica, empobrecida, más que por la tala del bosque a la que está sometida de continuo, por la devastación de las culturas indígenas», dijo.

Para explicar el pensamiento de los pueblos amazónicos, Cabodevilla recurre a un testimonio de un jefe siona-secoya.

«Nunca nos ha entendido el colono que llega a la selva y la tala indiscriminadamente. Ni el petrolero que mancha, envenena y contamina tierra y ríos. Ni el empresario que cultiva palma africana y, con pesticidas, modifica la armonía de la vegetación. Ni el que nos involucra en la guerra», había sentenciado el jefe indígena. (...)

KINTTO LUCAS
IPS (Inter Press Service)

D. Debate

Divídanse en dos grupos y comenten los temas siguientes. ¿Cómo afecta el deterioro del medio ambiente la supervivencia de las culturas indígenas del Ecuador? ¿Cuál es la solución a esta situación? ¿Creen que los pueblos indígenas deben asimilarse a la cultura dominante? ¿Opinan que deben preservar su cultura para mantener su identidad? ¿Habría soluciones intermedias? Tomen nota de sus conclusiones y compártanlas con el resto de la clase.

E. ¿Estás de acuerdo?

Indica si estás a favor o en contra de las siguientes afirmaciones. Después, en grupo fundamenten sus puntos de vista.

	A favor	En contra
1. Siempre existirán pobres y ricos, es un problema sin solución.	☐	☐
2. La protección y recuperación del medio ambiente debería ser una prioridad para todos los gobiernos.	☐	☐
3. Las organizaciones locales o regionales son mucho más efectivas para combatir la pobreza que el gobierno central.	☐	☐
4. El alto costo de la educación superior es lo que mantiene la división de clases.	☐	☐
5. En mi país existe igualdad de oportunidades para todo el mundo.	☐	☐
6. Las organizaciones no gubernamentales dedicadas al apoyo y defensa de los pueblos indígenas quieren cambiar la cultura y estilo de vida de esas comunidades.	☐	☐
7. El desarrollo de nuevas tecnologías que disminuyan el deterioro del medio ambiente reducirá los beneficios de las grandes corporaciones y contribuirá a una recesión económica.	☐	☐
8. La privación de los derechos económicos y sociales no suscita la misma indignación ni las mismas protestas que la violación de los derechos civiles y políticos.	☐	☐

F. Temas para hablar y escribir

1. Vivir como la mayoría. ¿Conoces a alguien que haya vivido en un país en vías de desarrollo? Entrevista a esa persona y pregúntale por sus experiencias y los motivos que le impulsaron a viajar a ese país. ¿Volverá alguna vez? ¿Qué aprendió de su experiencia? Toma notas y redacta un informe. Incluye en tu conclusión qué sentiste o aprendiste hablando con esa persona.

2. Organizaciones ecologistas. ¿Qué organizaciones ecologistas existen en tu comunidad? Entrevista a un miembro de esas organizaciones. ¿Cuáles son los objetivos de la organización? ¿Qué actividades realizan? ¿Cuántos miembros tienen? ¿Es una organización de carácter local, estatal, nacional? ¿Con qué fondos económicos cuentan? Organiza tu información y redacta un informe. No olvides incluir en la conclusión tus comentarios sobre la eficiencia y la validez de este organismo.

Otras voces

«Este es el fin (...) Soy el último sobreviviente de una raza milenaria, soy el último, el último».

Libertad Demitrópulos

El grupo mexicano Maná es una de las bandas de rock más populares de los últimos tiempos. El grupo está formado por el cantante Fher Olvera, el batería Alex González, el bajo Juan Calleros y el guitarrista Sergio Vallín. Maná compone música muy ecléctica que va desde el rock-reggae que sirve de base a la mayoría de sus composiciones hasta los ritmos afro-caribeños. Han ganado cuatro Grammys y han vendido más de 16 millones de copias de sus discos. Maná se caracteriza también por su compromiso social, ecológico y político. Esto se refleja no sólo en la letra de sus canciones sino también en el activismo que les llevó a fundar en 1995 la organización Selva negra. El objetivo de esta organización es proteger cientos de millas de la costa del Pacífico mexicano de la especulación y deterioro ecológico. También han establecido escuelas para las comunidades indígenas de Chiapas y comedores para otras comunidades necesitadas.

¿Dónde jugarán los niños?

Cuenta el abuelo que de niño
Él jugó
Entre árboles y risas y alcatraces de color
Recuerda un río transparente sin olor,
Donde abundaban peces, no sufrían
Ni un dolor,
Cuenta el abuelo de un cielo
Muy azul,
En donde voló papalotes que él
Mismo construyó.
El tiempo pasó y nuestro viejo ya murió
Y hoy me pregunté después de tanta
Destrucción

¿Dónde diablos jugarán los pobres niños?
¡Ay, ay, ay! ¿En dónde jugarán?
Se está pudriendo el mundo
Ya no hay lugar
La tierra está a punto de
Partirse en dos
El cielo ya se ha roto, ya se ha roto
El llanto gris
La mar vomita ríos de aceite
Sin cesar
Y hoy me pregunté después de
Tanta destrucción
¿Dónde diablos jugarán los pobres
Nenes? ¡Ay, ay, ay! ¿En dónde jugarán?
Se está partiendo el mundo
Ya no hay lugar

A. Para contestar

1. ¿Cómo era el mundo donde jugaba el abuelo de la canción?

2. ¿Por qué los niños no tienen hoy un lugar donde jugar?

3. ¿Qué desastres ecológicos menciona metafóricamente la canción?

4. ¿Cómo se relaciona la cita del cuento «Ocre, el quirquincho», con el tema de esta canción?

B. Para comentar

En grupo comenten lo siguiente.

1. ¿Conocen otras canciones que traten el tema de la destrucción del medio ambiente? ¿En qué se asemejan? ¿En qué se diferencian?

2. ¿Por qué es importante que grupos de música como Maná canten canciones de este tipo?

«El sufrimiento de los pobres rompe todas las fronteras del mundo».

Rigoberta Menchú Tum

Justicia, Tierra y Libertad

Justicia, tierra y libertad. Justicia, tierra y libertad.

Oye tú mi canto, óyelo, óyelo
Oye tú mi llanto, óyelo, óyelo

Hermanos y hermanas de otras razas
de otro color y un mismo corazón
rezas y rezas y nada enderezas

por eso hagamos la revolución de amor
Oyeeee!!!

Estamos exigiendo todo el respeto
respeto al indio y a su dignidad
ya lo dijo Villa, dijo Zapata

Justicia, tierra y libertad. Justicia, tierra y libertad

Oye tú mi canto, óyelo, óyelo
Oye tú mi llanto, óyelo, óyelo
Oye tú mi canto, óyelo, óyelo
Oye tú mi llanto, óyelo, óyelo

¿Cómo tendríamos libertad?
¿Cómo tendríamos dignidad?
Cómo desearía yo
Como desearía el amor

¿Cuándo tendremos la democracia?
Cuando tumbemos la burocracia
Cuánto desearía yo
Menos demencia y más amor

Amor, dolor, amor, oye tú mi canto

Justicia, tierra y libertad. Justicia, tierra y libertad
Justicia, tierra y libertad

A. Para contestar

1. ¿Qué tipo de revolución predica esta canción?

2. ¿A quiénes se menciona en la canción? ¿Quiénes fueron esas personas?

3. ¿Con qué verso de la canción puedes relacionar la cita del testimonio de Rigoberta Menchú que la encabeza?

4. ¿Por qué crees que la canción alude a la falta de democracia?

5. ¿Conoces algún movimiento revolucionario que tenga por lema las palabras del estribillo de la canción? ¿Cuál es?

B. Para comentar

Busca una canción en inglés cuyo tema sea parecido al de una de las dos canciones del grupo Maná que leíste. Traduce la letra al español y preséntasela a tus compañeros/as. ¿Hay en tu canción palabras o ideas que sean semejantes a las canciones de Maná? ¿En qué aspectos son diferentes? ¿Está el cantante o el grupo que elegiste comprometido en la lucha contra algún tipo de injusticia?

Bibliografía

Alatorre, Javier. *Las mujeres en la pobreza*. México, D.F.: El Colegio de México, 1994.

Arriaga, Vicente; Pablo Pascual Moncayo; José Woldenberg. *Desarrollo, desigualdad y medio ambiente*. México, D.F.: Cal y arena, 1994.

Demitrópulos, Libertad. *Eva Perón*. Buenos Aires: Centro Editor de América Latina, 1984.

———. *Río de las congojas*. Buenos Aires: Ediciones del Dock, 1996.

López, María de la Paz; Vania Salles. *Familia, género y pobreza*. México, D.F.: Porrúa Grupo Editorial, 2000.

Menchú Tum, Rigoberta. *Rigoberta, la nieta de los Mayas*. Madrid: El País-Aguilar, 1998.

Menchú Tum, Rigoberta; Elizabeth Burgos-Debray. *Me llamo Rigoberta Menchú y así me nació la conciencia*. México, D.F.: Siglo XXI editores, 1998.

Nigh, Ronald; Nemesio J. Rodríguez. *Territorios violados: indios, medio ambiente y desarrollo en América Latina*. México, D.F.: Dirección General de Publicaciones del Consejo Nacional para la Cultura y las Artes, 1995.

Shiva, Vandana. *Abrazar la vida. Mujer, ecología y desarrollo*. Madrid: Horas y Horas, 1995.

Varela, Blanca. *Donde todo termina abre las alas: Poesía reunida, 1949–2000*. Barcelona: Galaxia Gutemberg, 2001.

CREDITS

Cover

Laura Lopez Cano, "Cajitas"

Unidad 1

page 7, Frida Kahlo, "The Two Fridas," 1939. Oil on canvas, 5′ 9″ × 5′ 9″ (173 × 173 cm). Museo de Arte Moderno, Mexico City. Photo by Bob Schalkwijk. Art Resource, NY. © 2004 Banco de México Diego Rivera & Frida Kahlo Museums Trust. Av. Cinco de Mayo No. 2, Col. Centro, Del. Cuauhtemoc 06059, México, D.F. Reproduction authorized by the Instituto Nacional de Bellas Artes y Literatura. **page 16**, Susana Pastor, Archivo Tafos/PUCP

Unidad 3

page 62, © Natalie Fobes / CORBIS

Unidad 4

page 91, Susana Pastor, Archivo Tafos/PUCP; **page 99**, © Richard Bailey / CORBIS

Unidad 5

page 116, Rosa Villafuerte, Archivo Tafos/PUCP

Unidad 7

page 164, Dorothea Lange / Getty Images, Inc.

Unidad 8

page 197, © 1996 Sebastiao Salgado / Contact Press Images

ÍNDICE